ERNST ULRICH VON WEIZSÄCKER

ERDPOLITIK

ERNST ULRICH VON WEIZSÄCKER

ERDPOLITIK

Ökologische Realpolitik
an der Schwelle
zum Jahrhundert der Umwelt

WISSENSCHAFTLICHE BUCHGESELLSCHAFT
DARMSTADT

Einbandgestaltung: Neil McBeath, Stuttgart.
Einbandbild: Ausschnitt eines Satellitenbilds von der Erde

CIP-Titelaufnahme der Deutschen Bibliothek

Weizsäcker, Ernst von:
Erdpolitik: ökologische Realpolitik an der Schwelle
zum Jahrhundert der Umwelt / Ernst Ulrich von
Weizsäcker. – Darmstadt: Wiss. Buchges., 1989
ISBN 3-534-10998-8

Bestellnummer 10998-8

© 1989 by Wissenschaftliche Buchgesellschaft, Darmstadt
Satz: Maschinensetzerei Janß, Pfungstadt
Druck und Einband: Wissenschaftliche Buchgesellschaft, Darmstadt
Printed in Germany
Schrift: Linotype Times, 10/12

ISBN 3-534-10998-8

INHALT

VORWORT

Als Erdpolitik bezeichne ich die weltweite Umweltpolitik. Bei der Bezeichnung *Erd*politik hat das Raumschiff Erde Pate gestanden, aber auch die „Erde", aus der wir sind und zu der wir werden.

Der Zustand der Erde verlangt gebieterisch globales Denken. Dies ist ungewohnt. Unsere Politik ist größtenteils noch *national* organisiert.

Damit ist die Überbrückungsaufgabe markiert, der sich dieses Buch stellt. Ein Mindestmaß an *Allgemeinverständlichkeit* soll dazu dienen, daß Leser ohne besondere Vorbildung sich angesprochen fühlen. Der Einsatz für unsere gefährdete Erde darf nicht von der wissenschaftlichen Vorbildung abhängig sein.

Der Themenumfang des Buches ist enorm. Es ist äußerst riskant, sich gleichzeitig auf mehr als ein Dutzend ganz verschiedenartiger Themen einzulassen. Dadurch steht von vornherein fest, daß der Autor in nahezu jedem Kapitel den Fachleuten des dort besprochenen Gebiets an Fachwissen unterlegen ist. Ich gehe das Risiko ein in der Gewißheit, daß die Themen zusammengehören. Leser und Leserinnen sollen ermutigt werden, ihrerseits über diese Zusammengehörigkeit der Themen nachzudenken. Ich lade zugleich die Fachleute ein, jegliche Einzelaussage richtigzustellen oder zu kommentieren (siehe Postkarte im Buch).

Für eine erste Korrekturrunde nach Fertigstellung des Rohmanuskripts habe ich im Spätsommer 1989 einzelne Kapitel an Freunde und Bekannte geschickt und sie um Kritik gebeten. Dank zahlreicher wichtiger Antworten ist es so vielleicht gelungen, die gröbsten Fehler bereits vor Erscheinen des Buches auszuräumen. Sämtliche verbleibenden Fehler und Mißdeutungen gehen ausschließlich auf mein eigenes Konto. Ich möchte all denen, die sich an der ersten Korrekturrunde beteiligt haben, meinen allerherzlichsten Dank aussprechen. Es waren, in jeweils alphabetischer Reihenfolge:

die Mitarbeiter des Instituts für Europäische Umweltpolitik, insbesondere Raimund Bleischwitz, Alexander Juras, Hans Kretschmer, Pascale Kromarek, Gerhard Maier-Rigaud, Christian Radtke, Frieder Rubik und Helmut Schreiber;

sowie Klaus Citron, Gunther Ellwanger, Annegret Falter, Helmut Fischer, Georges M. Fülgraff, Joachim Grawe, Ulrike Haupt, Ulrich Höpfner, Hans-Jürgen Karpe, Dietrich Kupfer, Eberhard Meller, Reiner Möckelmann, Hans Nutzinger, Hans Opschoor, Hermann Priebe, Udo Ernst Simonis, Joachim H. Spangenberg, Dieter Teufel, Carl Christian von Weizsäcker;

und schließlich die Studenten an der TH Darmstadt, die sich die Mühe gemacht haben, die im Rahmen der einjährigen SEL-Stiftungsprofessur im Sommersemester 1988 gehaltene Vorlesung „Neue Umweltpolitik" auf Tonband aufzunehmen, abzuschreiben und redaktionell zu überarbeiten, insbesondere Jürgen Baatz und Astrid Bornschier.

Mit meiner Frau Christine bin ich insbesondere über die Thematik des vierten Buchteils seit zwei Jahrzehnten im Gespräch. Diese Gespräche stellten eine stetige Herausforderung dar, für die ich dankbar bin. Ihr verdanke ich auch das Schaffen der äußeren Umstände für das Abfassen eines Rohmanuskripts (u. a. das Hüten der kleineren Kinder in den Sommerferien 1989). Verena und Thomas Herzog danke ich für die Einladung in ihr mittelalterliches Ferienhaus in Italien, wo der Entwurf für das Buch entstand.

Ferner danke ich Frau Jenny Bornemann für das Abschreiben und Neuschreiben des Manuskripts, Frau Maryse Biermann für weitere Korrekturen und die aufreibende Sekretariatsbetreuung, Hans Kretschmer für die Betreuung der Abbildungen (und teilweise deren Zeichnen) und Ludwig Maier für die Betreuung der Fußnoten und des Registers.

Der Europäischen Kulturstiftung, Amsterdam, danke ich für die langjährige Grundunterstützung des Instituts für Europäische Umweltpolitik. Die Berghofstiftung für Konfliktforschung hat unsere Arbeit an dem für die Erdpolitik zentralen Thema Umwelt und Entwicklung ermöglicht.

Christian Geinitz von der Wissenschaftlichen Buchgesellschaft, Darmstadt, der die Vorlesungen im Sommersemester 1988 teilweise

hörte, hat die Initiative ergriffen, das Buch in diesem Verlag heraus-
zubringen, und hat sein weiteres Entstehen tatkräftig unterstützt. Dem
Verlag danke ich für die schnelle und gewissenhafte Herausgabe und für
die vielfältige Mithilfe bei der Suche nach geeigneten Illustrationen.
Ihnen allen sage ich meinen herzlichen Dank.

Bonn, Ende September 1989   Ernst von Weizsäcker

TEIL I
DER RAHMEN

1. Kapitel

EINLEITUNG: AUFBRUCH INS JAHRHUNDERT DER UMWELT

Das Jahrhundert der Ökonomie: eine Episode

Jedes Jahrhundert der jüngeren menschlichen Geschichte hat sein eigenes Gesicht.

Unser Jahrhundert ist das Jahrhundert der Ökonomie. Wer Realist ist oder sich dafür hält, handelt ökonomisch oder legitimiert sein Handeln mit der Ökonomie: Wissenschaft und Technik, in früheren Jahrhunderten den Künsten zugeordnet, sind heute Wirtschaftsfaktoren. Die Einteilung der Welt geschieht nach wirtschaftlichen Kriterien: Marktwirtschaftliche Länder bilden die Erste, staatswirtschaftliche die Zweite und wirtschaftlich unterentwickelte die Dritte und die Vierte Welt. Die Europäische Gemeinschaft ist eine Wirtschaftsgemeinschaft, ebenso wie der Rat für Gegenseitige Wirtschaftshilfe (COMECON). Sicher vier Fünftel aller UNO-Aktivitäten drehen sich um die wirtschaftliche Entwicklung der Entwicklungsländer. Im Westen werden Wahlen nach wirtschaftlichen Gesichtspunkten entschieden, und im Osten entscheidet sich das Schicksal von Glasnost und Perestroika am wirtschaftlichen Erfolg. Selbst Weihnachten ist heute in erster Linie ein ökonomisches Ereignis, es ist das Schlußdatum des Weihnachtsgeschäfts.

In der zweiten Hälfte unseres Jahrhunderts steht man so sehr im Bann der Ökonomie, daß man gar nicht auf den Gedanken kommt, daß andere Jahrhunderte vielleicht von ganz anderen Realitäten – oder Wahrnehmungen derselben – geprägt waren. Liest man Literatur und Dokumente vergangener Jahrhunderte, so stellt man mit Erstaunen fest, daß entgegen unseren ökonomistischen Vorurteilen und entgegen der marxistischen Geschichtsinterpretation das Wirtschaftliche praktisch nie vor 1900 eine kulturbestimmende Rolle gespielt hat.

Abb. 1: Jahrhundert der Fürstenhöfe. Selbst die Aufklärung entsteht in höfischen Zirkeln. Friedrich II. und Voltaire im Bibliothekszimmer von Sanssouci. Holzstich nach einer Zeichnung von Philipp Grotjohann, um 1900. (AKG, Berlin.)

Im siebzehnten Jahrhundert war – zumindest in Mitteleuropa – der Religionskrieg das kulturbestimmende Geschehnis. Gegenreformation und Barock waren kirchliche, staatliche und künstlerische, nicht ökonomische Antworten auf die reformatorische Herausforderung, die aus dem 16. Jahrhundert kam. Die Realisten des 17. Jahrhunderts mußten sich in ihren Konfessionen bewähren.

Das 18. Jahrhundert wurde zum Jahrhundert der Fürstenhöfe. Wer Realist sein wollte, stellte sich gut mit seinem Fürsten. Soldaten dienten dem König. Sogar die Aufklärung, die den Keim zur Abschaffung des Fürstenabsolutismus legte, entstand in höfischen Zirkeln, etwa bei Friedrich dem Großen. Es gab zwar auch schon Ökonomen, die Physio-

Abb. 2: Jahrhundert der Nationalstaaten. Einigungsbewegungen z. B. in Deutschland und Italien. Giuseppe Garibaldi, umgeben von seinen Generälen. Kreidelithographie, koloriert, um 1866 (Nürnberg, Verlag G. N. Renner & Co.), Privatsammlung. (AKG, Berlin.)

kraten in Frankreich und Adam Smith in England, aber die ersteren blieben eine Episode, und Adam Smith war eher ein Vorbote für kommende Jahrhunderte als ein typischer Vertreter seiner Zeit.

Im 19. Jahrhundert wurde der Fürstenhof durch den Nationalstaat ersetzt, den die bürgerliche Revolution hervorgebracht hatte. Realist war nun derjenige, der sich in Frankreich als Franzose, in den deutschen Ländern als Deutscher, in England als Engländer definierte. Das Jahrhundert ist allerdings auch durch ein Phänomen gekennzeichnet, das man ökonomisch verstehen kann, die Industrialisierung und die mit ihr einhergehende Entstehung der Arbeiterklasse. Aber auch wer sich der Industrie verschrieb, mußte dies, als Realist, zur Machtstärkung oder Glorie seiner Nation tun. Auch die Arbeiterklasse war faktisch national organisiert, und die Internationale blieb ein Traum.

Kolonialismus und Weltkriege, Weltwirtschaftskrise und Massenarbeitslosigkeit, Totalitarismus und Atombombe bilden den Übergang zu unserer ökonomischen Kultur. Die Vorstellungswelt der Menschen in dieser Übergangszeit war zwar von ökonomischen Realitäten wie Hunger und Not, Inflation, Arbeitslosigkeit und Rüstungsboom mitbestimmt, aber im Zentrum standen Streitfragen anderer Natur. Eroberung, Krieg, Unterdrückung, Rassismus, Massenvernichtung bewegten die Gemüter der Besiegten wie der Sieger.

Vor diesem meistenteils grauenhaften Hintergrund ist unsere heutige ökonomische Wertewelt auch als der Versuch zu verstehen, endlich Vernunft, Wohlstand und Frieden in eine von Krieg, Ideologien und Machtanmaßungen vergiftete Welt zu bringen. Die Ökonomie ist der aufklärerische, fortschrittliche gemeinsame Nenner. Welthandel, Entwicklungshilfe, Infrastruktur und Technologieförderung sind einige Stichworte dieses neuen Konsenses. Sie dienen dem allgemeinen Wohlstand und fördern das Zusammenwachsen der Völker zu einer im Frieden lebenden Menschheit. Das ist die Hoffnung, das Versprechen der Ökonomie. Wer könnte sich dem Bann dieses Versprechens entziehen?

Aus dem Blickwinkel dieser schönen Wertewelt können die kulturprägenden Vorstellungen früherer Jahrhunderte leicht wie unaufgeklärte Torheiten erscheinen. Doch damit wird man diesen Jahrhunderten nicht gerecht. Und wer weiß? Vielleicht empfinden die Menschen künftiger Jahrhunderte unsere heutigen ökonomischen Werte auch als Torheit, womöglich als größere Torheit als die Werte der Scholastik, der Konfessionskriege oder des Nationalstaats.

Exakt diese Befürchtung habe ich.

Zunächst kann man kritisieren, daß unter dem Schleier der schönen ökonomischen Werte die alten Unterdrückungen, Eroberungen, Machtanmaßungen fortgeführt werden. Diese Kritik überlasse ich anderen. Denn für die Umweltpolitik ist das ein Nebenschauplatz.

Was ich befürchte, ist, daß der Sieg der heutigen Form der Ökonomie der Erde und den auf ihr und von ihr lebenden Menschen einen nicht wiedergutzumachenden Schaden zufügt, und dies weitestgehend unabhängig von allen Ungerechtigkeiten und Nöten, die durch die herrschende Ökonomie oder trotz derselben eintreten.

Als Realist im Sinne der heutigen Ökonomie und Politik gilt einer nur, wenn er hinreichend kurzfristig denkt und wenn er für Natur, Umwelt und Nachwelt höchstens das gesetzlich Vorgeschriebene tut. Mehr zu tun, hieße ja, Kosten ohne Ertrag auf sich zu nehmen. Vielerorts gilt schon als idealistischer Spinner, wer es mit den gesetzlichen Vorschriften genau nimmt. Und sogar die Behörden drücken gelegentlich die Augen zu, weil sie um lokalen wirtschaftlichen Wohlstand, die Arbeitsplätze oder die Gewerbesteuer besorgt sind. Man nennt das dann Vollzugsdefizit.

Egoismus und kurz- und mittelfristige Nutzenoptimierung waren durch Adam Smith – überraschend für die klassische Moral – zu Ehren gekommen: Die „Unsichtbare Hand" sorgte dafür, daß diese Nutzenverfolgung des einzelnen dem Gesamtwohl diente. Auf dieser schönen Überraschung beruht ein Gutteil des breiten Konsenses, auf den sich die Wertewelt des Jahrhunderts der Ökonomie stützen konnte.

Die ausgeraubte Natur

Es ist nun meine These, daß die schönen Tage des naiven ökonomischen Konsenses gezählt sind. Das Konsumwachstum stößt an Grenzen. Was die reichsten zehn Prozent der Weltbevölkerung an Energie, Fläche, Wasser, Luft und anderen Naturgütern verbrauchen – direkt oder indirekt –, ist nicht auf die übrigen neunzig Prozent ausdehnbar, ohne daß die Erde ökologisch kollabieren würde. Und doch ist eben dieser „Standard" das erklärte Ziel der Entwicklung. Gegen jenen ökologischen Kollaps hilft die „Unsichtbare Hand" nicht.

Schon zum Inganghalten des heutigen, die reichsten zehn Prozent privilegierenden Konsums wird ein angsterregender Raubbau getrieben: Gegenwärtig
– werden pro Sekunde etwa 1000 Tonnen Erdreich abgeschwemmt und abgetragen;
– nimmt der Waldbestand der Erde pro Sekunde um 3000–5000 Quadratmeter ab; auf ein Jahr umgerechnet ist das beinahe die Fläche der Bundesrepublik;
– rotten wir täglich vielleicht zehn, vielleicht fünfzig Tier- oder Pflanzenarten aus;
– blasen wir pro Sekunde rund 1000 Tonnen Treibhausgase in die Luft.[1]
Nicht so leicht in Zahlen ausdrückbar sind lokale Naturkatastrophen. In Mexiko-Stadt oder in Wuhan (China) ist die Luft so schlecht, daß kaum mehr ein Kind ohne eine chronische Lungenkrankheit groß wird. Der westafrikanische Staat Elfenbeinküste hat in rund zwanzig Jahren drei Viertel seines Waldbestandes verloren. Die Weichsel, einst bekannt

Abb. 3: Urwaldrodung. (H. J. Burkhard, Bilderberg, Hamburg.)

für gute Fische, ist heute praktisch ein toter Fluß. Das einst waldreiche Riesengebirge ist heute weitreichend kahl, soweit man mit dem Fällen der toten Bäume nachgekommen ist. Ostsee und Schwarzes Meer sind akut von einer verheerenden Eutrophierung bedroht.

Hinzu kommen globale Probleme. Der Ozonschutzschild, der einen großen Teil der krebsauslösenden Ultraviolett-B-Strahlung abfängt, wird durch Chemikalien ausgedünnt, die der menschlichen Produktion entstammen. Das Klima, das trotz gewisser Schwankungen in der jetzigen Zwischeneiszeit weitgehend verläßlich und konstant geblieben ist, fängt an, sich durch menschliche Entwicklungen dauerhaft zu verändern, und zwar in einem Sinne, der viele Landstriche der Erde einschließlich Europas in Steppe oder Wüste verwandeln könnte und durch das Anheben des Meeresspiegels über hundert Städte mit über hundert Millionen Menschen überfluten könnte.

Weiter dramatisiert wird die Lage dadurch, daß manche Tragödien im stillen beginnen und erst sichtbar werden, wenn es zu spät oder fast zu spät ist. Ein eindrucksvolles Beispiel gibt William Stigliani mit der Übersäuerung des Großen Elchsees im Staate New York. Achtzig Jahre lang wurden steigende Mengen saures Schwefeldioxid bzw. schweflige Säure

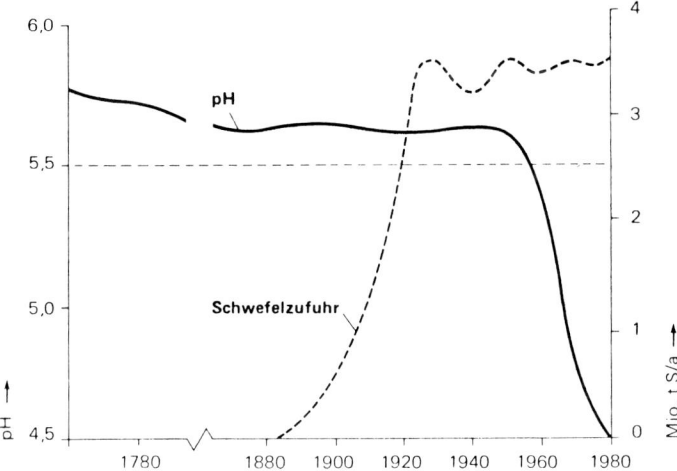

Abb. 4: Beispiel für eine ökologische Zeitbombe. Gut fünfzig Jahre dauerte es, bis der Saure Regen den Großen Elchsee zum Umkippen brachte. Bild von W. Stigliani[2].

und Schwefelsäure über der Gegend abgeregnet, bis schließlich die Pufferkapazität des Bodens im Einzugsgebiet und des Sees selbst erschöpft war.[2] Dann kippte der See um und ist seither praktisch tot.

Ähnliche Effekte haben wir beim Waldsterben erlebt und sehen sie gegenwärtig beim Nitrat, das seit zehn bis zwanzig Jahren zum Grundwasser langsam durchsickert. In zahlreichen weiteren Hinsichten könnte die beachtliche Pufferkapazität des Bodens großflächig erschöpft werden, so daß weitere ökologische Zeitbomben in der Zukunft losgehen würden.

Das Jahrhundert der Umwelt

Wenn die Tage des ökonomischen Jahrhunderts gezählt sind, was kommt danach? Nun, das ist durch die vorhergehenden Absätze klargeworden: Wir treten, ob wir es wollen oder nicht, in ein *Jahrhundert der Umwelt* ein. In diesem wird jeder, der sich Realist nennen möchte, gezwungen, seine Handlungsweise als Beitrag zum Erhalt der Umwelt zu rechtfertigen. Die kurzfristige wirtschaftliche Optimierung bleibt natürlich als Ziel erhalten, aber wenn sie sich den ökologischen Notwendig-

keiten nicht unterordnet, wird ihre Glaubwürdigkeit nicht höher sein als
die der heutigen Konfessionsstreiter in Nordirland oder die von luxem-
burgischen Nationalisten.

„Jahrhundert der Umwelt", das klingt zunächst wie eine schöne
Verheißung. Aber das ist offensichtlich nicht gemeint. Gemeint ist die
grausame Realität, die sich einstellt und die unvermeidlich kulturbestim-
mend wird, wenn die Plünderung des Planeten durch den Menschen
sich noch ein bis zwei Jahrzehnte fortsetzt. Und wegen der Schwerfällig-
keit aller Prozesse steht es außer Zweifel, daß die Plünderung noch jahrzehntelang weitergeht. Und dies bedeutet, daß das 21. Jahrhundert von
seinem Beginn an unter dem Eindruck einer von Menschenhand ausge-
raubten, im Kern gefährdeten und teilweise gestörten Natur stehen
wird. Sämtliche Politikbereiche, von der Außen- und Entwicklungspolitik bis zur Forschungs- und Technologiepolitik, werden unter diesem
Eindruck stehen. Religion und Kultur, Bildung, Recht und Wirtschaft
(ja: Wirtschaft) werden im Jahrhundert der Umwelt vom ökologischen
Diktat bestimmt sein.

Der Übergang von unserem Jahrhundert der Wirtschaft in das Jahrhundert der Umwelt ist also nicht einfach dadurch zu schaffen, daß man
die Grenzwerte für Schadstoffe in Wasser, Luft und Boden noch etwas
ehrgeiziger formuliert und daß man die Position des Umweltministers in
den Regierungen der Welt etwas aufwertet. Was wir brauchen, ist ein
deutlich tiefergreifendes Umdenken und Umsteuern unserer Kultur
und unserer Wirtschaftsweise. Je früher wir uns auf die Transformation
einlassen, desto besser sind unsere Aussichten, die positiven Seiten, die
Annehmlichkeiten des ökonomischen Jahrhunderts in die künftigen
Jahrhunderte hinüberzuretten.

Der Beginn der Erdpolitik

Das politische Herbeiführen der unausweichlichen Transformation,
die uns ins Jahrhundert der Umwelt bringt, ist eine Aufgabe für uns
alle. Es ist eine internationale, erdumspannende Aufgabe. Ich nenne sie
Erdpolitik.

Erdpolitik muß *pragmatisch* oder realpolitisch sein: Sie muß die Gegenwart und ihre Machtstruktur realistisch einschätzen und von den
Bürgern und Entscheidungsträgern nichts Unmögliches verlangen. Um

die Gegenwart richtig einzuschätzen, muß sie auch die Vergangenheit kennen. So enthält dieses der Erdpolitik gewidmete Buch in fast jedem Kapitel historische Einleitungsworte, aus denen die Gegenwart und der Handlungsspielraum verständlicher werden sollen. Im Jahrhundert der Ökonomie muß Erdpolitik nicht zuletzt die Voreingenommenheit der allermeisten Akteure für die Ökonomie in Rechnung stellen. Sie muß soweit wie irgend möglich *wirtschaftsverträgliche* Strategien für die bevorstehende Transformation entwickeln und anbieten.

Erdpolitik muß *international* sein. Das Denken in nationalen Kategorien, welches im 19. Jahrhundert seine Blütezeit hatte, muß schrittweise überwunden werden. Dabei müssen natürlich die menschlichen Bedürfnisse nach Heimatbindung, sprachlicher und kultureller Identität und „Wir-Gefühl" (wie man es bei Siegen in internationalen Sportwettkämpfen erlebt) geachtet und soweit wie möglich erfüllt werden. Zugleich müssen viele politische Entscheidungen dezentralisiert werden: "Think globally – act locally."

Erdpolitik muß aber auch eine *Vision* enthalten. Die Vision muß langfristig stimmig sein. Sie muß den Grundwiderspruch zwischen den Verbrauchsraten der heutigen Reichen und dem, was für fünf bis zehn Milliarden Menschen realisierbar ist, auflösen.

Der erste Teil dieses Buches ist der Klarstellung über den ökologischen und historischen *Rahmen* der Erdpolitik gewidmet. Die Anfänge der Erdpolitik in der klassischen Umweltpolitik verdienen besondere Beachtung, weil sie die große Ermutigung enthalten, *daß* es möglich ist, ohne Revolution eine bedeutende Veränderung der Wirtschaft in relativ kurzer Zeit herbeizuführen.

Der zweite Teil führt dann aber fünf Gebiete oder *Krisenfelder* vor, in denen von einem Erfolg der klassischen Umweltpolitik schlechterdings noch nicht gesprochen werden kann. Erste Lösungsansätze werden entwickelt.

Im dritten Teil gehe ich zu gesamtheitlichen realpolitischen *Lösungsansätzen* über. Grundlage hierfür ist das allgemein akzeptierte „Verursacherprinzip" des Umweltschutzes, von welchem aber gezeigt wird, daß es in der klassischen Umweltpolitik entgegen anderslautenden Beteuerungen nur äußerst halbherzig, vielleicht nur „10-Prozent-herzig" verwirklicht worden ist. Darauf baut sich das Konzept der *ökologischen Steuerreform* sowie eine Neuorientierung der Außenpolitik auf.

Der vierte Teil schließlich ist der Konkretisierung der *Vision* gewid-

met und erhebt in der jetzigen Form noch keinen Anspruch auf den
Ehrentitel „Realpolitik". Dennoch gehört er unverzichtbar in das Buch
hinein, weil erst durch eine längerfristige Vision die Orientierungslosigkeit der heutigen Realpolitik überwunden werden kann.

Meine Hoffnung ist, daß das Gesamtpaket aus Rahmen, Krisenfel-
dern, Lösungsansätzen und Vision das *Bewußtsein* der Leser anspricht,
das Bewußtsein, daß es „so nicht weitergehen kann", daß wir aber gute
Chancen haben, die nötigen Änderungen vorzunehmen. Denn das
Bewußtsein ist das A und O für die *erdpolitische Wende*, die wir jetzt
brauchen.

Bewußtsein: die Voraussetzung zum Umschwenken

Hätte jemand in den sechziger Jahren von einem kommenden Jahrhundert der Umwelt gesprochen, er wäre ausgelacht worden.[3] Die katastrophalen Zahlen waren damals nicht bekannt, manches war auch noch
nicht so schlimm.

In verschiedenen Ländern durch recht verschiedene Ereignisse ausge-
löst, stieg jedoch weltweit das Umweltbewußtsein in den letzten zwei
Jahrzehnten an, fast kontinuierlich, scheinbar unaufhaltsam. Etwa im
Jahr 1988 muß es eine kritische Schwelle überschritten haben. Für die
Medien wurden das Ozonloch, die globale Erwärmung, die tropischen
Wälder zu einem der wichtigsten Aufmacher.[4] Das amerikanische
›Time‹-Magazin, das sonst zum Jahresende einen Mann oder (selten)
eine Frau des Jahres vorstellt, brachte zum Jahreswechsel 1988/89 die
Erde als „Planeten des Jahres" aufs Titelblatt (Abb. 5). Der Weltwirtschaftsgipfel hatte die Regenwälder 1988 auf der Tagesordnung. Der
neue amerikanische Präsident Bush versprach seinem Volk, ein Um-
weltpräsident zu werden. Und in Generalsekretär Gorbatschows „ge-
meinsamem Haus Europa" und seinen Bemühungen um Abrüstung
spielt die gemeinsame Verantwortung für die Umwelt etwa seit 1988
eine herausragende Rolle. Im September 1989 wartet der in 10 Sprachen übersetzte ›Scientific American‹, die einflußreichste populärwissenschaftliche Zeitschrift der Welt, mit einem Themenheft über die
globale Umweltveränderung auf.[5]

Wer heute behauptet, wir gingen auf ein Jahrhundert der Umwelt zu,
der spricht nur noch aus, was im Grunde jeder weiß. Das ist die ideale

Abb. 5: Im Laufe des Jahres 1988 muß das weltweite Umweltbewußtsein eine Schwelle überschritten haben. Umwelt wurde zum Medienrenner. Ein Beispiel: Die gefährdete Erde – „Planet des Jahres" (›Time‹).

Situation, um nun endlich das Steuer herumzuwerfen und aktiv auf dieses neue Jahrhundert zuzugehen und nicht in es hineinzustolpern und hineinzuschlittern. Doch für diese aktive und bewußte Erdpolitik ist vielerlei nötig:

- Wir müssen den Schutz und die Sanierung der Umwelt *ursächlich und global* betreiben und nicht nur Symptome kurieren oder die Probleme geographisch verschieben;
- Wir müssen von übertriebenen und *hysterischen Forderungen ablassen*, die den Blick für Prioritäten verstellen und die notwendige breite Zustimmungsbasis für die drastischen Schritte verhindern, welche für die erdpolitische Wende unerläßlich sind;
- Wir müssen bei uns selbst, im Westen, eine *neue Wirtschaftsweise* entwickeln, welche man, ohne die Erde zu ruinieren, auf fünf oder zehn Milliarden Menschen ausdehnen könnte;
- Wir müssen die obengenannte Vision als zugkräftige Perspektive für diese neue Wirtschaftsweise aufbauen. Europäern, Amerikanern und Japanern zu empfehlen, sich in Sack und Asche zu kleiden und auf Wohlstand und Fortschritt zu verzichten, ist eine zum Scheitern verurteilte Strategie. Also sollte die neue Wirtschaftsweise den Charakter eines *„neuen Wohlstandsmodells"* haben, um politisch durchsetzbar zu sein.

Es wurde gesagt, daß kein Politikbereich verschont werden wird, wenn man sich auf das Jahrhundert der Umwelt oder auf Erdpolitik einläßt. Einige Beispiele:

- Die Außenpolitik muß um Aspekte einer Weltumweltpolitik ergänzt werden;
- Die Europapolitik muß die neue Ziellinie einer „Europäischen Umweltgemeinschaft" entwickeln;
- Wirtschafts- und Finanzpolitik müssen die Wirtschaft in eine umweltverträgliche Richtung steuern;
- Die Technologiepolitik muß sich auf die Technologien des Jahrhunderts der Umwelt konzentrieren;
- Energiepolitik muß den Energiebedarf senken, statt ihm um jeden Preis zu befriedigen;
- Die Arbeitspolitik muß die konventionelle Vollbeschäftigungspolitik zugunsten einer umweltverträglichen Kombination von Erwerbs- und Eigenarbeit transformieren;
- Die Agrarpolitik muß die ökologischen Funktionen des ländlichen Raums in den Mittelpunkt rücken;

– Raumordnungs- und Kommunalpolitik müssen die ökologische Wirtschaftspolitik unterstützen und konkretisieren;
– Die Bildungspolitik muß Qualifikationen und Allgemeinwissen auf die Herausforderungen des Jahrhunderts der Umwelt umstellen;
– Kulturpolitik könnte zum entscheidenden Hebel für die notwendige kulturelle Transformation werden.

Will man die Umweltpolitik als langfristig angelegte Erdpolitik entwerfen und durchsetzen, so kommt man nicht darum herum, sich auf alle diese anderen Politikbereiche einzulassen und im konstruktiven Gespräch mit ihnen eine umweltverträgliche Lösung zu suchen. Man überhebt sich dabei zunächst unvermeidlich. In jedem Sektor gibt es die erfahrenen Politiker und Verbandsvertreter, die gut wissen, warum alles so ist, wie es ist und wie klein der Spielraum für Veränderungen ist, zumal wenn sie an die Verbandsmitglieder, die Stammtische, die Wiederwahl und eben die Sachzwänge denken. Viele denken auch bereits daran, Verhandlungspositionen für künftige Verteilungskämpfe abzustecken, und stellen sich ein wenig taub. Die Erdpolitik, um die es in diesem Buch geht, muß die Sachzwänge, die Ängste und die vorsorglichen Verhandlungspositionen der verschiedenen Umweltbelaster genau kennenlernen und ernst nehmen. Dann kann der Dialog fruchtbar werden. Die Umweltpolitik hat es nicht nötig, den anderen Politikbereichen besserwisserisch Vorschriften zu machen. Es genügt zur Durchsetzung ihrer Forderung, den anderen Bereichen den Dialog aufzuzwingen. Die Erdpolitik sitzt in jedem Fall am längeren Hebel.

Anmerkungen

[1] Zahlen aus verschiedenen Quellen, vor allem World Resources 1988/89, hrsg. von World Resources Institute und International Institute for Environment and Development, New York 1988; ferner State of the World 1988 (hrsg. von Worldwatch Institute), WW Norton, New York 1988, Tabelle 1.1; Scientific American, Managing Planet Earth, Special Issue, September 89 (Spektrum der Wissenschaft, November 1989); dasselbe März 1989.

[2] William Stigliani, IIASA, Changes in valued "Capacities" of soils and sediments as indicators of nonlinear and time-delayed environmental effects, in: International Institute for Applied Systems Analysis (IIASA), November 1988.

[3] Daß in den 60er Jahren die Klassiker und Neoklassiker der Ökonomie hohe

Priorität einräumten, verwundert nicht, aber selbst als progressiv geltende Autoren, wie z. B. Lester B. Pearson, dachten damals so. Vgl. der Pearson-Bericht. Bericht der Kommission für Internationale Entwicklung, Wien, München, Zürich, 1969, S. 48–51.

[4] Beispiele: Spiegel 33 (1986); 49 (1987); 29 (1989); Time 1 (1989); Die Zeit 1 (1989).

[5] Scientific American, September 1989, a. a. O.

2. Kapitel

KLASSISCHE UMWELTPOLITIK

Der stumme Frühling

Umweltpolitik gibt es schon seit langem. Jagdschonzeiten, Brache-
jahre und Kanalisation haben ihren Ursprung in früheren Jahrtausenden, und Hygiene, Arbeitsschutz und Müllabfuhr sind jahrhundertealt.
Auch der Naturschutzgedanke stammt schon aus dem 19. Jahrhundert.
Aber erst in unserem Jahrhundert fing man an, Natur- und Umweltschutz systematisch zu betreiben.

Die Luftreinhaltung wurde am längsten vernachlässigt. Der Wind
trug ja die Schadstoffe „fort". Schornsteine sorgten im 19. Jahrhundert
für halbwegs erträgliche Luft in den Fabriken und der unmittelbaren
Nachbarschaft. „Die Schlote müssen rauchen" war eine ohne Ironie
ausgesprochene Hoffnung für den Wohlstand eines Gebietes. Erst in
den 50er Jahren unseres Jahrhunderts, nach dem winterlichen Smog
von London 1952, dem über 4000 Menschen zum Opfer fielen,[1] wurde
weltweit zum ersten Mal eine Maßnahme ergriffen, die die Luftverschmutzung in einem großen Gebiet an der Quelle verringerte und sie
nicht nur auf weitere Gebiete verteilte: Das Verbrennen der schwefel-
haltigen und billigen Kohle in den Öfen und Kaminen, die jedes englische Heim hatte, wurde verboten. Geheizt wurde zentral oder mit Gas
oder Strom auf der Etage, und das unverzichtbare gemütliche Flackern
wurde – wo immer möglich – mit Licht-Flammen-Effekten ersetzt. Der
Smog verschwand vorerst, und zwei Jahrzehnte lang glaubte England,
das Umweltproblem gelöst zu haben.

Anfang der sechziger Jahre ging es dann in Amerika los. Eine mutige
Journalistin und Schriftstellerin, Rachel Carson, hatte jahrelang die
schleichende Verseuchung der Natur mit Chemikalien, insbesondere

Abb. 6: Symbol der Umweltverschmutzung in den sechziger Jahren: Schmutziger Schaum auf den Flüssen. (Bild: Greenpeace, Hamburg.)

landwirtschaftlichen Pestiziden, untersucht und faßte die Ergebnisse in einem Buch zusammen, dem sie den zu Herzen gehenden Titel ›Der stumme Frühling‹ gab.[2] Anfangs versuchte die Chemieindustrie die öffentliche Wirkung des Buches dadurch zu unterdrücken, daß sie die ganze Auflage aufkaufte und im übrigen die Öffentlichkeit mit törichten Beschwichtigungen überhäufte. Aber das Buch wurde unaufhaltsam zum Bestseller. Amerika war von der Angst gepackt, daß das amerikanische Wappentier, der Weißkopfadler, aussterben würde, weil DDT-Anreicherungen über die Nahrungskette seine Eierschalen und damit den Nachwuchs zerstörten. Bilder von Schaumbergen auf Flüssen, vom Cuyahooga River, der so verdreckt war, daß er zeitweise brannte, und vom Schwerindustrieschmutz von Pittsburgh unterstützten die Ängste.

Und die Öffentlichkeit wurde in eine breite ökologische Empörungs- und Aufbruchstimmung versetzt. Hunderte von Bürgerinitiativen land- auf, landab entstanden, und mit der Unbekümmertheit und Durchschlagskraft, die der amerikanischen Öffentlichkeit eigen ist, wurden die Chemiekonzerne zum Rückzug gezwungen. DDT und andere Pesti-

zide wurden kurzerhand verboten, Waschmittel mußten biologisch ab-
baubar werden. Unzählige Prozesse wurden geführt und von den Um-
weltgeschädigten, von Konsumenten und von Naturschützern gewonnen. Vielleicht am berühmtesten wurde der Prozeß, bei welchem ein
großes Stauseeprojekt gestoppt wurde, weil es womöglich den Lebensraum eines nur hier vorkommenden kleinen Fisches, des "Snail darter",
zerstören würde. Der Sierra Club, ursprünglich eine Art Alpenverein,
und die noch traditionellere Audubon Society wuchsen zu mächtigen
nationalen Umweltorganisationen heran. Daneben entstanden die
Friends of the Earth, mit dem radikalen, weißhaarigen David Bower an
ihrer Spitze, die Conservation Foundation (die sich später mit dem
WWF USA zusammenschloß) und der National Resources Defense
Council.

Sie alle und viele andere spielten lokal und auf nationaler Ebene eine
entscheidende Rolle bei der Umgestaltung der amerikanischen Gesellschaft. 1970 wurde mit der Clean Air Act das erste umfassende Luftrein-
haltungsgesetz verabschiedet. Die Clean Water Act folgte 1972, und
schließlich sollten es rund 13 000 Gesetze, Verordnungen und allgemein-
verbindliche Gerichtsentscheidungen werden, die das ganze Land mit
einem engen umweltpolitischen Regelungsnetz überzogen. 1970 wurde
eine große nationale Umweltbehörde, die Environmental Protection
Agency, EPA, gegründet, bei welcher Tausende von Juristen eingestellt
wurden, um Prozesse gegen die großen und kleinen Verschmutzer zu
führen.

Übrigens geschah dies zu einer Zeit, als man in den europäischen
Zeitungen über die eigenen Umweltsünden noch sehr wenig las und
als man „die Amerikaner" hauptsächlich als kriegführende Partei in
Vietnam wahrnahm – und innerlich ablehnte.

Stockholm 1972, Japan und Europa

Von Amerika – und von Skandinavien – ging auch die Initiative aus,
das Thema Umweltschutz in die Vereinten Nationen hineinzutragen.
Die UNO-Generalversammlung beschloß, im Sommer 1972 eine UNO-
Konferenz über die menschliche Umwelt zu veranstalten. Schweden,
schon unter dem Eindruck des Sauren Regens, der in manchen schwedischen Seen alles Leben getötet hatte, lud die Völkerfamilie nach Stock-

Abb. 7: Emblem der UNO-Umweltkonferenz in Stockholm 1972.

holm ein. Der kanadische Industrielle Maurice Strong, der schon die umfangreichen Vorbereitungsarbeiten koordiniert hatte, wurde Generalsekretär der Konferenz und gab sich größte Mühe, das in den USA bereits etablierte Gedankengut der ganzen Konferenz aufzuprägen.

Die Westeuropäer und Japaner standen auf seiner Seite. Hier hatte der Umweltschutzgedanke in den drei Jahren vor der Konferenz bis in die Regierungsspitzen hinein Fuß gefaßt. Aber die Entwicklungsländer – damals weltpolitisch in der Offensive, ganz im Gegensatz zu den achtziger Jahren – waren sich schnell einig, daß das ganze Umweltschutz-„gerede" eine Affäre der Reichen und Hochindustrialisierten im Norden sei, während sie im Süden an nichts anderes als an ihre eigene ökonomische Entwicklung denken könnten. Brasilien, damals Sprecher der blockfreien „Gruppe der 77" (der Entwicklungsländer), brandmarkte die umweltpolitischen Forderungen des Westens als neokolonialistisch und völlig unzumutbar. Der Ostblock, damals noch ein nach außen hin homogener Block, erklärte das Umweltproblem zu einem Problem des Westens und des industriellen Kapitalismus und Imperialismus und verstand es, sich selbst nicht in die Karten schauen zu lassen. Trotz der diplomatischen Isolierung des Westens gelang es, einen entscheidenden politischen Beschluß zu fassen, nämlich ein Umweltprogramm der Vereinten Nationen (United Nations Environmental Programme, UNEP) einzurichten. Als Freundschaftsangebot an den Süden wurde Nairobi zum Sitz des Programms gemacht, und die Gelder kamen fast ausschließlich aus dem Westen. Maurice Strong wurde für die ersten zwei Jahre zum Exekutivdirektor bestellt; danach wurde er durch den ägyptischen Arzt Dr. Mostafa Tolba abgelöst, der UNEP bis heute vorsteht.[3]

In Japan war das ökologische Umdenken fünf Jahre später als in Amerika erfolgt, aber nicht weniger heftig. Massenvergiftungen durch Kadmium und Quecksilber hatten Tausende von Todesfällen bei Fischern und Konsumenten verursacht. Die Luft in den Ballungsräumen war so unerträglich geworden, daß die Tokioter Polizisten Gasmasken aufsetzen mußten, um nicht in kürzester Zeit krank zu werden. Hunderttausende litten an chronischer Bronchitis und anderen Lungenkrankheiten, und in einigen spektakulären Prozessen wurden die Luftverschmutzer zu hohen Entschädigungszahlungen an die Erkrankten verurteilt, unabhängig von einem lückenlosen Kausalkettenbeweis, sondern aufgrund von lediglich statistischer Beweisführung.[4] Dieses läuft auf eine Art Umkehr der Beweislast hinaus, was für die aktuelle deutsche Haftungsdiskussion der wichtigste Präzedenzfall ist. Die Industrie mußte sich eine Schwefeldioxidabgabe gefallen lassen, mit welcher ein Fonds für die Entschädigungsleistungen gespeist wurde.[5] Ein anderes bemerkenswertes Instrument ist den japanischen Kommunen eingefallen: Sie haben die großen Verschmutzer zu sehr einschneidenden „freiwilligen Selbstverpflichtungen" veranlassen können als Bedingung für den Verbleib am alten Standort (wo der treue Arbeiterstamm wohnte – eine für japanische Firmen äußerst wichtige Erfolgsbasis).[6]

In Westeuropa entwickelte sich die Umweltpolitik noch etwas später. Aber die Vorbereitungszeit für Stockholm brachte auch hier die Wende. In der Bundesrepublik gab es Mitte der sechziger Jahre ein wichtiges Vorspiel: Bernhard Grzimek wurde als Fernsehautor jedem Haushalt bekannt, als er regelmäßig über das Tierleben in fernen Ländern und zu Hause berichtete und mit dem Buch und dem Film ›Serengeti darf nicht sterben‹[7] die Herzen und Gemüter im ganzen Land erreichte. Gleiches gelang in Frankreich dem Kapitän Cousteau mit seinen Tauchexpeditionen, die eine erschreckende Verarmung des Unterwasserlebens innerhalb weniger Jahrzehnte zeigte.

Europaweit, ja weltweit hatte der World Wildlife Fund (WWF), inzwischen umbenannt in World Wide Fund for Nature, all diejenigen bewegt, denen das Schicksal der großen Tiere der Erde naheging – das waren bevorzugt diejenigen, deren Geldbeutel es plausibel machte, daß sie einmal in ferne Länder reisen würden. Wesentlich später, dafür aber um so publikumswirksamer, trat "Greenpeace" auf den Plan. Mit spektakulären und riskanten Blockadeaktionen, meist auf offener See, machte Greenpeace, aus einem Häuflein kanadischer Idealisten und Abenteurer hervorgewachsen, auf das Abschlachten von Walen und Robben – und auf sich selber – aufmerksam.

WWF, Greenpeace und einige Erfolgsautoren hatten mit Sicherheit entscheidenden Anteil daran, daß sich weltweit ein Gefühl für die

Abb. 8: Persönlicher Einsatz und Mut zum Kampf für die Umwelt trug Greenpeace die Sympathien von Millionen Menschen ein. Das Bild zeigt die „Rain-
bow Warrior" bevor sie versenkt wurde. (Greenpeace, Hamburg.)

Notwendigkeit des globalen Natur- und Umweltschutzes und damit der
Erdpolitik bilden konnte.

Weltweites Naturschutzdenken hatte also den Boden bereitet, als die
Erkenntnisse über Chemikalien, Luftverschmutzung und Gewässerver-
schmutzung Ende der sechziger Jahre ins Bewußtsein der Europäer
drangen. Schaumberge auf den Flüssen auch in Europa, Fischsterben,
Asthma und Bronchitis in den Ballungszentren, eine alles begradigende
und betonierende Planungsideologie und dann der Studentenaufruhr
von 1968, der das Demonstrieren auf der Straße zum Mittel der Politik
machte, das alles zusammen brachte in Deutschland, Holland, Frankreich und einigen anderen Ländern den Beginn der Umweltpolitik zustande. In der Bundesrepublik war es Willy Brandt, der im Wahljahr
1969 vom Umweltschutz sprach, und nach seiner Wahl zum Bundeskanzler gab er zum ersten Mal in einer Regierungserklärung dem Umweltschutz hohe Priorität. Im Oktober 1971 wurde ein „Umweltprogramm der Bundesregierung" beschlossen.[8]

Frankreich schuf als erstes EG-Land ein eigenes Umweltministerium, und Frankreich war es auch, das die EG-Präsidentschaft im zweiten Halbjahr 1972 ausnutzte, um beim Gipfeltreffen der – damals noch sechs – Regierungschefs im historischen Schloß von Versailles im Oktober 1972 den Beschluß über eine EG-Umweltpolitik herbeizuführen. Deutschland und Holland gehörten zu den stärksten Befürwortern dieses Schrittes. Dabei spielte auch die Überzeugung eine Rolle, daß die geplanten oder bereits beschlossenen Umweltgesetze in diesen Ländern der Wirtschaft beträchtliche Lasten aufbürdeten, und die deutsche und holländische Industrie wünschten, daß die Konkurrenz im EG-Raum gleiche Lasten zu tragen hätte. Der EG-Beitritt Englands, Irlands und Dänemarks zum 1. Januar 1973 war bereits beschlossene Sache, und man wollte die Neuen auch ganz gerne vor vollendete Tatsachen stellen.

Europäische Umweltschützer und die deutsche und holländische Industrie saßen hier also in einem Boot. Sie hatten ein gemeinsames Interesse an möglichst weitgehender Durchsetzung der höchsten umweltpolitischen Normen im gesamten EG-Raum! An dieser überraschenden Interessenharmonie hat sich prinzipiell bis heute nichts geändert. (Eine ausführlichere Diskussion der EG-Umweltpolitik folgt in Kapitel 3.)

Abb. 9: Umweltschützer und Geschäftsleute sitzen manchmal in einem Boot, so deutsche und holländische Industrielle und europäische Umweltschützer, als es um die Durchsetzung der EG-Umweltpolitik ging! Bild von Len Munnick, Amsterdam.

Umweltpolitik in der Bundesrepublik Deutschland

Jede Kultur hat ihre eigene Art, mit Herausforderungen umzugehen. In den USA waren es Publizistik und Gerichtsurteile, die den umweltpolitischen Stein ins Rollen brachten. In Japan gab es das öffentliche Schuldbekenntnis von Industriellen – nach einigen Gerichtsurteilen – und nachher ein weitgehend harmonisches Zusammengehen von Staat und Wirtschaft. In Deutschland waren es vor allem zwei Parteien, die SPD und die F.D.P., und nach deren Wahlsieg der *Staat*, die Bundesregierung, die die Initiative beim Umweltschutz hatten. Und bis heute ist bei uns der Staat der eigentliche Träger der Umweltpolitik.

Achtzehn bedeutende Gesetze zu allen Bereichen des Umweltschutzes wurden im Gefolge des Umweltprogramms innerhalb von fünf Jahren von 1971 bis 1976 beschlossen, darunter
– das Abfallbeseitigungsgesetz von 1972 (seit 1986: Abfallgesetz),
– das Bundes-Immissionsschutzgesetz von 1974 in Verbindung mit der TA-Luft,
– die Novelle 1976 zum Wasserhaushaltsgesetz von 1957 und das Abwasserabgabengesetz von 1976 und
– das Bundesnaturschutzgesetz von 1976.
Damit war innerhalb kürzester Zeit ein ganz neuer Rechtsbereich entstanden.[9]

Schon im Umweltprogramm der Bundesregierung von 1971 wurden die noch heute gültigen drei Prinzipien der deutschen Umweltpolitik formuliert, das *Verursacherprinzip*, das *Vorsorgeprinzip* und das *Kooperationsprinzip*. Letzteres besagt, daß Bund, Länder, Gemeinden, Wirtschaft und Wissenschaft beim Umweltschutz eng miteinander kooperieren sollen. Umweltschützer fanden dieses Prinzip immer etwas suspekt, und es hielt auch dazu her, daß der deutsche staatliche Umweltschutz zuweilen als „Politik des peripheren Eingriffs" abgewertet wurde.[10]

Entgegen manchen Unkenrufen zeigten die Gesetze beträchtliche Wirkung. Nach dem Waschmittelgesetz von 1975 (und zwei wesentlichen Verordnungen) verschwanden die Schaumberge von den Flüssen dank weitgehend biologisch abbaubarer Detergentien, und der Waschmittel-Phosphatanteil an den Siedlungsabwässern sank steil von 50% auf 20% und inzwischen auf noch geringere Werte ab. Die Schwermetallgehalte in den Flüssen verringerten sich drastisch, als Industrie

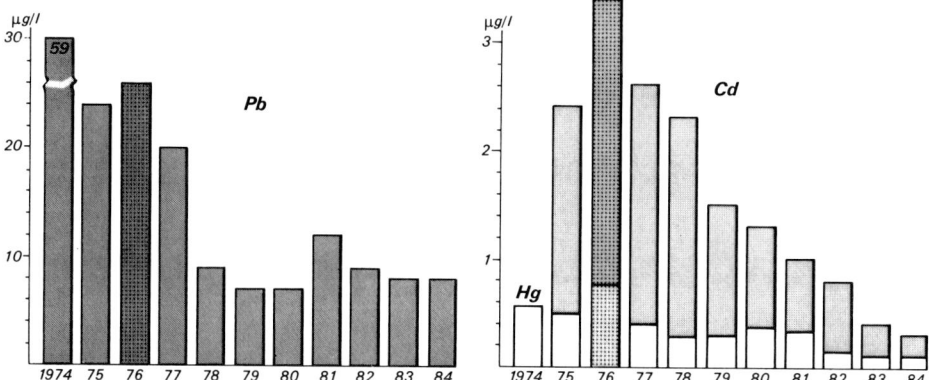

Abb. 10: Abnahme der Schwermetallkonzentration im Rheinwasser. (Bild der Wissenschaft 10 [1985], S. 95.) Diese Grafik dokumentiert Daten der Internationalen Kommission zum Schutze des Rheins gegen Verunreinigung und bezieht sich auf unfiltriertes Rheinwasser, das an der deutsch-holländischen Grenze entnommen wurde. Die Werte von Blei (Pb), Kadmium (Cd) und Quecksilber (Hg) waren 1976 deshalb wieder angestiegen, weil der Rhein besonders wenig Wasser führte.

und Kommunen die vorgeschriebenen Kläranlagen bauten (und z. T. freiwillig mehr taten, als gesetzlich verlangt war).

Die Luft in den Städten, nicht zuletzt im Ruhrgebiet, wurde wieder klar, und die wilden Müllkippen verschwanden nach und nach. Sonderabfälle bereiten heute wohl der Umweltpolitik noch die größten Kopfschmerzen, aber auch diese Probleme dürften sich mit den Mitteln der existierenden Politik als lösbar erweisen. Das Zwischenfazit heißt: Die Umweltpolitik ist ein erfolgreicher Politikbereich geworden.

In der Erfolgsgeschichte der deutschen Umweltpolitik gibt es allerdings einen bedeutenden Knick.

1975, als die wichtigsten Gesetze verabschiedet oder prinzipiell von der Regierungskoalition aus SPD und F.D.P. gebilligt worden waren, beherrschte ein ganz anderes Thema die Gemüter: die Energiekrise bzw. die seit 1973 explosionsartig angestiegenen Energiepreise, die auf der Wirtschaft lasteten, die Inflation antrieben und die Arbeitslosenzahlen nach oben schnellen ließen. In dieser Zeit kamen Industrie- und Gewerkschaftsführer des öfteren zu den Ministerien und zum Bundeskanzler, um vor zusätzlichen Kostenbelastungen zu warnen. Kurz vor der

Sommerpause 1975 rief Kanzler Helmut Schmidt die wichtigsten Akteure des Umweltschutzes und der Wirtschaft zu einem Gespräch ins Schloß Gymnich, um die neue Lage zu besprechen.[11] Im Ergebnis wurden zwar die beschlossenen Vorhaben noch über die parlamentarischen Hürden gebracht, aber es wurden dann mehrere Jahre lang praktisch keine neuen staatlichen Initiativen ergriffen. Immerhin war die in den ersten fünf Jahren angestoßene Dynamik so kräftig, daß auch ohne ausdrückliche Initiative der Bundesregierung in den nachfolgenden Jahren noch einige bedeutende Entwicklungen stattfinden konnten:

Erstens konsolidierte sich die Verwaltung, die bei Betriebs- und Nutzungsgenehmigungen etwa nach dem Bundes-Immissionsschutzgesetz und dem Wasserhaushaltsgesetz die entscheidende politische Kraft darstellt. Und in einer zunehmenden Zahl von Streitfragen konnten die Gerichte mit den neuen Problemen des Umweltrechts umzugehen lernen. Dabei wurde dem Geist und Buchstaben der ersten Umweltgesetze durchaus zur Geltung verholfen.

Zweitens fand eine heftige Auseinandersetzung über den Ausbau der Atomenergie statt. In Wyhl, Brokdorf, Grohnde, Gorleben und an einigen anderen geplanten Bauplätzen für Atomanlagen behinderten Atomkraftgegner lange Zeit den Bau der geplanten Anlagen und waren in mehreren Fällen erfolgreich. Sicherlich eine Folge der hohen öffentlichen Aufmerksamkeit, die die Atomenergie genoß, war eine fortgesetzte intensive Arbeit an Sicherheitsfragen der Atomenergie. Im übrigen stellte sich in jener Zeit der hohen Energiepreise heraus, daß man den Energiebedarf weit überschätzt hatte, so daß Länder, in denen die Kernenergie widerstandslos ausgebaut werden konnte, in kurzer Zeit mit hohen – und teuren – Überkapazitäten zu tun bekamen.

Drittens begann nach der Verabschiedung der ersten Umweltgesetze, die im Luft- und Lärmbereich Grenzwerte für die „*Immission*", also für die Umweltqualität setzten, eine Grundsatzdiskussion über die hieraus resultierenden Probleme: Mit hohen Schornsteinen und Verlagerung von Verschmutzerbetrieben in weniger belastete Gebiete lassen sich Immissionsgrenzwerte einhalten, ohne daß der Umwelt insgesamt geholfen würde. So verstärkte sich die Forderung nach einer Abwendung von der „Hochschornsteinpolitik" auf eine Emissionsbegrenzung hin. Diese Wendung setzte sich aber erst nach dem breiten Bekanntwerden des Waldsterbens, also nach 1982, durch. Im Gewässerschutz dagegen war die Emissionskontrolle bereits durch das Wasserhaushaltsgesetz das

Abb. 11: Etwa 1982 entstand eine neue Welle des Umweltbewußtseins und der Umweltpolitik. Auslöser war das Waldsterben. (Bild: Greenpeace, Hamburg.)

überwiegende Prinzip. Hier ging es hauptsächlich darum, dieses gegen Argumente von Ökonomen und politischen Druck Großbritanniens zu verteidigen. Dies gelang auf EG-Ebene durch einen fairen Kompromiß bei der Ausformulierung der EG-Gewässerschutzrichtlinie 76/464/ EWG, die die Verwendung von Umweltqualitätsstandards lediglich für die weniger problematischen Stoffe der „Grauen Liste" fakultativ erlaubte, während für die gefährlichen Stoffe der „Schwarzen Liste" Emissionsgrenzwerte festgelegt werden müssen (vgl. auch S. 41–45).[12]

Das Waldsterben beendete die Phase des relativen Stillstands der deutschen Umweltpolitik. Die große öffentliche Diskussion über die Wälder fiel zufällig mit dem Ende der sozial-liberalen Koalition zusammen.

Die neue Regierung aus CDU, CSU und F.D.P. sah sich einem breiten öffentlichen Verlangen nach entschlossenem Vorgehen in der Umweltpolitik gegenüber. Zum ersten Mal kamen 1982 die Grünen in den Bundestag. Umweltpolitik war über Nacht zu einem Politikum ersten Ranges geworden, was es selbst in den frühen siebziger Jahren nicht war. Ein Vorbote auf das Jahrhundert der Umwelt.

Die Umwelt-Zuständigkeit blieb zunächst beim Innenminister. Minister Dr. Friedrich Zimmermann konnte sich in der Auseinandersetzung mit den Umweltministern der EG als Vorkämpfer für eine bessere Umwelt profilieren. Im Inland setzte er eine drastische Verschärfung des Bundesimmissionsschutzes und die dazugehörige Großfeuerungsanlagenverordnung durch. Gleichzeitig wurde das Investieren in den Umweltschutz durch eine beschleunigte Abschreibung nach § 7d Einkommensteuergesetz begünstigt, wovon die Industrie regen Gebrauch machte.[13]

Die insgesamt recht erfolgreiche und vor allem vom Ausland beneidete Umweltpolitik Innenminister Zimmermanns wurde durch den schweren Reaktorunfall von Tschernobyl unterbrochen. Die öffentliche Beunruhigung über verstrahlte Lebensmittel und ein ungeschicktes Handhaben dieser Lage durch den Innenminister führten dazu, daß dieser die Umweltzuständigkeit verlor und Bundeskanzler Kohl – kurz vor der anstehenden Landtagswahl in Niedersachsen – das neue Ressort des Bundesministers für Umwelt, Naturschutz und Reaktorsicherheit (BMU) schuf. Die Abteilungen U (Umwelt) und RS (Reaktorsicherheit) wurden aus dem Innenministerium, der Naturschutz aus dem Landwirtschaftsministerium und die Chemikalienzulassung aus dem Gesundheitsministerium herausgelöst und in das neue BMU eingegliedert. Seit Mai 1987 wird es von Prof. Klaus Töpfer geleitet, der dem Ressort alsbald national und international erhebliches Gewicht verlieh. So gelang es ihm etwa, bei der Nordseeschutzkonferenz von London im November 1987 sehr viel mehr aus dem zähen englischen Verhandlungspartner herauszuholen, als es Bundesminister Zimmermann bei der ersten Konferenz in Bremen 1984 gelungen war. Und während der deutschen EG-Präsidentschaft im ersten Halbjahr 1988 wurden zahlreiche neue Richtlinien, die lange auf Eis gelegen hatten, verabschiedet, nachdem Minister Töpfer als halbjähriger Ratspräsident in zahlreichen Einzelgesprächen den Spielraum für Kompromisse ausgelotet und weitestgehend ausgeschöpft hatte.

Auch auf Länderebene ist seit 1982 das Interesse an der Umweltpolitik wieder sprunghaft gewachsen. Jedes Bundesland hat mittlerweile einen Minister bzw. Senator, der den Umweltschutz in der Dienstbezeichnung trägt. Auch in vielen Städten wurden Umweltdezernenten berufen. Und häufig ist der Umweltzuständige der nach dem Ministerpräsidenten bzw. Stadtoberhaupt bekannteste Politiker. Während der rot-grünen

Koalition in Hessen von 1983–87 gab es zum ersten Mal einen grünen
Landesminister, Joschka Fischer, und ihm wurde das neu zugeschnit-
tene Ressort für Umwelt und Energie anvertraut. Zum ersten Mal lag
hiermit die energiepolitische Zuständigkeit in den Händen eines Umweltministers. Fischer machte die bemerkenswerte Erfahrung, daß eine
der schärfsten Waffen in seiner Hand die getreue Durchsetzung von
Gesetzen war, welche ausschließlich von nicht-grünen Landtagen und
Bundestagen beschlossen worden waren.[14]

Es ist wohl nicht übertrieben, wenn man der bisherigen, Ende der
sechziger Jahre begonnenen Umweltpolitik das Prädikat „klassisch"
gibt.

Aktuelle Entwicklungen

In jüngster Zeit sind weitere große Gesetzesvorhaben in Angriff genommen worden. Die Umsetzung der Umweltverträglichkeitsprüfungsrichtlinie soll durch ein UVP-Gesetz geschehen, das dem Bundestag im
Entwurf vorliegt. Das Bundesnaturschutzgesetz soll endlich novelliert
und auf die Landwirtschaft ausgedehnt werden. Durch eine Naturschutzabgabe soll es dennoch auch für die Landwirtschaft akzeptabel
gemacht werden. Ein Gentechnikgesetzentwurf (der allerdings umweltpolitisch und verfahrensmäßig völlig unzureichend ist) ist vom Gesund-
heitsminister vorgelegt worden. Die Umwelthaftung soll in einem
Umwelthaftungsgesetz, das ebenfalls im Entwurf vorliegt, wesentlich
erweitert werden. Das Chemikaliengesetz von 1980 in der Fassung von
1986 soll erneut novelliert werden. Nachdem sich die deutsche und däni-
sche Position zum schadstoffarmen Kleinwagen in Brüssel im wesentlichen durchgesetzt hat, hat die Bundesregierung nunmehr die Initiative
für eine schadstoffabhängige Kraftfahrzeugsteuer ergriffen. Die Abwasserabgabe wird erhöht, und andere Abgaben sowie Pfänder sollen eingeführt werden. Ferner ist eine Kodifikation des deutschen Umweltrechts in einem einheitlichen Umweltgesetzbuch weit fortgeschritten,[15]
und die Verankerung der Umwelt im Grundgesetz wird zumindest ernsthaft erwogen. Wenn all dies bis zum Ende der Legislaturperiode durchgesetzt oder durch wesentliche Schritte vorangetrieben wird, dann kann
sich die umweltpolitische Bilanz durchaus sehen lassen.

Und dennoch bleibt ein ungutes Gefühl, ein nicht speziell auf diese gegenwärtige Regierung bezogenes Gefühl des fundamentalen Ungenügens.[16] Dieses gilt (vielleicht mit Ausnahme der Anfang 1989 angekündigten holländischen Umweltpolitik)[17] allen heutigen Umweltpolitiken. Die im ersten Kapitel dieses Buches aufgezeigte Diskrepanz bleibt in Deutschland und anderswo völlig unaufgelöst. Die bislang verabschiedeten Gesetze in Europa, Nordamerika und Japan sind in zentralen Hinsichten unbefriedigend:

– Sie sind geographisch beschränkt, und zwar auf die wirklich reichen Länder. Die ärmeren Länder, in denen gegenwärtig der größte Teil der Umweltzerstörung abläuft, können ganz leicht argumentieren, sie könnten sich diese Art von Umweltschutz gar nicht leisten; und europäisches, amerikanisches und japanisches Wirtschaftshandeln in der Dritten Welt unterliegt in der Regel nicht den zu Hause geltenden Vorschriften (vgl. Kapitel 8);
– Sie sind thematisch beschränkt: der Ressourcenverbrauch, insbesondere der Energie-, Land-, Wasser- und Mineralienverbrauch, wird so gut wie nicht erfaßt (vgl. Teil II dieses Buches);
– Sie sind volkswirtschaftlich ineffizient und bedingen einen sehr hohen Verwaltungsaufwand sowohl beim Staat wie beim Kontrollierten; die „Drei Experten", Loseblattsammlungen für den Praktiker zum Abfallgesetz, zum Wasserhaushaltsgesetz und zur TA-Luft, umfassen bereits 10 Bände mit durchschnittlich weit über 1000 Seiten.[18]
– Das Vollzugsdefizit ist selbst in verwaltungsmäßig gut ausgestatteten Ländern erheblich[19] und in ärmeren und verwaltungsmäßig schwächeren Ländern katastrophal.

Somit deutet sich an, daß die auf ihren jeweiligen Gebieten durchaus erfolgreiche klassische Umweltpolitik einer grundlegenden Erneuerung und Ergänzung bedarf. Diese Herausforderung wird in Teil III dieses Buches aufgenommen.

Anmerkungen

[1] Prof. Dr.-Ing. Franz-Joseph Dreyhaupt, Gefahren der Umweltzerstörung, Wirkungsbereich: Luft, Sendung in RIAS I am 28. September 1988.
[2] Rachel Carson, Der stumme Frühling, München 1968.
[3] Vgl. z. B. Umweltprogramm der Vereinten Nationen (UNEP), Umwelt – weltweit, Beiträge zur Umweltgestaltung des Umweltprogramms der Vereinten Nationen 1972–1982, A 88.

[4] Shigeto Tsuru/Helmut Weidner, Ein Modell für uns? Japanische Entwicklungspolitik, Köln 1985.

[5] Jochen Jesinghaus, Instrumente der Umweltpolitik: Vergleich Japan/Bundesrepublik, in: Spektrum der Wissenschaft, Februar 1988, S. 44.

[6] Shigeto Tsuru/Helmut Weidner, a. a. O.

[7] Bernhard Grzimek/Michael Grzimek, Serengeti darf nicht sterben, Berlin/Frankfurt a. M./Wien 1959.

[8] Günther Hartkopf/Eberhard Bohne, Umweltpolitik, Band 1: Grundlagen, Analysen und Perspektiven, Opladen 1983, S. 84–118; Arnim Bechmann, Leben wollen, Köln 1984, S. 55–65; Edda Müller, Innenwelt der Umweltpolitik, Opladen 1986, S. 51–96.

[9] Peter-Christoph Storm, Umweltgesetzbuch (UGB) – Prolegomena zu einer Kodifikation des Umweltrechts –, Sonderdruck aus Jahrbuch des Umwelt- und Technikrechts 1988, UTR Bd. 5, Düsseldorf 1988.

[10] Zwischenzeitlich denkt man folgerichtig an ein eigenständiges Umweltgesetzbuch, welches den neuen Rechtsbereich systematisiert; vgl. z. B. Charles F. Doran/Manfred O. Hinz/Peter C. Mayer-Tasch, Umweltschutz – Politik des peripheren Eingriffs, Darmstadt und Neuwied 1974.

[11] Edda Müller, Innenwelt der Umweltpolitik, Opladen 1986, S. 97–102.

[12] Nigel Haigh, EEC Environmental Policy and Britain, Harlow 1989.

[13] Bundesminister des Innern (Hrsg.), Umweltpolitik der Bundesregierung, Bonn 1986, S. 14–16.

[14] Joschka Fischer, Der Umbau der Industriegesellschaft, Frankfurt a. M. 1989.

[15] Storm, a. a. O.

[16] Vgl. BUND, Umweltbilanz – Die ökologische Lage der Bundesrepublik, Hamburg 1988.

[17] Vgl. Ministry of Housing, Physical Planing and Environment, National Environmental Policy Plan 1990–1994, Den Haag 1989.

[18] Abfallbeseitigungsrecht für die betriebliche Praxis; Das neue Wasserrecht für die betriebliche Praxis; Die neue TA-Luft, WEKA Fachverlag, ständig aktualisierte Loseblattsammlungen, Kissing.

[19] Renate Mayntz, Vollzugsprobleme der Umweltpolitik. Empirische Untersuchung der Implementation von Gesetzen im Bereich der Luftreinhaltung und des Gewässerschutzes. Materialien zur Umweltforschung, Stuttgart u. a. 1978; zur Umsetzung der EG-Richtlinien Abfall und Wasser in verschiedenen Mitgliedstaaten vgl. die diesbezüglichen Studien des Instituts für Europäische Umweltpolitik (IEUP), Bonn, London, Paris, Brüssel.

3. Kapitel

EUROPA

Europas historische Last

Europa ist historisch eher eine Spätkultur. China, Mesopotamien, Ägypten, Indien waren früher. Als der Afrikaner Hannibal mit Elefanten über die Alpen zog, traf er nördlich davon Stämme an, die zivilisatorisch den heutigen Amazonasindianern entsprachen.

Auch wenn Europa die Hochkultur nicht erfunden hat, so ist es doch verantwortlich für die Ausbreitung einer bestimmten Sorte von Hochkultur über die ganze Welt. Ganz verschiedene Europäer stehen gemeinsam als Begründer oder Symbolträger dieser Kultur, Hippokrates und Aristoteles, Augustus und Konstantin, Karl der Große und Wilhelm der Eroberer, Cervantes und Shakespeare, Leonardo da Vinci, Galilei und Kopernikus, Kolumbus und Pizarro, Luther und Erasmus, Machiavelli und Ludwig XIV., Newton und Kant, Rousseau und Goethe, Robespierre und Napoleon, Linné und Darwin, Adam Smith und Karl Marx, Rembrandt und Beethoven, James Watt und Carnot, Lavoisier und Wöhler, Livingston und Amundsen, Königin Victoria und Bismarck, Daimler und McAdam, Henri Dunant und Maria Montessori, Planck und Madame Curie, Einstein und Bohr, Pasteur und Pawlow, Hertz und Marconi, Hitler und Stalin, Wernher von Braun und Jurij Gagarin, Heisenberg und Prigogine, Robert Schumann und Dag Hammarskjöld, Picasso und die Beatles, sie alle waren oder sind Europäer, und ihre Erfindungen oder Wirkungen haben die Welt verändert. So riesig die Verschiedenheit, so gigantisch die geballte Wirkung. Nord- und Südamerika, Afrika, die Sowjetunion und Australien/Ozeanien wurden in ihrer Entwicklung entscheidend durch das europäische Denken geprägt. Selbst Asien, von älterer Kultur und von innerer Kraft strotzend,

übernahm aus Europa Wissenschaft und Technik, Militär und Staats-
form, Ökonomie und Fortschrittsdenken.

Wenn das Jahrhundert der Konfessionskonflikte noch ein rein europäisches Phänomen war, so wurde das Jahrhundert der Nationalstaaten
bereits durch die Kolonialisierung von Europa aus in alle Welt getragen,
und das ökonomische Jahrhundert ist unwiderruflich global, auch wenn
seine geistigen Väter Adam Smith, David Ricardo, Karl Marx, Vilfredo
Pareto, Joseph A. Schumpeter und John Maynard Keynes Europäer
waren.[1]

Die Erschließung der Welt für europäische Raubzüge, Missionierun-
gen und Kolonialisierung wurde durch die „großen Entdecker" vorbereitet, durch die grandiose Kultur und durch christliches Sendungsbe-
wußtsein gerechtfertigt und durch Armeen und Kolonialgesellschaften
gesichert.[2] Abb. 12 zeigt, wie sich Europa über die ganze Erde ausgebreitet hat.

Die Umwelt war selbst für Naturliebhaber wie Alexander von Hum-
boldt und Charles Darwin in erster Linie Fundgrube und Studienobjekt.
Und ihre minderen Nachfolger machten daraus eine prickelnde und
karrierefördernde wissenschaftliche Trophäenjagd.

Missionsschulen, Medizin und Farmwirtschaft, Bergwerke, Eisenbahnen und Autos, Gewehre und Buschmesser, Alkohol und Syphilis,
Ratten, Hunde, Schweine, Ziegen, Hühner und Kühe, Kartoffeln, Weizen und Mais, Bulldozer und Tankstellen, Gemischtwarenhandlungen
und rauhbeinige Bars, Steaks, Ketchup und Coca-Cola, das sind die uni-
formen Mitbringsel der europäischen, später der amerikanischen Kultur. Der hemdsärmelige Pioniergeist genoß „draußen" wie zu Hause
große Bewunderung. Einen Elefanten erlegt, einen Aufständischen nie-
dergemacht, ein Stück Urwald verbrannt oder einen erpresserischen
Handel mit Einheimischen abgeschlossen zu haben, das waren alles
Heldentaten mehrerer Generationen von Europäern. Wir in Europa ziehen es vor, das Schreckliche davon zu verdrängen und die Ausbreitung
von Schulen, Spitälern und funktionierenden Verwaltungen zu verklären. Aber wir können sicher sein, daß die Erinnerung bei den koloniali-
sierten Ländern von spiegelbildlichen Auslassungen und Hervorhebun-
gen geprägt ist.

Europa hat in vier Jahrhunderten, aufbauend auf zwei Jahrtausenden, Großartiges hervorgebracht, aber es hat sich dabei eine schwere
Last, ja eine schwere Schuld aufgeladen. Die heutige Umweltkrise kann

Abb. 12: Europa hat die Welt erobert, kolonisiert oder mit seiner Verwaltungs-
kultur überzogen. Farbig sind die Länder gekennzeichnet, die von Europa beherrscht wurden oder werden und in denen Mitte des 20. Jahrhunderts eine
europäische Sprache Amtssprache war.

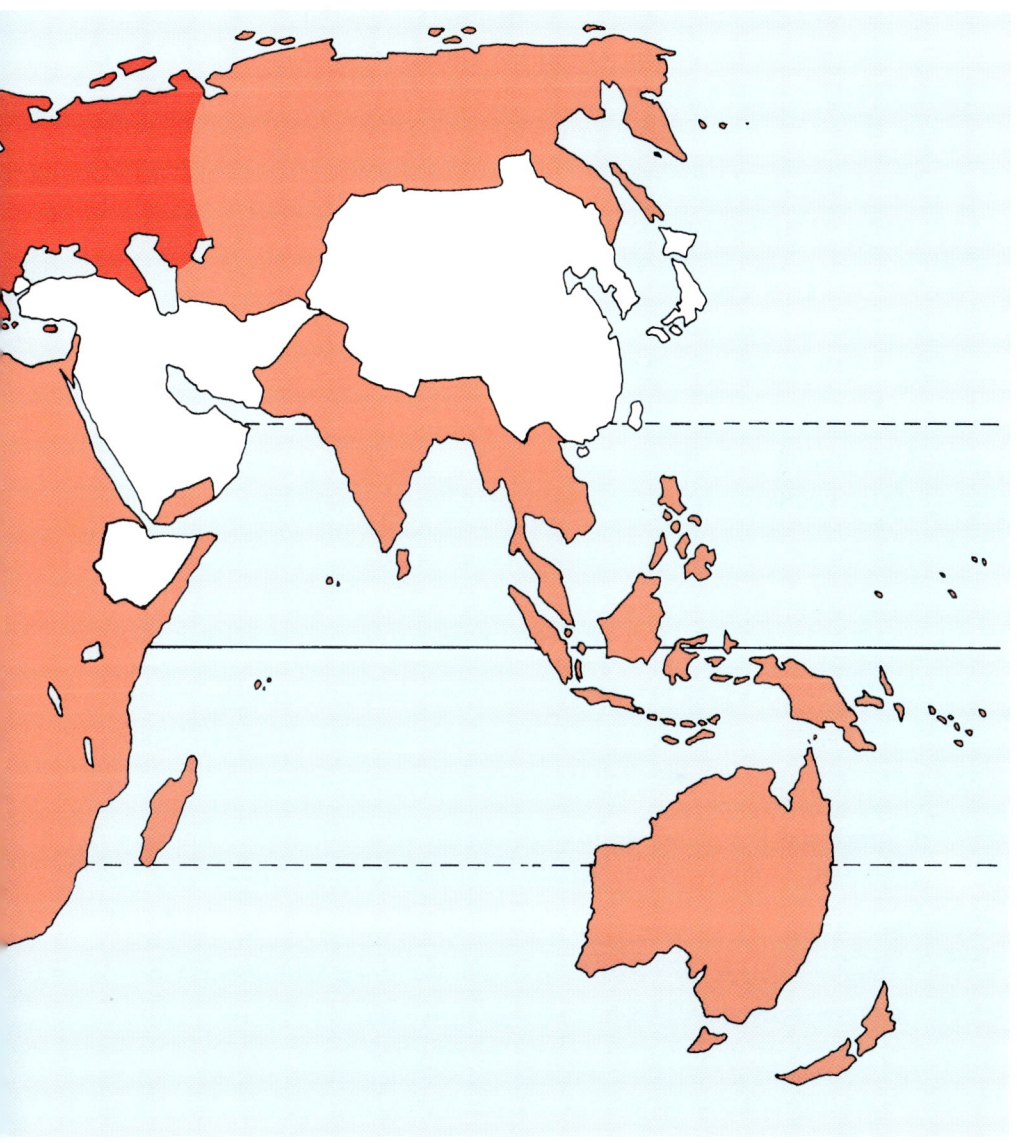

als Ergebnis der europäischen Raubzugsmentalität und Kolonisierung
der Welt in Verbindung mit der von Europa ausgehenden rapiden Bevölkerungsvermehrung angesehen werden. Die Umweltkrise ist vielleicht
die schwerwiegendste historische Last Europas.

Nachkriegseuropa

Zwei Weltkriege, von Deutschland entfesselt, führten zum raschen
Ende der europäischen Weltherrschaft. Nur noch gemeinsam können wir
Europäer soviel Gewicht in die Waagschale legen wie die neuen Groß-
mächte. Und nur noch gemeinsam mit den anderen Ländern der Erde
können wir Europäer Verantwortung für unsere Erde wahrnehmen.

Einer der wichtigsten Beiträge Europas zu einer verantwortlichen
Erdpolitik ist das ehrliche Eingeständnis über die eigene Rolle im 19.
und 20. Jahrhundert. Und ein zweites ist das Vorleben einer ökologisch
dauerhaft tragfähigen Kultur und Wirtschaftsweise.

In diesem Kapitel geht es vor allem um den zweiten Beitrag. Wie weit
sind wir auf dem Weg zu einem umweltverträglichen Europa gekommen? Zunächst geht es um Westeuropa, anschließend um das „gemeinsame Haus Europa".

Ganz Europa, nicht nur Deutschland, ist durch die zwei Weltkriege
zerstört worden. 1945 war für Deutschland und seine Nachbarländer ein
Jahr des Neubeginns und der Besinnung. Eines war jedem klar: Ausch-
witz und Hiroshima durften nie wieder sein. Politikfreie Aufbauwirt-
schaft, Landwirtschaft, Technik und Wissenschaft erfuhren die volle
Unterstützung der Bevölkerung und der staatlichen Stellen. Amerika
wurde zum Heilsbringer. Amerika schickte Care-Pakete, statt Repara-
tionszahlungen (wie nach dem Ersten Weltkrieg) zu fordern. Eine freiheitliche Staatsverfassung, das war die einzige, nur zu gerne erfüllte Bedingung der wichtigsten westlichen Besatzungsmacht. Allerdings schloß
der Begriff der Freiheit nach amerikanischem Wortvergleich auch das
freie Unternehmertum ein. Nicht zum Schaden für die westdeutsche
Wirtschaft, wie sich in kürzester Zeit durch Vergleich mit dem ostdeutschen Teilstaat zeigte. Und nach der Berlin-Blockade und Tschechoslo-
wakei-Besetzung durch Stalins Sowjetunion gesellte sich zum Abscheu
vor dem Nationalsozialismus nahtlos die Angst vor dem Kommunismus.

Deutsche und Franzosen, Italiener und Belgier, Niederländer und

Abb. 13: Nachkriegseuropa einigte sich auf das Wirtschaftswachstum als politisches Ziel. Unterzeichnung der Römischen Verträge der Europäischen Wirtschaftsgemeinschaft (25. 3. 57). (H.-P. Schwarz, Die Ära Adenauer, Stuttgart/ Wiesbaden 1981.)

Luxemburger fanden einmütig, daß die Zeit der Nationalkriege für immer vorbei sein müßte, und fingen an, Klein-Europa zu bauen. Den Westdeutschen wurde die zeitweilige Preisgabe der Hoffnung auf die Wiedervereinigung abgerungen. Den Franzosen ein Verzicht auf Revanche, eine Einschränkung der jahrhundertealten Souveränität und die Zustimmung zu einer Volksabstimmung im Saargebiet. Benelux und Italien hatten nicht viel zu verlieren, und so konnte die kleineuropäische Einigung über Montanunion, Euratom und EWG-Vertrag ihren Lauf nehmen. Gleichzeitig kam das Jahrhundert der Ökonomie endlich zum Durchbruch. Der EWG-Vertrag von 1957 war ein reiner Wirtschafts- und Handelsförderungsvertrag. Wirtschaftswachstum („Wirtschaftsausweitung") wurde zur ausdrücklichen Zielsetzung in Artikel 2 des Vertrages. Und da das Europarecht als höherrangig als das nationale Recht eingestuft wurde, wurde somit das wirtschaftliche Wachstum im Effekt auch ein deutsches Staatsziel.

Für den Umweltschutz war da zunächst am Anfang wenig Raum. Die Wirtschaftsentwicklung nach dem amerikanischen Modell brachte eine gewaltige Vermehrung der Umweltbelastung. Energieverbrauch, Landschaftszersiedlung, Luftbelastung und Abfall erreichten nie gekannte

Höhen in einer Zeit, die in den Geschichtsbüchern nur als die Zeit der wirtschaftlichen Blüte der noch jungen EWG beschrieben wird. Einen spektakulären Aufschwung nahm vor allem die Landwirtschaft. Hohe Garantiepreise in Verbindung mit einem Abschotten des EWG-Raumes gegen Einfuhren, die mit den Garantieprodukten konkurrieren könnten, führten später zu einer nicht dagewesenen Produktionssteigerung. Der Nachkriegshunger war besiegt, Europa hatte sich bewährt. Frankreich und Holland forcierten den Agrarexport innerhalb der Gemeinschaft und die Belieferung der Vorratslager. Die Bundesrepublik und Norditalien profitierten von dem vergrößerten Absatzmarkt für ihre Industrieprodukte, Belgien und Luxemburg genossen die neue Zentralität, und so hatte jeder seinen Grund, eine an sich unvernünftig werdende Entwicklung auf dem Agrarmarkt nicht allzu hart zu kritisieren.[3] Die Landwirte selbst kamen mit der etwas brutalen Devise „Wachse oder weiche", die durch den Mansholt-Plan zur EWG-Doktrin geworden war, einigermaßen zurecht: wer weichen mußte und sich nicht aufs Altenteil zurückziehen konnte, kam in den expandierenden Industrie- und Dienstleistungssektoren mühelos unter.

Das eigentliche Nachsehen hatte die Umwelt. Flurbereinigungen, vereinfachte Fruchtfolge, erhöhter Chemikalieneinsatz, hohe Mechanisierung, Aufspaltung in reine Pflanzenbau- und reine Tierzuchtbetriebe („Veredelungsbetriebe") und ein völliges Dominieren der Betriebswirtschaft über alle anderen Aspekte der Landbewirtschaftung führten zwar zu einer unerhörten Produktionssteigerung, aber zugleich zu einer verhängnisvollen Verschlechterung der ökologischen Qualität des Landes[4] (weiter vgl. Kapitel 7).

Auch in anderen Bereichen wurde die EWG als solche zu einem Faktor der Umweltverschlechterung. Die Abkommen, die die EWG zunächst in Yaoundé und später in Lomé mit den afrikanischen, karibischen und pazifischen (AKP-)Entwicklungsländern schloß, förderten insbesondere den Ausbau der Verkehrsinfrastruktur in den Entwicklungsländern und den Rohstoffexport aus den AKP-Staaten in die EWG! Eine Folge war eine wesentliche Beschleunigung der Rodung von Wäldern und des Abbaus von Erzen und trotz der in den Stabex-Protokollen festgelegten Rohstoffpreisgarantien ein schleichender Preisverfall für die Exportgüter der Entwicklungsländer, was wiederum eine erneute Beschleunigung des Abbaus nach sich zog.[5] Die EG-Regionalpolitik kam insbesondere Süditalien und wenigen anderen wirtschaftlich zurückbleibenden Regionen zugute und bewirkte dort durchaus gewollt eine Beschleunigung des Strukturwandels mit mehr Straßen, Industrie, mechanisierter Landwirtschaft und Tourismus-Infrastruktur – alles zu Lasten der Umwelt.[6]

Eine EG-Energiepolitik im engeren Sinne gibt es nicht, aber die grundsätzliche Haltung war seit Beginn das Verfügbarmachen von soviel Energie wie möglich zu möglichst billigen Preisen. Euratom war eine Gemeinschaft zur Förderung der Atomforschung und Atomenergie. Und die Montanunion half, die ansonsten nicht mehr recht konkurrenzfähige europäische Kohle auf dem Markt zu halten.

Auch andere klassische Politikbereiche der EWG sind von ihrem Ansatz der Wachstumsförderung her entweder unmittelbar umweltschädlich oder zumindest nicht nützlich für die Umwelt.

So zeigt sich insgesamt, daß die EWG, weil sie eben als eine Wirtschafts- und Wachstumsgemeinschaft gegründet war, für die Umwelt von Anfang an eine zusätzliche Gefahr darstellte. Dies mag den Vätern der EWG-Umweltpolitik gar nicht bewußt gewesen sein. Die EWG genoß Ende der sechziger Jahre noch einen fast uneingeschränkt guten Ruf. Das Aufrechnen der EG-Umweltsünden hätte damals noch für die Mehrheit wie unangebrachte Haarspalterei ausgesehen.

EG-Umweltpolitik

Die Verschmutzung von Luft, Wasser und Landschaft verlangte aber nach einer politischen Antwort. 1972 war es dann soweit, daß die EWG – oder EG, wie man sie in Deutschland mehr und mehr nannte – eine eigenständige Umweltpolitik beschloß. Die sechs Regierungschefs von Belgien, Deutschland, Frankreich, Italien, Luxemburg und den Niederlanden tagten am 19. und 20. Oktober 1972 in Paris in Gegenwart der Regierungschefs der zum 1. Januar 1973 beitretenden Länder Dänemark, Irland und dem Vereinigten Königreich und forderten die Organe der Gemeinschaft auf, bis zum 31. Juli 1973 ein Umweltaktionsprogramm auszuarbeiten. Sie betonten die Bedeutung einer Umweltpolitik in der Gemeinschaft.

1973 wurde von den nunmehr neun für Umwelt zuständigen Ministern das erste Umweltaktionsprogramm der EG beschlossen, welches bereits den Grundsatz etablierte, daß „Umweltbelastungen im vornherein zu vermeiden" sind. Der technische Fortschritt muß so gelenkt werden, „daß er von der Sorge um die Umwelt . . . bei geringstmöglichen Kosten für die Allgemeinheit getragen wird".[7] Bemerkenswert ist, daß sich das Aktionsprogramm ausdrücklich auf Artikel 2 des EWG-Vertrages beruft und daraus die Förderung der Wirtschaftsausweitung zitiert, aber erläutert, daß das künftig ohne Umweltschutz nicht denkbar sei.[8]

Eine im EG-Recht bereits früher erprobte Rechtsstruktur kam in der Durchführung des ersten Umweltaktionsprogramms zu einer neuen Blüte, die „Richtlinie", auf englisch wie auf französisch „directive". Das deutsche Wort ist unglücklich gewählt, da eine Richtlinie in der deutschen Rechtstradition etwas Unverbindliches ist, während eine EG-Richtlinie verbindlich ist. Sie ist zwar nicht – wie eine EG-Verordnung – unmittelbar geltendes Recht, aber die Mitgliedstaaten sind verpflichtet, die Richtlinie innerhalb einer festgelegten Frist in nationales geltendes Recht umzusetzen. Und ein einzelner Bürger jedes Mitgliedslandes kann wegen materieller Nichteinhaltung einer Richtlinie Beschwerde führen, woraufhin die EG-Kommission nach Überprüfung der Richtigkeit ein Vertragsverletzungsverfahren nach Artikel 169 EWGV eröffnen kann, welches bis zu einem Urteil des Europäischen Gerichtshofs (EuGH) in Luxemburg gegen das Land führen kann.[9] Länder, die vom EuGH verurteilt wurden, haben sich meistens beeilt, dem Mangel abzuhelfen. In der internationalen Umweltpolitik ist eine solche Unterwerfung unter übernationale Instanzen einmalig. Die EG-Umweltpolitik kann zum rechtlichen Modell einer künftigen Erdpolitik werden.

Das Zustandekommen einer Richtlinie sieht vor, daß die EG-Kommission, meist nach Beratung mit nationalen Experten, einen Richtlinienentwurf vorlegt. Das Europäische Parlament und der Wirtschafts- und Sozialausschuß der EG müssen zu dem Entwurf Stellung nehmen, bevor der zuständige Ministerrat beschließen kann (vgl. Abb. 14).

Als die Regierungschefs 1972 und die Umweltminister 1973 über eine EG-Umweltpolitik berieten, sahen sie sich dem Problem gegenüber, daß der EWG-Vertrag von 1957 (ebenso wie die nationalen Politiken der damaligen Zeit) überhaupt keine Umweltpolitik vorsah. So mußte man mit einem Kunstgriff arbeiten: Die Harmonisierung von Rechtsvorschriften, die im Artikel 100 des EWG-Vertrages geregelt war, wurde nun auch für Umweltvorschriften in Anspruch genommen. Wie im vorherigen Kapitel gesagt, hatten vor allem Deutschland und Holland an

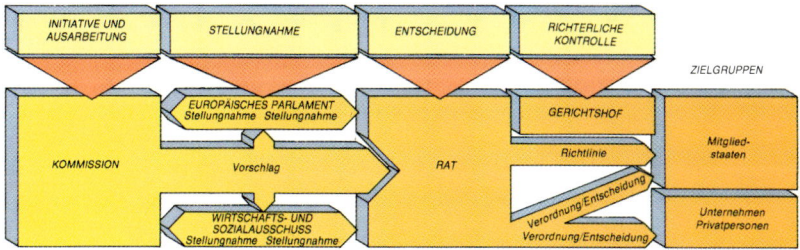

Abb. 14: Das Zustandekommen einer Entscheidung in der EG. (Europa in Zahlen, S. 4.)

eben dieser Harmonisierung großes Interesse. Wo sich schlechterdings kein rechtlicher Harmonisierungsbedarf ausmachen ließ, blieb immer noch der Artikel 235 des EWG-Vertrages, der den Mitgliedstaaten gestattet, einstimmig Vorschriften „für unvorhergesehene Fälle" zu erlassen (sofern sie dem Vertrag nicht widersprechen). Die Einstimmigkeit aller Beschlüsse, 1957 bei sechs miteinander eng verbundenen Staaten noch kein größeres Fortschrittshindernis, wurde indessen ab 1973 nach dem Beitritt der drei neuen Mitglieder zu einem großen Problem. Dänemark hatte sich bei seinem Beitritt einen Zustimmungsvorbehalt durch den Marktausschuß des dänischen Parlaments (Folketing) ausbedungen, so daß die meisten Beschlüsse erst rechtskräftig wurden, nachdem das Folketing in Kopenhagen grünes Licht gab. Und Großbritannien stand vielen EG-Entwicklungen derart skeptisch gegenüber, daß sich die Verhandlungen oft sehr in die Länge zogen. Insofern hatte die EG-Umweltpolitik einen schwierigen Start. Um so beachtlicher ist das, was dennoch in wenigen Jahren erreicht wurde.

Die wichtigsten Richtlinien der ersten vier Jahre der EG-Umweltpolitik waren [10]:
- die Detergentienrichtlinie (73/404/EWG),
- die Oberflächengewässerrichtlinie (75/440/EWG),
- die allgemeine Gewässerschutzrichtlinie (76/464/EWG),
- die Badegewässerrichtlinie (76/160/EWG),
- die Abfall-Rahmenrichtlinie (75/442/EWG),
- die erste Benzin-Blei-Richtlinie (78/611/EWG),
- eine Verschärfung der Lärmrichtlinie (73/350/EWG).

Das zweite Umweltaktionsprogramm von 1977–81 war eine Fortschreibung des ersten und betonte folgende Schwerpunkte: Luftquali-

tät, Chemikalienkontrolle, Trinkwasser- und Naturschutz. Die daraus resultierenden Richtlinien waren:
- die Sonderabfallrichtlinie (78/319/EWG),
- die erste Pestizidrichtlinie (DDT-Verbot u. a.) (79/117 EWG),
- die Chemikalienrichtlinie („Sechste Änderungsrichtlinie") (79/831/ EWG),
- die SO_2-Richtlinie (Staub und SO_2) (80/779/EWG),
- die Richtlinie über den Bleigehalt der Luft (82/884/EWG),
- die Trinkwasserrichtlinie (80/778/EWG),
- die Vogelschutzrichtlinie (79/409/EWG),
- verschiedene Lärmschutzrichtlinien und
- die Verordnung 348/81 über Importbeschränkungen für Walprodukte.

Das dritte Umweltaktionsprogramm von 1982–86 betonte erstmals die Notwendigkeit der Durchsetzung der bereits erlassenen Richtlinien und kündigte zugleich neue Richtlinien an. Es folgten:
- die „Seveso-Richtlinie" (82/501/EWG),
- einige Tochterrichtlinien für die Gewässerschutzrichtlinie (z. B. Quecksilber: 82/176/EWG und 84/156/EWG, Kadmium: 83/513/ EWG, Lindan: 84/491/EWG),
- die Richtlinie über Getränkeverpackungen (85/501/EWG),
- die Richtlinie über grenzüberschreitende Abfallverbringung (84/631/ EWG),
- die Klärschlammrichtlinie (86/278/EWG),
- die Stickoxidrichtlinie (85/203/EWG),
- die Umweltverträglichkeitsprüfungsrichtlinie (85/337/EWG),
- die Verschärfung der Benzin-Blei-Richtlinie (85/210/EWG).

Als 1985 unter den nunmehr 12 Mitgliedstaaten über ein viertes Umweltaktionsprogramm verhandelt wurde, war bereits klar, daß der EWG-Vertrag durch die Einheitliche Europäische Akte ergänzt und dabei ein eigenes Umweltkapitel in den Vertrag eingefügt werden würde. Die Schwerpunkte des vierten Aktionsprogramms sind[11]:
- Die Durchsetzung des bestehenden Umweltrechts in allen Ländern der Gemeinschaft. Damit wurde einem Anliegen des Instituts für Europäische Umweltpolitik, welches sich seit 1981, anfangs gegen zähe Trägheit sowohl bei der EG-Kommission wie auf nationaler Ebene, für dieses Thema engagierte, endlich der nötige Nachdruck verliehen.
- Agrar-Umweltpolitik: Richtlinien über Nitratausbringung, Biotopschutz, Pestizide und anderes werden angekündigt. Sie liegen größ-

tenteils als Kommissionsentwürfe bereits vor und harren der Beschlußfassung durch den Ministerrat.
- Gentechnik: Eine (allerdings inhaltlich unbefriedigende) Richtlinie über die Freisetzung genmanipulierter Lebewesen ist inzwischen (im September 1989) im Grundsatz beschlossen worden.
- Das Thema Umwelt und Beschäftigung und die Vermehrung ökonomischer Instrumente des Umweltschutzes.
- Der medienübergreifende stoffbezogene Umweltschutz und der Bodenschutz.
- Umweltforschung.

Emissionsgrenzwerte oder Qualitätsziele?

Das Zustandekommen der Richtlinien war meistens nicht konfliktfrei. Insbesondere um die Frage Qualitätsziele (Immissionsschutz) oder Emissionsgrenzwerte gab es oft beträchtlichen Streit vor allem zwischen Großbritannien – welches Qualitätsziele bevorzugt – und Deutschland – welches Emissionsgrenzwerte EG-weit durchsetzen möchte. Charakteristisch war die Diskussion um die EG-Gewässerschutzrichtlinie 76/464/EWG.[12] Am Tag bevor die Richtlinie dem Rat zum ersten Mal zur Beschlußfassung vorlag, am 15. Oktober 1975, erschien in der Londoner ›Times‹ ein Leitartikel unter der Überschrift ›Der Rhein und die Themse‹. Er enthielt scharfe Angriffe auf die EG-Kommission, weil sie dem deutschen Prinzip der Emissionsgrenzwerte (welches den Rhein offenkundig bis dahin nicht sauber gemacht hatte) den Vorrang vor dem britischen Prinzip der Qualitätsziele gab (mit deren Hilfe die Themse kostengünstig bereits einigermaßen sauber geworden war).[13]

Für den britischen Beobachter war der Fall völlig klar: Eine ökonomisch ineffiziente, doktrinäre deutsche Umweltpolitik sollte der ganzen EG übergestülpt werden, zum Schaden der Umwelt und der Wirtschaft. Für deutsche Beobachter der Szene dagegen war es unbegreiflich, wieso die Engländer das so offensichtlich logische und praktikable Prinzip der Emissionsgrenzwerte nicht übernehmen wollten. Ein imaginäres Streitgespräch, welches sich irgendwann zwischen 1973 und 1989 abgespielt haben könnte,[14] macht vielleicht deutlich, mit was für Problemen der Verständigung ein Umweltpolitiker in der EG fertig werden muß.

Der Deutsche sagt: ‚Umweltpolitik heißt Vorsorgepolitik. Die Verschmutzung muß an der Quelle nach dem Stand der Technik bekämpft werden. Wer das nicht kapiert, hat kein Umweltbewußtsein.'

Darauf erwidert der Engländer: ‚Worauf es schließlich ankommt, ist die Umwelt*qualität*. Wir könnten uns doch sicher darüber einigen, was wir zum Wohl der Umwelt erreichen wollen. Wie wäre es, wenn wir uns über die Wasserqualität des Rheins und der Themse oder die Luft über dem Ruhrgebiet oder London einigen würden und uns anschließend darüber unterhalten, wie man diese Ziele mit dem wirtschaftlichsten Mitteleinsatz erreicht?'

‚Nein', antwortet der Deutsche: ‚Diese veraltete Philosophie nützt dem Rhein wenig, weil wir die Verschmutzung doch an der Quelle bekämpfen müssen, und im Ruhrgebiet führt es bloß zu höheren Schornsteinen, die den Schmutz in die Gebiete transportieren, die bisher eine geringe Luftbelastung haben.'

‚Mißverständnis', unterbricht der Engländer, ‚wir können uns gerne auch auf Qualitätsziele für eure und unsere Kurorte einigen, und wir können für Rhein und Themse auch nahezu Trinkwasserqualität fordern. Worauf es mir ankommt, ist der optimale ökonomische Mitteleinsatz zur Erreichung der Ziele, gleichgültig, wie ehrgeizig sie formuliert sind.'

Der Deutsche wird etwa ärgerlich und sagt: ‚Wenn wir uns auf derartig ehrgeizige Ziele festlegen, wird es vollkommen unrealistisch, diese zu erreichen. Und wenn wir sie in realistischer Nähe zu den gegenwärtigen Verschmutzungsniveaus definieren, dann veranlassen wir bloß die Verschmutzer, aus den ‚gesättigten' in die noch saubereren Gebiete zu emigrieren, was der Umwelt überhaupt nichts nützt.'

Darauf sagt der Engländer: ‚Wenn das Ihre Sorge ist, dann könnten wir uns vielleicht zusätzlich auf das Einfrieren der Umweltverschmutzung auf dem heutigen Qualitätsniveau einigen. Dann tritt der Verlagerungseffekt nicht ein.'

Nun fragt der Deutsche: ‚Aber warum dann nicht gleich Emissionskontrollen? Die würden doch das gleiche Ziel viel einfacher erreichen!'

Der Engländer gibt nicht nach: ‚Wenn Ihr dann dreißig Betriebe dicht nebeneinander habt, die alle die Emissionsgrenzwerte einhalten, so habt Ihr doch in der Summe eine unerträgliche Luft- oder Gewässerqualität.'

Und so könnte der ausgedachte Dialog stundenlang weitergehen und würde sich anhören, als ginge es tatsächlich um Bewußtsein, Moral oder intellektuelle Überzeugung. In Wirklichkeit ist dies eine Täuschung. In Wirklichkeit geht es um einen massiven *ökonomischen* Interessenkonflikt. Einheitliche europäische Wasser- und Luftqualitätsziele kommen Deutschland (und Holland) viel teurer zu stehen als England, wo der Wind den Schmutz exportiert und die kurzen Flüsse keine sehr hohe Schmutzakkumulation erlauben. Umgekehrt sind für England Emissionsstandards unter dem Gesichtspunkt des Kosten-Nutzen-Verhältnisses unsinnig: Sie sind entweder unerhört teuer oder in bezug auf die lokale Luftqualität wenig wirksam oder beides. Für Deutschland und Holland hingegen würde die Verwirklichung des Vorsorgeprinzips und der Emissionskontrollen in ganz Europa neben dem ökologischen Vorteil den dreifachen wirtschaftlichen Vorteil haben, nämlich daß

1. der Schmutzimport aus dem Ausland *kostenlos* nachläßt,
2. die industrielle Konkurrenz aus England und anderen Ländern die gleichen umweltbedingten zusätzlichen Kosten hat wie die einheimische, was der holländischen und deutschen Wettbewerbsfähigkeit natürlich guttut, und
3. die Emissionskontrolltechniken einen erweiterten Markt bekommen.

Zu guter Letzt wurde aber für solche wirtschaftlichen und Verständigungsprobleme in der Gemeinschaft noch stets eine Lösung gefunden. Im vorliegenden Fall kann man Emissionsgrenzwerte und Qualitätsstandards miteinander kombinieren, wie dies im vierten Umweltaktionsprogramm der EG auch betont wird und wie es in der Bundesrepublik etwa bei der neuen TA-Luft auch vorgesehen ist. Schon mit der Abarbeitung des dritten Aktionsprogramms hat die EG ein Niveau des Umweltrechts für die zwölf Mitgliedsländer erreicht, von dem man mit Sicherheit sagen kann, daß es *ohne* die EG nicht so rasch auf die ganze Fläche bezogen erreicht worden wäre. Es bleiben aber einige große Probleme:

1. Die in den beiden vorhergehenden Kapiteln genannte weltweite Herausforderung wird nicht beantwortet.
2. In den Mittelmeerländern erweist sich die *praktische* Durchsetzung des bisherigen Umweltrechts als sehr schwierig.
3. In Einzelfällen hat das EWG-Vertragsprinzip des freien Handels und der Wettbewerbsgleichheit dazu geführt, daß die Bundesrepublik, Dänemark und Holland weitergehende Normen nicht einmal bei sich zu Hause durchsetzen durften; allerdings ist das einzige, umweltpolitisch wirksame relevante Beispiel, das des Katalysators für Klein-

wagen, inzwischen durch eine Ministerratseinigung zugunsten der obligatorischen Einführung des Katalysators ab 1992 überholt. Im Lebensmittelbereich hingegen gibt es einige weitere Beispiele.

4. Die Vollendung des Binnenmarktes bringt neue ökologische Probleme mit sich, die im nachstehenden Abschnitt erörtert werden.

Vollendung des Binnenmarktes

Der Beitritt Großbritanniens, Irlands und Dänemarks im Jahre 1973, Griechenlands im Jahre 1981 und Spaniens und Portugals im Jahre 1986 machte eine Reform des auf sechs Mitglieder zugeschnittenen Vertragswerks dringend erforderlich. Als das jedem klar war, sollten dann gleich alle Ungereimtheiten des Vertrags ausgeräumt werden, und es entwickelte sich eine große Reformdiskussion. Ein Umweltkapitel mußte aufgenommen werden (übrigens vornehmlich auf Drängen der Bundesrepublik). Eine Sozialcharta sollte ihren Platz erhalten. Forschung und Technik und Regionalpolitik sollten verankert werden. Das Parlament sollte gestärkt und Mehrheitsbeschlüsse des Rates sollten möglich werden. Das Wichtigste aber – aus EG-Sicht – war die Entscheidung, den von Anfang an im EWG-Vertrag von 1957 als Ziel festgelegten einheitlichen Binnenmarkt nunmehr zu vollenden. In Artikel 8a des EWG-Vertrags wurde festgelegt: „Der Binnenmarkt umfaßt einen Raum ohne Binnengrenzen, in dem der freie Verkehr von Waren, Personen, Dienstleistungen und Kapital gemäß den Bestimmungen dieses Vertrages gewährleistet ist." Und es wird bestimmt, daß die Gemeinschaft die erforderlichen Maßnahmen trifft, um den Binnenmarkt bis zum 31. 12. 1992 zu verwirklichen. Es wurde ein ›Weißbuch‹ verfaßt, welches die rund 300 notwendigen Schritte zur Vollendung des Binnenmarktes auflistet.[15] Am 1. Juli 1987 trat die Einheitliche Europäische Akte (EEA), die den EWG-Vertrag ergänzt und den Rahmen zur Vollendung des Binnenmarktes setzt, in Kraft.[16]

Der Beschluß über die Vollendung des Binnenmarktes hat zweifellos der europäischen Idee neuen Auftrieb gegeben. Sprach man davor noch oft von „Eurosklerose", um das träge gewordene Europa mit dem vitalen pazifischen Raum und den wiedererstarkten USA zu vergleichen, so überwiegt seit 1987 ein optimistischer Ton. Man hört sogar Besorgnisse aus Japan, Amerika, Skandinavien, ob diese Länder der geballten Kraft

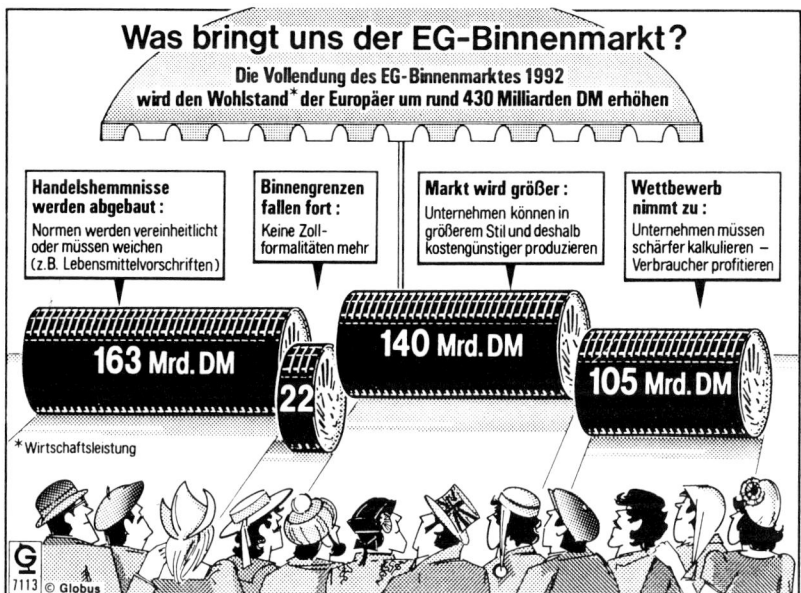

Abb. 15: Der Cecchini-Bericht behauptet, daß Europa durch die Vollendung des Binnenmarktes rund 430 Mrd. DM gewinnt. (Graphik: Globus, 7113.)

einer „Festung Europa" würden standhalten können. Der Cecchini-Bericht [17] rechnete den Bürgern Europas einen Wachstumsschub von über 400 Milliarden Mark vor, und in der Tat haben die Investitionen mit Hinblick auf den Binnenmarkt bereits deutlich zugenommen (vgl. Abb. 15).

Für die Umwelt bedeuten alle diese Entwicklungen aber zunächst nur Schlimmes: Eine Erhöhung der Wirtschaftsaktivität und der Verkehrsströme (vgl. Kapitel 6) bedeutet noch mehr Landversiegelung, noch mehr Schadstoffe, noch mehr Abfall und noch mehr Energieverbrauch. Darüber hinaus besteht die Gefahr, daß der verschärfte Wettbewerb zu lokalen Krisen führt, die dann die Aufmerksamkeit der Politik binden und womöglich die Bereitschaft zu einem einschneidenden Umweltschutz deutlich vermindern. Die deutsche Erfahrung aus der Zeit der Energiekrise (vgl. S. 25) sollte als Mahnung dienen.

Die neuen, auf den Binnenmarkt zugeschnittenen Verfahrensregelungen bedeuten auch für die nationale Umweltpolitik eine weitere Erschwernis. Abfall kann als Wirtschaftsgut deklariert und damit eine „Ware" sein und dürfte demnach ungehindert die Grenzen passieren.

Die EG-Kommission geht davon aus, *daß* Abfall eine Ware ist, und die
Entsorgung ist noch gewisser eine „Dienstleistung" und darf daher
grenzüberschreitend angeboten werden.[18] Wie will man da noch das im
Abfallgesetz vorgesehene Prinzip der Entsorgung im Inland aufrechterhalten? Diese ist allerdings bislang ohnehin nur ein Wunschtraum.
Ferner kann uns der neue Artikel 100b des EWG-Vertrages zu schaffen
machen, der die Möglichkeit schafft, durch Mehrheits-Ratsbeschluß zu
bestimmen, daß Waren, die in *einem* Land als vorschriftsmäßig anerkannt definiert worden sind, auch in den anderen Ländern akzeptiert
werden müssen.

Auch die Aufstockung der Regionalfonds um 100% bedeutet nichts
Gutes für die Umwelt. Wo soll das Geld anders hin als in Bauten, Anlagen und Infrastruktur, die im Normalfall die Umwelt belasten. Allerdings hat sich die EG verpflichtet, ihre eigene Umweltverträglichkeitsprüfungsrichtlinie bei Regionalfondsprojekten anzuwenden, und sie
ermutigt die geförderten Länder, das Geld auch für Umweltschutzanlagen
zu beantragen und zu verwenden.

Zwei große Hoffnungen lassen sich gegenüber diesen ökologischen
Besorgnissen aufrichten: der Umweltabschnitt im EWG-Vertrag und
das zunehmende Umweltbewußtsein in allen EG-Ländern.

Beginnen wir mit dem EWG-Vertrag. Artikel 130r, Absätze (1) und
(2) lauten:

(1) Die Umweltpolitik der Gemeinschaft hat zum Ziel:
– die Umwelt zu erhalten, zu schützen und ihre Qualität zu verbessern,
– zum Schutz der menschlichen Gesundheit beizutragen,
– eine umsichtige und rationale Verwendung der natürlichen Ressourcen zu gewährleisten.

(2) Die Tätigkeit der Gemeinschaft im Bereich der Umwelt unterliegt
dem Grundsatz, Umweltbeeinträchtigungen vorzubeugen und sie nach
Möglichkeit an ihrem Ursprung zu bekämpfen, sowie dem Verursacherprinzip. Die Erfordernisse des Umweltschutzes sind Bestandteil der anderen Politiken der Gemeinschaft.

Insbesondere Absatz (2) enthält eine enorme potentielle Sprengkraft.
Das Verursacherprinzip läßt sich noch wesentlich radikaler verstehen
als bisher (vgl. Kapitel 10). Die Bekämpfung der Verschmutzung an der
Quelle läßt sich als Mandat zu einem EG-weiten Vorsorgeprinzip lesen,
und die Integration des Umweltschutzes in andere Politikbereiche gibt
dem Umweltkommissar der EG ein wichtiges Mitspracherecht gegen-

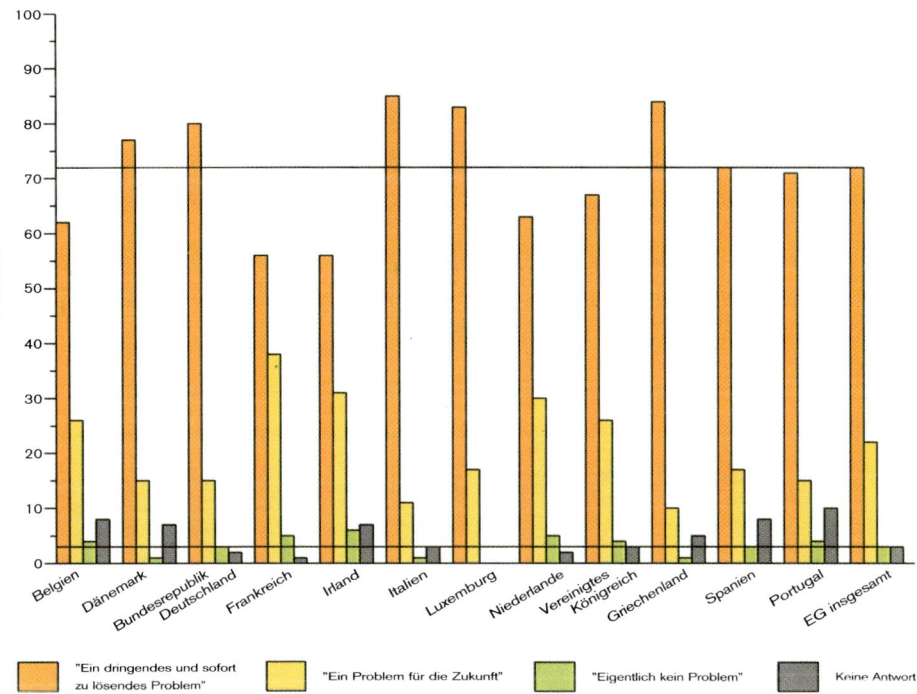

Abb. 16: Umweltbewußtsein der Bürger in den Mitgliedstaaten der EG 1986. Umfrageergebnisse in Prozenten. (Kommission der Europäischen Gemeinschaften.)

über anderen Ressorts. Ferner sieht Art. 100 a (3) vor, daß die Kommission bei ihren Vorschlägen im Umweltschutz von einem „hohen Schutzniveau" ausgeht, was aber keine Garantie für umweltpolitisch weitgehende Ratsbeschlüsse ist [19].

Es wird auf uns Europäer ankommen, aus den potentiell sehr weitreichenden, allerdings abstrakten Rechtstiteln möglichst viel Rechts- und Wirtschafts*wirklichkeit* zu machen.

Hier setzt nun die zweite Hoffnung an. In neueren Umfragen rangiert der Umweltschutz unter den Zielen der EG-Bewohner für die EG nach der Verwirklichung des Binnenmarktes entweder ganz oben oder wenigstens an zweiter Stelle.

Nicht zuletzt in Italien und Griechenland nimmt der Umweltschutz eine herausgehobene Stellung ein. Eine wachsende Zahl von Bürgern engagiert sich in lokalen und überregionalen Umweltgruppen. WWF und Greenpeace haben europaweit Zulauf. Über hundert nationale Umweltverbände haben das Europäische Umweltbüro (EUB, meist englisch als EEB abgekürzt) in Brüssel gegründet, dessen Stimme bei jedem Richtlinienentwurf gehört wird.[20] Das Europaparlament hat sich in jüngster Zeit zunehmend für die Umwelt engagiert und hat insbesondere den Katalysatorbeschluß des Ministerrates praktisch erzwungen. Die Wahlen im Juni 1989 haben die Bataillone der Umweltschützer im Europaparlament weiter gestärkt. Und der seit Januar 1989 amtierende EG-Umweltkommissar Carlo Ripa di Meana hat sich mit großem Schwung für einen wesentlich aktiveren EG-Umweltschutz eingesetzt. Die EG möchte auch eine Europäische Umweltagentur zur Unterstützung der Mitgliedsländer errichten, die die bislang bestehende institutionelle und personelle Schwäche der EG-Umweltpolitik mindern soll.

Es scheint also, als sei die EG im Rahmen der *konventionellen* Umweltpolitik durchaus in der Lage, die alten und die durch den Binnenmarkt hinzukommenden neuen Umweltprobleme zu meistern. Jedenfalls hat sie das während der Katalysatordiskussion 1984–86 entstandene deutsche Urteil, sie sei der Bremser der Umweltpolitik, nicht verdient.[21]

Das „gemeinsame europäische Haus"

Die EG ist nicht Europa. Da gibt es die 6 EFTA-Länder (European Free Trade Association), ursprünglich die Antwort Englands auf die EG der sechs, inzwischen bestehend aus Finnland, Schweden, Norwegen, Island, Schweiz und Österreich. Diese Länder sind bis auf Island durch ihre geographische Lage Schmutzimporteure, sie sind ausnahmslos nach innen wie nach außen umweltpolitisch stark engagiert. Für sie ist der EG-Raum erstens ein höchst ärgerlicher Schmutzexporteur und dazu eine große wirtschaftliche Macht.

Aufgrund der vergangenen Katalysatordiskussion, teilweise auch aus Unkenntnis, betrachtet die Öffentlichkeit in den EFTA-Ländern die EG als umweltpolitischen Bremser. Jede EG-EFTA-Begegnung im Umweltschutz kann für die Umwelt nur Vorteile bringen. Am besten wäre natürlich ein Beitritt möglichst aller EFTA-Länder, was die Mehrheitsverhältnisse in Brüssel völlig verschieben würde. Aber vor 1993 wird die EG keine Neuaufnahmen akzeptieren, und bislang hat nur Österreich

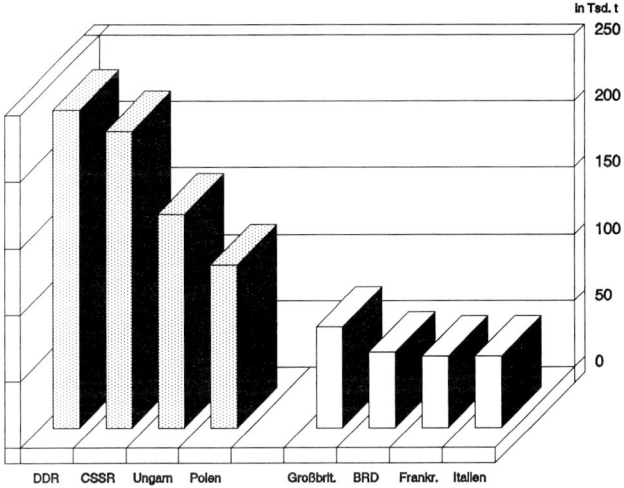

In Tsd. t

250

200

150

100

50

0

DDR   CSSR   Ungarn   Polen   Großbrit.   BRD   Frankr.   Italien

Abb. 17: Ost-West-Vergleich der SO_2-Emissionen/Mio. Ew. (Jirí Sláma, Umweltprobleme in Osteuropa im internationalen Vergleich, München 1987.)

ein Beitrittsgesuch eingereicht und Norwegen ein vorsichtiges Interesse am Beitritt gezeigt.[22] Bei den anderen auf ihre Neutralität bedachten Ländern ist die Tatsache, daß die EG auch außenpolitisch aktiv ist, und zwar im Rahmen des westlichen Bündnisses, noch ein Hemmnis. Aber dieses Hemmnis könnte sich im Zuge der Neugestaltung der Ost-West-Beziehungen irgendwann in Luft auflösen.

Seit Michael Gorbatschow die Sowjetunion führt und im Osten wie im Westen das Schlagwort vom „gemeinsamen Haus Europa" populär gemacht hat, richten sich die Blicke vieler Menschen auf Kooperationsmöglichkeiten zwischen West und Ost. Neben dem Handel und dem allgemeinen Technologietransfer kommt offensichtlich dem Umweltschutz eine herausragende Rolle zu. Die Umweltsituation in allen Ländern des RGW (Rat für Gegenseitige Wirtschaftshilfe, oft COMECON genannt) ist noch wesentlich bedrohter als im Westen[23] (vgl. Abb. 17).

Die in Stockholm 1972 von Vertretern osteuropäischer Länder verkündete Behauptung, Umweltzerstörung sei ein Problem des Kapitalismus, wurde eigenartigerweise von breiten Führungskreisen im Osten lange Zeit wirklich geglaubt, obgleich sich vor ihren Augen eine erschreckende Verschmutzung abspielte. Die Umwelt*gesetze* waren übrigens auch recht fortschrittlich, aber die Sanktionen bei Gesetzesübertretungen wogen in der Regel bei weitem nicht die wirtschaftlichen Kosten zur Einhaltung der Gesetze auf, so daß rechnende Betriebsleiter kaum anders konnten, als wissentlich der Verschmutzung ihren Lauf zu lassen. Ferner hat sich die sozialistische Vorstellung, daß Energie, Wasser und Land den einfachen Bürger so gut wie nichts kosten dürfe, ökologisch verheerend ausgewirkt. Das Verschwendungsniveau ist hoch, und Spartechnologien fehlen beinahe gänzlich.

Seit Anfang der achtziger Jahre gibt es auch in den meisten RGW-Staaten beachtliche Umweltorganisationen, die dem Staat und den stark verschmutzenden Betrieben das Leben schwermachen. Ein gigantisches und ökologisch bedrohliches Flußumleitungsprojekt in der Sowjetunion wurde gestoppt. Einige Fabriken in Polen und Ungarn wurden stillgelegt, und der ungarische Teil des Donaustauwerks Gabcikovo-Nagymaros wurde nicht gebaut. Andererseits bedeutet die „Umgestaltung" (Perestroika) auch, daß die Produktivkräfte in höherem Maß freigesetzt und die Wirtschafts- und Verkehrsaktivität zunehmen wird. Und die Mittel für flächendeckenden Umweltschutz sind in keinem RGW-Land vorhanden.

Eine den politischen, technischen und wirtschaftlichen Realitäten entsprechende Umwelt-Außenpolitik des Westens wird wichtigste Voraussetzung für die ökologische Sanierung des „gemeinsamen Hauses Europa" sein (vgl. Kapitel 14).

Anmerkungen

[1] Vgl. zur ökonomischen Ideengeschichte: Joseph A. Schumpeter, Die Geschichte der ökonomischen Analyse, Göttingen 1965; zur Rolle der Natur in der Entwicklungsgeschichte der ökonomischen Theorie vgl. Hans Immler, Natur in der ökonomischen Theorie, Opladen 1985.

[2] Vgl. z. B. Gert von Paczensky, Die Weißen kommen. Die wahre Geschichte des Kolonialismus, Hamburg 1970.

[3] Vgl. z. B. Hans von der Groeben, Aufbaujahre der Europäischen Gemeinschaft, Baden-Baden 1982.

[4] Vgl. Sondergutachten des Sachverständigenrates für Umweltfragen: Umweltprobleme der Landwirtschaft, Stuttgart und Mainz 1985; Hermann Priebe, Die subventionierte Unvernunft, Berlin 1985.

[5] Vgl. Deutsche Stiftung für Internationale Entwicklung (DSE), Entwicklung und Zusammenarbeit (E+Z) 8/9 (1989).

6 Diese schon früh angelegte Entwicklung hat sich in jüngster Zeit beschleunigt, u. a. durch die Verdoppelung der Regionalfonds der EG, vgl. David Baldock et al., Reform of the Structural Funds – An Environmental Briefing, London (WWF) 1989.

7 Aktionsprogramm der Europäischen Gemeinschaften für den Umweltschutz vom 22. November 1973, in: Beiträge zur Umweltgestaltung (BzU A 54/IX–76), S. 20101 Df.

8 Ebd., S. 20102 D.

9 Ludwig Krämer, Keine Absichtserklärungen, sondern durchsetzbares Recht – Die Kontrolle der Anwendung von EWG-Umweltrichtlinien, in: Lothar Gündling/Beate Weber, Dicke Luft in Europa, Heidelberg 1988, S. 201–218.

10 Nigel Haigh, a. a. O.

11 Viertes Aktionsprogramm der EWG für den Umweltschutz, KOM (86) 485 endg., ISBN 92-77-17933-3.

12 Vgl. Nigel Haigh, a. a. O., S. 13–23.

13 Ebd., S. 70–78.

14 Fast wörtlich übernommen aus meiner Rede ›1987 Europäisches Umweltjahr – Wie treten wir der Zukunft entgegen?‹, gehalten bei der 11. Arbeitstagung der Internationalen Arbeitsgemeinschaft der Wasserwerke im Rheineinzugsgebiet (IAWR), Noordwijk aan Zee/NL, 20.–23. 10. 1987, abgedruckt in: Bericht über die 11. Arbeitstagung der IAWR, Den Haag 1987, S. 31–32.

15 Kommission der Europäischen Gemeinschaften, Vollendung des Binnenmarktes – Weißbuch der Kommission an den Europäischen Rat, Luxemburg, 1985, KOM (85) 310.

16 Amtsblatt der Europäischen Gemeinschaften, L 169, 29. Juni 1989.

17 Paolo Cecchini, Europa '92, Der Vorteil des Binnenmarktes, Baden-Baden 1988.

18 Christian Hey und Jutta Jahns-Böhm vom Freiburger Öko-Institut bezeichnen es als „skandalös", wenn Abfall als Ware aufgefaßt wird (Christian Hey/Jutta Jahns-Böhm, Ökologie und freier Binnenmarkt, Freiburg i. Br. 1989). Sofern aber eine gute Entsorgung oder Wiederaufbereitung im Ausland gewährleistet ist, bedeutet der „Waren"-Charakter keinen Umweltnachteil.

19 Allerdings bleibt den Einzelstaaten, falls sie überstimmt werden, die Möglichkeit einer verschärften Regelung gemäß Artikel 100a, Abs. 4 EWGV.

20 Vgl. Europäisches Umweltbüro, Jahresbericht 1986/87, Brüssel 1987.

21 Beate Weber, Die ungeliebte Gemeinschaft – Über den Umgang mit europäischer Umweltpolitik, in: Lothar Gündling/Beate Weber, a. a. O., S. 3–20.

22 Außerdem liegt ein Aufnahmeantrag der Türkei vor.

23 Helmut Schreiber, Umweltproblem in Mittel- und Osteuropa, Frankfurt a. M./New York 1989.

4. Kapitel

EINE GLOBALE SICHTWEISE ENTSTEHT

Von Kennedy bis zum Club von Rom

„Neue Grenzen", das heißt neue Pioniertaten zur Überwindung neuer Grenzen, versprach der junge amerikanische Präsident John F. Kennedy 1960 seinen Landsleuten und der Welt. Die Friedenssehnsucht nach dem Zweiten Weltkrieg war zehn Jahre lang im Kalten Krieg erstickt worden. Mit Kennedy trat zum ersten Mal seit langem wieder ein politischer Führer an, der glaubwürdig die ganze Erde, nicht nur sein Land, im Blick hatte. Mit Lateinamerika gründete er eine „Allianz für den Fortschritt", zum beiderseitigen Vorteil. Mit der nachstalinistischen Sowjetunion, die drei Jahre zuvor den ersten Satelliten („Sputnik") in eine Erdumlaufbahn geschickt hatte, wollte er sich über Gemeinsamkeiten und gemeinsame bzw. globale Probleme unterhalten. Kennedy war ein Pionier der Erdpolitik, wenngleich noch ohne spezifisch ökologische Färbung. Den Herausforderungen der modernen Welt wollte er mit Wissenschaft und Technik und mit wissenschaftlich begründeter mittelfristiger Planung begegnen. „Denk-Tanks" schossen aus dem Boden, und eine schnell wachsende Zahl von Wissenschaftlern fing an, sich ernsthaft um die Probleme der Welt zu kümmern. Davor war man als Wissenschaftler stolz darauf gewesen, nie mit der Politik in Berührung zu kommen.

Die Kubakrise 1962, der langsam eskalierende Vietnamkrieg und die Ermordung Kennedys im November 1963 bereiteten dem kühnen Beginnen ein jähes Ende. Aber der Funke wurde an verschiedenen Stellen weitergetragen:
– 1963 wurde das Internationale Institut für Angewandte Systemanalyse (IIASA) in Laxenburg bei Wien gegründet, von Kennedys Be-

rater McBundy und der sowjetischen Akademie der Wissenschaften ausgehandelt und von zehn Nationen aus West und Ost getragen. Hier wurden Methoden für eine globale Umweltanalyse entwickelt und der Kontakt von Wissenschaftlern aus West und Ost auch durch die frostigen Reagan-Jahre hindurch aufrechterhalten.

– In der internationalen "Pugwash"-Bewegung – in den fünfziger Jahren von dem kanadischen Industriellen Cyrus Eaton in dem kanadischen Dorf Pugwash ins Leben gerufen – trafen sich weiterhin regelmäßig führende Wissenschaftler, um über Abrüstung, Spannungsverminderung und gemeinsame Bedrohungen, also auch die Umweltbedrohung, zu beraten.[1] Der deutsche Zweig der Pugwash-Bewegung, die 1959 gegründete „Vereinigung Deutscher Wissenschaftler" (VDW), spielte hierbei eine zunehmend aktive Rolle.

– Beim Internationalen Rat der wissenschaftlichen Vereinigungen, ICSU, in Paris wurde ein wissenschaftliches Komitee für Probleme der Umwelt, SCOPE, eingerichtet, welches insbesondere die weltweiten Umweltfragen aufgriff.[2]

– Der italienische Industrielle Aurelio Peccei, der damalige OECD-Generalsekretär Alexander King und eine Anzahl anderer Persönlichkeiten gründeten den Club von Rom. Dieser setzte sich die Auseinandersetzung mit globalen Fragen zum Ziel und gab – mit Geld der Stiftung Volkswagenwerk – einen Bericht in Auftrag, der dem Club im November 1971 überreicht wurde.

Der Bericht an den Club von Rom, ›Die Grenzen des Wachstums‹[3], angefertigt von einem jungen Team in Boston unter Dennis und Donella Meadows, wirkte wie ein Donnerschlag. Mit einer plausiblen Verknüpfung der fünf Größen Bevölkerungszahl, Industrieproduktion, Energieverbrauch, Rohstoffverbrauch und Umweltverschmutzung und einigen ebenso plausiblen Annahmen über das künftige Wachstum zeigte der Bericht katastrophale Zuspitzungen der Rohstoffknappheit und der Umweltverschmutzung in wenigen Jahrzehnten auf die Welt zukommen.

Der Bericht kam gerade rechtzeitig, um noch die Stockholmer UNO-Umweltkonferenz zu beeinflussen. Allerdings war die Reaktion sehr geteilt. Während der Club von Rom selbst und eine breite Öffentlichkeit im Westen dem Bericht mit seinen pessimistischen Szenarien viel Gewicht beimaßen, löste dieser in der Dritten Welt – sofern er überhaupt zur Kenntnis genommen wurde – helle Empörung aus: „Erst bereichert ihr euch im Norden durch ungezügeltes Wachstum zu Lasten des Sü-

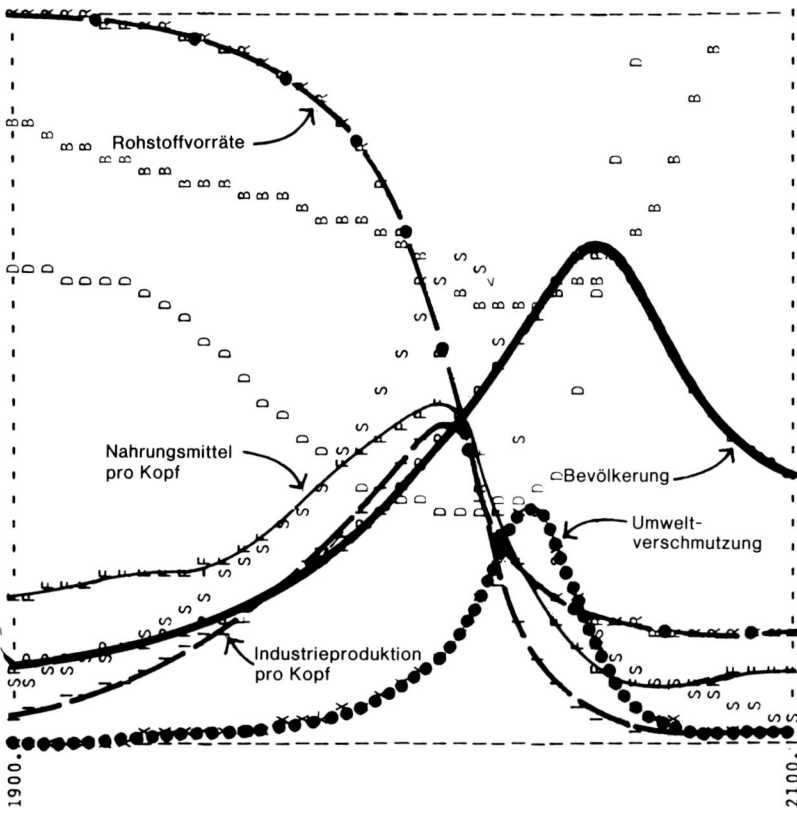

Abb. 18: Grenzen des Wachstums. (Aus: D. Meadows u. a., Grenzen des Wachstums, Stuttgart 1972, S. 113.)
In Computersimulationen wurden die fünf zentralen Größen Bevölkerungszahl, Umweltverschmutzung, Rohstoffvorräte, Industrie und Nahrungsmittel pro Kopf miteinander verknüpft und ihre zeitliche Entwicklung von 1900–2100 aufgetragen. Im „Standardmodell" passiert eine Katastrophe in der ersten Hälfte des 21. Jahrhunderts.

dens, und wenn ihr das Wohlstandsziel erreicht habt, dann erklärt ihr die Grenzen des Wachstums für gekommen." Viele Gegenentwürfe wurden vorgestellt. Den Standpunkt der Entwicklungsländer gab etwa der Bariloche-Bericht[4] wieder, ein ökologisch relativ naiver Wachstums- und Gerechtigkeitsaufruf für die Dritte Welt. Ökologisch viel radikaler war demgegenüber die Cocoyoc-Deklaration, die allerdings dem Norden einschneidende Wachstumsverzichte abverlangte und politisch völlig im Abseits blieb. Auch gab es viele Stimmen aus dem Norden, die den „Pessimismus" des Club von Rom angriffen und ihm einen technologischen Optimismus entgegensetzten.[5] Und der Club von Rom selbst schob eine Anzahl weiterer Berichte nach, die regionale Unterschiede machten und dem technischen Fortschritt seinen Raum gaben und sich so den Gegenpositionen weitgehend annäherten. Aber das Odium des „Pessimismus" blieb am Club hängen.

Das entscheidende Verdienst des Club von Rom war nicht die einzelne Aussage aus den ›Grenzen des Wachstums‹. Entscheidend war, daß nun allen Lesern und Politikern dämmerte, daß eine „nachholende Entwicklung" der Länder auf die Stufe der Industrieländer die ökologische Tragfähigkeit der Erde überlasten würde und daß die wichtigsten ökologischen Bestimmungsgrößen miteinander global vernetzt sind. Dieses erdpolitische Bewußtsein setzte sich erstmals in den siebziger Jahren durch. Es erreichte in Amerika einen Höhepunkt mit der Überreichung des ›Global 2000‹-Berichts an Präsident Jimmy Carter.[6] Bis zum Einmarsch der sowjetischen Truppen in Afghanistan, der iranischen Geiselaffäre und der Militarisierung des amerikanischen Denkens unter Präsident Reagan blieb die Aufmerksamkeit der Welt dem gemeinsamen Schicksal gewidmet. Aber dann trat erst einmal wieder Funkstille bezüglich der globalen Themen ein.

Zehn Jahre werden verschenkt

Die durch Vietnam, Watergate, das Ölpreisdiktat der OPEC sowie durch die Geiselaffäre verwundete amerikanische Seele mußte dringend wieder aufgerichtet werden. Wer hätte dafür kein Verständnis gehabt! Aber die Heilkur geriet zur zerstörerischen Tragödie, als Präsident Reagan immer aufs neue die Konfrontation mit der Sowjetunion suchte, das „Reich des Bösen" beschwor und eine beispiellose Aufrüstung betrieb. Die Konfrontation fesselte die Aufmerksamkeit der Völker, und die Rüstung band weltweit ungeheure Geldmittel, die anderswo fehlten. In Amerika führte sie zu nie dagewesenen Haushaltsdefiziten, die ein Hochschnellen der Zinsen zunächst in den USA und schließlich auf dem Weltmarkt zur Folge hatten. Damit bekam die Überschuldung der Dritten Welt auf einmal eine Wendung ins Ausweglose.

Zunächst, solange die Fiktion der Zurückzahlbarkeit und des pünkt-
lichen Schuldendienstes aufrechterhalten wurde, löste diese Wendung
eine deutliche Beschleunigung der Naturzerstörung aus, denn nur
durch den Verkauf von Rohstoffen, Futtermitteln und Agrarprodukten,
die zu Lasten des Waldes erzeugt wurden, ließen sich die Schulden noch
pünktlich bedienen (vgl. Kapitel 8).

Natürlich „wollte" Reagan nicht die explosionsartige Ausbreitung der
Brandrodung im Amazonasgebiet. Und ohne Afghanistan und Iran
hätte er zu Hause auch keine Mehrheiten für so aberwitzige Programme
wie "Star Wars" gefunden. Aber es wird Zeit, daß Europäer und Amerikaner erkennen, daß durch die Konfrontation der achtziger Jahre ein
wertvolles Jahrzehnt für die gemeinsame Lösung der globalen Aufgaben verschenkt wurde und daß sich einige Probleme in dieser Zeit
ziemlich heillos verschärft haben, insbesondere das Schuldenproblem der
Dritten Welt. Hätten nicht die UNO und ihre Sonderorganisationen in
diesen nahezu 10 Jahren die Flamme der Erdpolitik am Leben erhalten,
dann wäre es sehr schwierig gewesen, nach dem Ende der Reagan-Ära
rasch wieder sachliche Anknüpfungspunkte zu finden.

Das Ende der tragischen Frostperiode wurde durch verschiedene
Entwicklungen bzw. Ereignisse beschleunigt, von denen ich vier heraus-
greifen möchte:

1. In der Sowjetunion starben kurz nacheinander die Parteivorsitzen-
den Leonid Breschnjew, Jurij Andropow und Konstantin Tschernenko.
Michael Gorbatschow, durch Andropow ins vorderste Glied gebracht,
übernahm die Nachfolge und suchte aktiv und schließlich erfolgreich
ein Ende der Konfrontation.

2. Der amerikanische Physiker Carl Sagan und eine von SCOPE
zusammengestellte Forschergruppe entwickelten die Theorie vom „nu-
klearen Winter".[7] Bei der wissenschaftlichen Auseinandersetzung mit
dem Programm des Sternenkriegs und anderen Atomkriegsszenarien
ließen sie sich durch neue Hypothesen über das Aussterben der Saurier
vor 60 Millionen Jahren[8] inspirieren und zeigten, daß ein globaler
Atomkrieg auch bei erfolgreichem Einsatz von SDI höchstwahrschein-
lich eine schlechterdings verheerende Klimakatastrophe nach sich ziehen würde: Aufgewirbelte Staubmassen würden nach der Theorie über
Monate oder Jahre den Himmel verdunkeln, die Temperaturen um
zehn, zwanzig oder mehr Grad abstürzen lassen und das Pflanzenleben
und damit die Ernten weitgehend vernichten. Tiere und Menschen wä-

ren die nächsten Opfer. Am Ende wäre es nicht mehr erheblich, wessen Atomwaffen wen im ersten oder zweiten Schlag getroffen hätten und wer sich aus dem Krieg herausgehalten hätte. So war ein starkes wissenschaftliches Argument gegen die Führbarkeit eines Atomkrieges, gegen das SDI-Programm und gegen die fortgesetzte militärische Konfrontation aufgebaut worden.

3. Die Weltkommission für Umwelt und Entwicklung, die auf skandinavische Initiative eingerichtet wurde und unter der resoluten Führung der norwegischen Ministerpräsidentin Gro Harlem Brundtland drei Jahre lang – von 1984 bis 1987 – tagte, legte einen eindrucksvollen Bericht [9] vor, der die Weltöffentlichkeit nachdrücklich an die Dringlichkeit gemeinsamen Handelns erinnerte.

4. Eine Serie schlimmer Nachrichten über den Zustand der Umwelt und des Klimas machte weltweit die Runde und verstärkte den Wunsch nach globaler Zusammenarbeit.

Ozonloch, Treibhauseffekt, Regenwälder

Amerikanische Satelliten stellten 1985 über der Antarktis fest, was gelehrte Atmosphärenchemiker schon seit Beginn der siebziger Jahre befürchtet hatten: eine Ausdünnung der Ozonschicht. Mit ziemlicher Sicherheit wurden die in der Natur nicht vorkommenden Fluorchlorkohlenwasserstoffe (FCKW, auf englisch CFCs) und Halone (Bromchlorkohlenwasserstoffe) als Sündenböcke ausgemacht. Sie steigen im Laufe von Jahren bis in hohe Atmosphärenschichten auf und sind über Jahrzehnte stabil. Trifft ein Ozonmolekül, O_3, auf ein FCKW-Molekül, so wird es mit einer gewissen Wahrscheinlichkeit zu normalem Sauerstoff, O_2, abgebaut. Das Ozon aber hat die besondere Fähigkeit, die harte Ultraviolett-B-Strahlung zu absorbieren, so daß eine ausgedünnte Ozonschicht die für Lebewesen schädliche UV-B-Strahlung vermehrt zur Erdoberfläche gelangen läßt. [10]

Die Bilder vom schwindenden Ozon im Südpolargebiet gingen um die Welt. Auf die politische Einsicht „Es gibt kein belgisches (oder mexikanisches oder ägyptisches) Ozonloch, sondern es gibt das *globale* Problem des Ozonlochs" senkte sich das Bewußtsein, daß Politik heute Erdpolitik sein sollte, in die Gemüter von vielen Millionen Menschen. Relativ rasch kam man in Genf, Wien und schließlich Montreal [11] über-

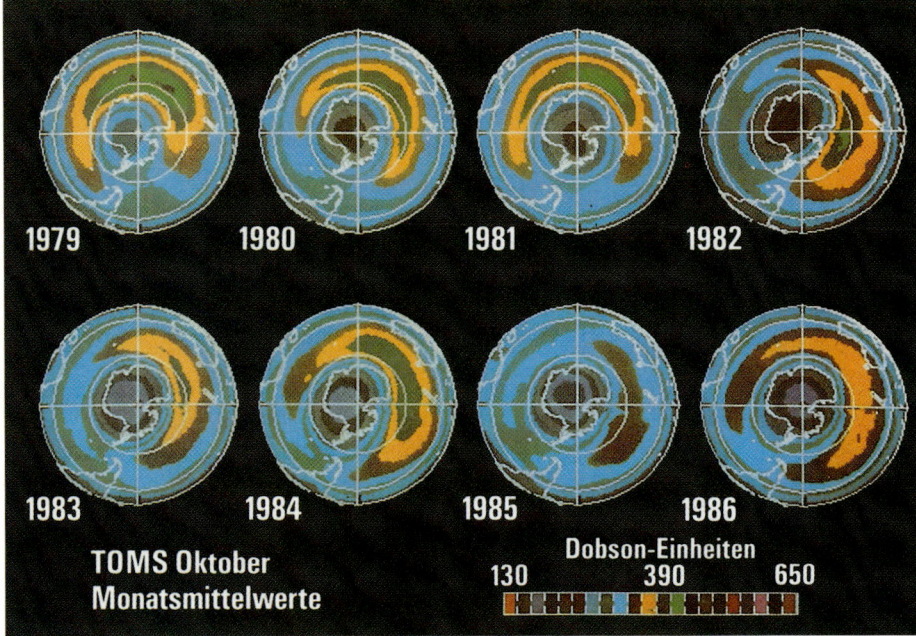

Abb. 19: Das Ausmaß des Ozonlochs während des Frühlings über der Antarktis im Zeitraum 1979–1986. Die Daten stammen von Satellitenmessungen. (Zur Sache. Themen parlamentarischer Beratung 5 [1988], S. 117.)

ein, daß die Produktion der ozongefährdenden FCKW und Halone zu vermindern sei. Das Ergebnis von Montreal wurde allerdings von Experten und Umweltschützern für unzureichend gehalten. Ein völliges Verbot bestimmter FCKW wird jetzt konkret angestrebt. Und vergleicht man global Kosten und Nutzen, so scheint die Forderung zu Recht erhoben zu werden.[12] Dabei spielt eine zusätzliche Rolle, daß die FCKW auch noch ein äußerst effektives Treibhausgas sind, also die allgemeine klimatische Erwärmung fördern.

Auch der Treibhauseffekt war schon in den sechziger Jahren (ja schon von Svante Arrhenius Ende des vorigen Jahrhunderts) vorausgesagt worden. Der große Schritt vorwärts in der Erkenntnis kam wieder von der Antarktis. Bei der chemischen Analyse von Luftbläschen, die jahrtausendelang im antarktischen Eis eingeschlossen waren, konnten sowjetische und französische Forscher feststellen, daß der Kohlendioxid-

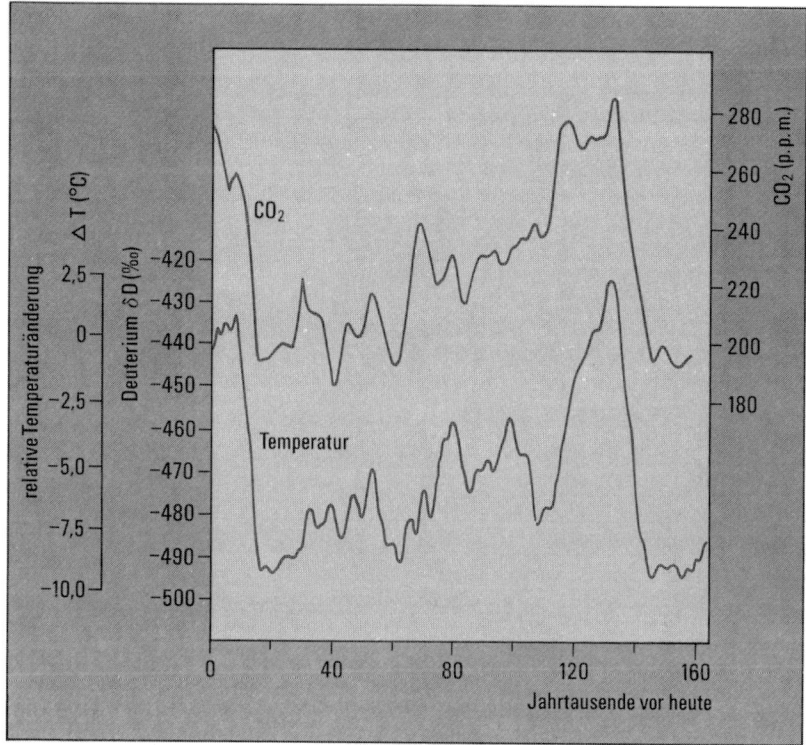

Abb. 20: Rekonstruktion der CO_2-Konzentration in der Atmosphäre (oben) und der relativen Temperaturvariation (unten). (Zur Sache. Themen parlamentarischer Beratung 5 [1988], S. 361.)

gehalt über die Jahrtausende deutlich schwankte.[13] Und ganz wie die Theorie vorhersagte, waren die Perioden hoher CO_2-Konzentrationen auch die Perioden höherer Temperaturen (die man aus früheren Analysen von Vegetationssedimenten bereits gut kannte).

Im November 1985 fand in Villach eine denkwürdige Tagung statt, von der Weltorganisation für Meteorologie, WMO, dem Umweltprogramm der Vereinten Nationen, UNEP, und dem Rat der wissenschaftlichen Vereinigungen, ICSU, einberufen. In Villach wurde erklärt, der Treibhauseffekt sei mit größter Wahrscheinlichkeit real, und seine Wirkungen seien potentiell äußerst bedrohlich für viele Landstriche der Erde.[14] Seither reißt die Kette der nationalen und internationalen Ta-

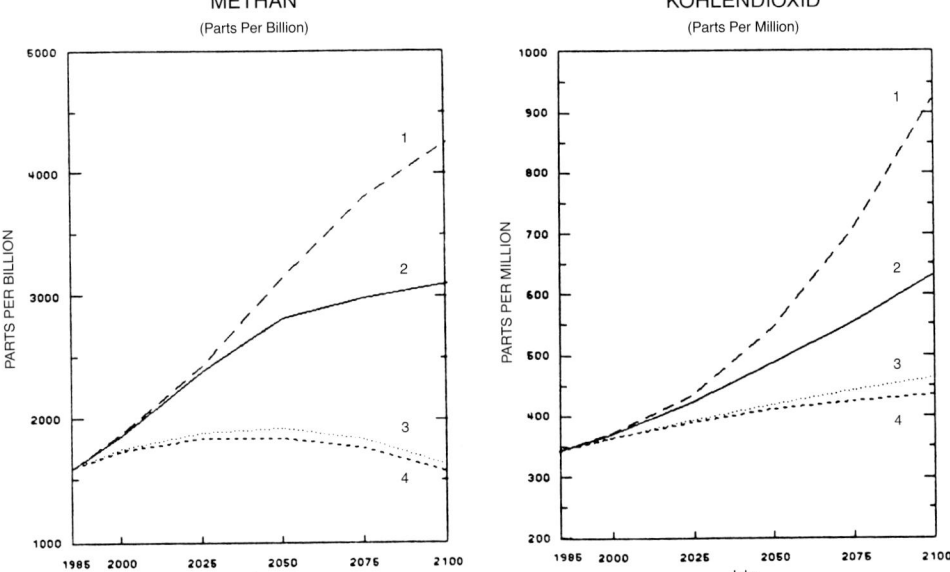

Abb. 21: In den USA wird nach den verheerend trockenen Sommern der letzten Jahre intensiv über den Treibhauseffekt nachgedacht. Die Umweltbehörde hat eine großangelegte Studie über Strategien zur Minderung der Treibhausgase, vor allem Methan und Kohlendioxyd herausgebracht. Die Bilder zeigen atmosphärische Konzentration von CO_2 und Methan in Abhängigkeit von vier Wirtschafts-Szenarien:

1 Szenario „Rascher Wandel". Das Szenario beinhaltet folgende Parameter: Rasches BSP-Wachstum, abgeschwächtes Bevölkerungswachstum, mäßige Energiepreiserhöhung, rascher technologischer Wandel, mäßige Waldzerstörung.

2 Szenario „Langsamer Wandel". Das Szenario beinhaltet folgende Parameter: Geringes BSP-Wachstum, rasches Bevölkerungswachstum, geringe Energiepreiserhöhung, schwacher technologischer Wandel, zunehmende Waldzerstörung.

3 Szenario „Rascher Wandel/aktive Klimapolitik". Das Szenario beinhaltet folgende Parameter: Rasches BSP-Wachstum, abgeschwächtes Bevölkerungswachstum, mäßige (Primär-)Energiepreiserhöhung plus Energiesteuern, sehr schnelle Effizienzverbesserung, rasche Marktdurchsetzung von Sonnenenergie und Biomasse, rasche Wiederaufforstung.

4 Szenario „Langsamer Wandel/aktive Klimapolitik". Das Szenario beinhaltet folgende Parameter: Geringes BSP-Wachstum, rasche Bevölkerungszunahme, geringe (Primär-)Energiepreiserhöhung plus Energiesteuern, rasche Effizienzverbesserung, mäßige Marktdurchsetzung von Sonnenenergie/Biomasse, rasche Wiederaufforstung. (Quelle: US Environmental Protection Agency, Policy options for stabilizing global climate, Draft report to congress, Feb. 1989, S. 25.)

gungen über den Treibhauseffekt und seine politischen Konsequenzen nicht mehr ab.

1988 einigten sich die Staaten auf die Gründung eines Intergovernmental Panel on Climate Change (IPCC) mit drei Untergruppen. Dieses von dem schwedischen Physiker Prof. Bert Bolin geleitete zwischenstaatliche Gremium soll die wesentlichen Vorarbeiten für eine Welt-Klimakonvention liefern.[15] Scharfe Gegensätze zwischen Nord und Süd treten dabei zutage. Unvermeidlich werden Grundsatzfragen der Energiepolitik (vgl. Kapitel 5), des Nord-Süd-Interessenausgleichs (vgl. Kapitel 8) und einer künftigen Umwelt-Außenpolitik (vgl. Kapitel 14) aufgewühlt. Schließlich wird damit auch die im Einleitungskapitel geforderte neue Definition des Wohlstandes für das kommende Jahrhundert unausweichlich angesprochen.

Eng mit der Klimadiskussion verknüpft ist die Gefährdung der tropischen Wälder. Seit der Dschungel nicht mehr undurchdringlich ist, seit man die Bodenschatzsuche systematisch auf die jahrhundertelang von der modernen Zivilisation unberührten Urwaldgebiete ausgedehnt hat, seit der Bevölkerungsdruck in den meisten Tropenländern stark zugenommen hat, seit man hocheffiziente Brandrodung und maschinelle Abholzung kennt und seit Schuldenkrise und Welthandel den Druck auf die Ausbeutung der Regenwaldressourcen drastisch verstärkt haben, ist der tropische Wald in seiner Existenz bedroht. In Ländern wie Elfenbeinküste und Madagaskar sind über 80 % des Waldes zerstört worden, und in Indonesien, Brasilien, Peru, Kolumbien, Kamerun und Zaire, wo bislang noch große zusammenhängende Waldflächen bestanden, hat die Zerstörung in jüngster Zeit katastrophal zugenommen.[16]

Mit dem Regenwald wird die nach dem Meeresplankton größte Lufterneuerungslunge der Erde zerstört. Er geht daher uns alle an. Ferner beherbergt der tropische Wald die größte Artenvielfalt der Erde (vgl. Kapitel 9). Der im ersten Kapitel beklagte Artenverlust rührt größtenteils von der Waldvernichtung im Tropengürtel her. Auch dies geht uns alle an. Aber die Entwicklungsländer sehen nicht ein, daß wir Reichen im Norden ihnen verbieten könnten, die Art von Ressourcennutzung zu betreiben, die uns reich gemacht zu haben scheint. Wenn uns das Schicksal der Regenwälder wirklich etwas angeht, dann darf unsere Politik sich nicht darin erschöpfen, die hochverschuldeten Tropenländer, deren Wald schwindet, anzuklagen. Vielmehr müssen wir bereit sein, wirtschaftlich und politisch umzudenken, und unserseits die Bedingungen schaffen, unter denen die Tropenländer sich vernünftigerweise auf einen Handel zum Schutz ihrer Wälder einlassen können. Der Bundeskanzler hat beim Weltwirtschaftsgipfel in Toronto 1988 ein mutiges Wort über den Zusammenhang zwischen Schuldenkrise und Regenwälder gesprochen, und die Bundesregierung hat seither in verschiedenen bilateralen Gesprächen, insbesondere mit Afrika, auch erste Taten folgen lassen. Der Gipfel von Paris im Juli 1989 hat Klima und Tropenwälder endgültig zur „Chefsache" der westlichen Welt gemacht. Die richtige Richtung ist eingeschlagen. Aber das Umdenken muß noch weiter gehen.

Der Deutsche Bundestag hat sich ein Instrument geschaffen, um der neuen globalen Sichtweise der Probleme gerecht zu werden, die Enquetekommission ›Vorsorge zum Schutz der Erdatmosphäre‹. Hier wird gegenwärtig allen klimarelevanten Umweltproblemen einschließlich des vertrackten Tropenwälderproblems die nötige politische Aufmerksamkeit geschenkt. In seltener Einmütigkeit befinden die Abgeordneten aus allen Parteien und die von den Parteien benannten Experten unter der Leitung des CDU-Abgeordneten Bernd Schmidbauer über Fakten, Probleme und die politisch nötigen Schritte. Ein eindrucksvoller Zwischenbericht [17] ist Ende 1988 vorgelegt worden, der als vorläufiges Abschlußdokument zur Ozonfrage gelten kann und auch als Problemaufriß für die allgemeine Klimadiskussion hohe Qualität hat. Energie-, Agrar-, Verkehrs- und Entwicklungspolitik werden unter die Lupe genommen und auf ihren Beitrag zum globalen Treibhauseffekt untersucht. Besondere Aufmerksamkeit hat die alarmierende Tropenwäldersituation gefunden. Dank einer ausführlichen Berichterstattung über viele der Anhörungen wird der Boden für möglicherweise einschneidende Vorschläge bereitet, die die Kommission dem Bundestag und der Öffentlichkeit unterbreiten wird.

Außerhalb des traditionellen politischen Rahmens hat eine auf die Kirchen der Welt, speziell die christlichen, zielende Initiative sehr zur Entwicklung des globalen ökologischen Denkens beigetragen, die Idee eines „Konzils des Friedens" bzw. einer „Weltkonferenz über Frieden, Gerechtigkeit und Bewahrung der Schöpfung". Schon der „konziliare Prozeß", der auf diese Konferenz hinführt, hat vieles in Bewegung gebracht, was wenige Jahre zuvor noch als unbeweglich galt. [18]

Mit diesen mehr historischen und zeitgeschichtlichen als analytischen Ausführungen ist der allgemeine Rahmen für eine Erdpolitik vom

Standort Bundesrepublik Deutschland und von Westeuropa aus gesteckt. Die nachfolgenden Teile des Buches sollen thematisch vertieft und politisch konkret die genannten Herausforderungen aufnehmen.

Anmerkungen

[1] Über die Aktivitäten der Pugwash-Bewegung informiert die Quartalszeitschrift ›Pugwash Newsletter‹.

[2] Näheres über SCOPE bei ICSU, International Council of Scientific Unions, 51 Boulevard de montmerency, F-75016 Paris.

[3] Dennis Meadows u. a., Die Grenzen des Wachstums, Bericht des Club of Rome zur Lage der Menschheit, Stuttgart 1972.

[4] A. O. Herrera/H. D. Scolnik, et al., Grenzen des Elends. Das Bariloche-Modell: So kann die Menschheit überleben, Frankfurt a. M. 1977.

[5] Z. B. John Maddox, Unsere Zukunft hat Zukunft, Stuttgart 1973.

[6] The Global 2000 Report to the President – Entering the Twenty-First Century, Harmondsworth 1980.

[7] Vgl. z. B.: Armageddon Revisted, The government's latest profile of World War III fails to consider climatic effects, in: Science, Vol. 236, 12. 7. 1987.

[8] Vgl. Edward O. Wilson und Frances M. Peter (Eds.), Biodiversity, National Academy Press, 1988, sowie David M. Raup und J. John Sepkoski, Jr., Mass extinctions in the marine fossil record, in: Science, Vol. 215, No. 4539, 19. 3. 1982, S. 1501–1503.

[9] Brundtland-Report, Our Common Future, Oxford 1987, in deutsch: Volker Hauff (Hrsg.), Unsere gemeinsame Zukunft, Der Brundtland-Bericht der Weltkommission für Umwelt und Entwicklung, Greven 1987; vgl. auch Gro Harlem Brundtland, Unsere gemeinsame Zukunft, Für ein Klima des Wandels, in: M. K. Tolba et al., a. a. O., S. 21–34.

[10] Deutscher Bundestag (Hrsg.), Schutz der Erdatmosphäre: Eine internationale Herausforderung, Zwischenbericht der Enquete-Kommission des 11. Deutschen Bundestages ›Vorsorge zum Schutz der Erdatmosphäre‹, Bonn 1988, S. 130–148.

[11] Eine deutsche Übersetzung des Montreal-Abkommens ist abgedruckt in: M. K. Tolba et al., Die Umwelt bewahren, Texte der Stiftung Entwicklung und Frieden, Bonn-Bad Godesberg 1989, S. 111–130.

[12] Allerdings ist theoretisch auch das Festhalten an gewissen FCKW-Produktionen denkbar, sofern ein vollständiges Rezyklieren garantiert werden kann.

[13] Vgl. dazu z. B.: C. Lorius et al., A 150 000 year climatic record from Antarctic ice, Nature 316, 591–596, 1985; J. Jouzel et al., Vostok ice core: A continuous isotope temperature record over the last climatic cycle (160 000 years),

Nature 329, 1987, S. 403–408; vgl. ebenso Robert A. Berner/Antoninio C. Lasaga, Modelling the geochemical carbon cycle, in: Scientific American, März 1989, S. 54–61.

[14] Villach 1985, Report of the International Conference on the Assessment of the Role of Carbon Dioxide and of other Greenhouse bases in climate variations and associated impacts, ICSU/UNEP/WMO, WMO-Report, No. 661 (1986).

[15] Geplant ist ein Abschluß der Konvention bis 1992. Aber bislang scheinen die Gegensätze zwischen Nord und Süd noch so groß, daß bezweifelt werden muß, ob bis 1992 etwas Brauchbares zustande kommen kann (vgl. weiter Kap. 14).

[16] World Resources Institute, World Resources 1988–89, New York 1989, S. 69–88.

[17] Zwischenbericht der Enquete-Kommision des 11. Deutschen Bundestags, a. a. O.

[18] Vgl. z. B. Carl Friedrich von Weizsäcker, Die Zeit drängt, München 1986.

TEIL II
KRISENFELDER

Teil I des Buches beschäftigte sich mit dem Rahmen und der Geschichte des Umweltschutzes. Die Forderung eines neuen Wohlstandsmodells wurde aufgestellt. Europa hat allen Anlaß, die Pionierrolle bei der Entwicklung des neuen Modells zu suchen.

Das neue Wohlstandsmodell sollte so geartet sein, daß es sich ohne Zerstörung der Erde auf die gesamte Weltbevölkerung ausdehnen läßt. „Dauerhaftes Wachstum" im Sinne des Brundtland-Berichts (Brundtland-Bericht, a. a. O.) auf Europa angewandt muß heißen, daß sich dieses Wachstum ohne Schaden für die Erde von fünf oder mehr Milliarden Menschen kopieren lassen muß (wobei natürlich lokale Unterschiede je nach Klima, Kultur und Landschaft möglich und wünschenswert bleiben). Vor dieser letztlich sehr weitgehenden Forderung der Ausdehnbarkeit des Wohlstandsmodells auf alle Länder der Erde erscheinen viele Wirtschaftsbereiche des Westens als ökologisch nicht dauerhaft. Sie müßten unter dem Dauerhaftigkeitskriterium der Brundtlandkommission als Krisenfelder eingestuft werden.

In diesem Teil II des Buches sollen aber nicht alle Wirtschaftsbereiche im einzelnen durchgegangen werden. Statt dessen wurden fünf Krisenfelder ausgewählt, die für die gegenwärtige Umweltpolitik in Europa von besonderer Bedeutung sind. Der vierte Bereich, die Dritte Welt, sowie der fünfte, die biologische Vielfalt, sind offensichtlich von Europa aus nur mittelbar zu beeinflussen. Alle fünf Kapitel diskutieren konkrete, realpolitische Aufgaben, bei denen die konventionellen Antworten der Politik bei weitem nicht ausreichen, will man den Anspruch eines „neuen Wohlstands" oder eines „dauerhaften Wachstums" im obigen Sinne einlösen.

5. Kapitel

ENERGIE

Energie – Inbegriff des Fortschritts

„Energie" in der heutigen physikalischen Bedeutung ist ein erstaunlich junger Begriff. William Thomson (Lord Kelvin) führte 1851 den Begriff der kinetischen Energie ein, und A. O. Rankine benutzte ab 1853 den schon bei Aristoteles vorkommenden Begriff Energie in verallgemeinertem Sinne in der Technik der Energieumwandlungen. James Watt, der Erfinder der Dampfmaschine, und Alessandro Volta, der Entdecker zahlreicher elektrischer Erscheinungen und Gesetze, mußten noch ohne das Wort „Energie" auskommen. Das genaue Studium der Wärmekraftmaschinen führte den französischen Physiker Sadi Carnot 1824 zu einem brauchbaren Verständnis der Umwandlungen von Wärmedifferenzen in „lebendige Kraft" (kinetische Energie) und umgekehrt. Er erkannte, daß sich aus purer Wärme ohne Temperaturdifferenz keine Kraft mehr gewinnen ließ, und Rudolf Clausius formulierte darauf aufbauend 1850 den Satz, den wir heute als Zweiten Hauptsatz der Thermodynamik bezeichnen, nach welchem sich schließlich alle Kraft in Wärme verwandelt und dabei immer mehr „Entropie" erzeugt wird. Den Zustand weltweit größtmöglicher Entropie, der als ein trostloses Wärmeeinerlei vorgestellt wurde, nannte man den „Wärmetod". Der Zweite Hauptsatz löste im Europa des 19. Jahrhunderts viel Trübsinn aus, auch wenn die Physiker versichern konnten, daß es noch viele Tausende von Jahren dauern würde, bis der Wärmetod einträte (daß es noch Milliarden von Jahren sein würden, das wagten auch sie nicht zu behaupten).

Eine gewisse Beruhigung konnte man vielleicht aus dem Ersten Hauptsatz beziehen, der besagte, daß die Gesamtenergie bei jedweden

Abb. 22: Energie als Fortschrittssymbol. Der Energie wurden Paläste gebaut. Das Bild zeigt den „Palast der Elektrizität", Pariser Weltausstellung 1900. (AKG.)

Umwandlungen erhalten bleibt. Der „Energieerhaltungssatz" (Robert Mayer, Hermann von Helmholtz) brachte auch endlich alle bekannten Energieformen, Wärme, mechanische Energie, chemische Energie und elektromagnetische Energie zusammen und erlaubte damit das Entstehen eines einheitlichen Begriffs der Energie.

Das Ersetzen menschlicher Arbeitskraft durch technische Energie wurde im 19. Jahrhundert zum Inbegriff des Fortschritts. Die Weltausstellung von Paris 1889 wurde zu einer Heerschau der Möglichkeiten, wie der menschliche Geist mit Hilfe technischer Energie, insbesondere Elektrizität, den menschlichen Körper entlasten, übertrumpfen und womöglich sogar überflüssig machen konnte. Karl Marx, Henry Ford und Wladimir Iljitsch Lenin waren gleichermaßen von der positiven Rolle der Energie beim Erreichen ihrer gesellschaftlichen Traumziele überzeugt.

Später kam die wissenschaftliche Ökonomie dazu, die eine Abhängigkeit des Wirtschafts- und Wohlstandswachstums vom Energiewachstum

konstatierte. Und nach dem Zweiten Weltkrieg, als der Schrecken der
Atombombe durch das Versprechen gemildert wurde, daß die „Schwer-
ter zu Pflugscharen" umgeschmiedet und die Atomenergie friedlich
genutzt und unbegrenzt zur Verfügung stehen würde, da schien die
Energie als Königin der Wirtschaft und des Fortschritts endgültig inthro-
nisiert.

Energiekrise

Zwischen 3 und 10 Prozent pro Jahr wuchs der Primärenergieverbrauch in Europa nach dem Zweiten Weltkrieg. Die Kohle, die hundert
Jahre lang als Energieträger dominiert hatte, wurde zunehmend durch
Erdöl ergänzt und Ende der sechziger Jahre vom Spitzenplatz verdrängt. Eine obere Grenze für den Energiebedarf war nicht in Sicht,
aber das Angebot zumindest von fossilen Brennstoffen war begrenzt. So
wie vor der Erschließung der Kohle einst die schwindenden Holzvor-
räte in den Wäldern das frühindustrielle Wachstum begrenzt hatten,
schien die Begrenztheit von Kohle, Öl und Gas dem neuen Wachstum
Grenzen zu setzen. Der Club von Rom (vgl. Kapitel 4) wies nachdrücklich darauf hin, ohne jedoch eine Alternative zum Wirtschaften mit
hohem Energieverbrauch aufzuzeigen. So mußte er folgerichtig auf die
Atomenergie, womöglich auf die Fusionsenergie setzen.

Henry Kissinger, damals Sicherheitsberater des amerikanischen Präsidenten Nixon, war besorgt darüber, daß die niedrigen Ölpreise zu einem übermäßigen Verbrauch und damit zu einer bedrohlich werdenden
Abhängigkeit Amerikas von den Importen aus Venezuela und der Golf-
region führten. Er wünschte sich eine Anhebung der Ölpreise, aber zunächst blieb dieser rationale Wunsch unerfüllt. Bis plötzlich im Oktober
1973 der „Sechstagekrieg" Israels gegen seine Nachbarn diesen, den
Arabern, einen Anlaß bot, eine drastische Aktion zu starten, die als
Schlag gegen die überseeischen Freunde Israels ausgelegt werden sollte.
Die von den arabischen Ölproduzenten angeführte OPEC (Organisa-
tion erdölexportierender Länder) beschloß einen Lieferboykott gegen
einzelne Länder und eine Vervierfachung der Weltölpreise. Die Folge
war ein Schock im Westen, eine Krise in einigen neuindustrialisierten
Ländern und ein Absacken mancher der ärmsten, auf Ölimporte ange-
wiesenen Entwicklungsländer in die Hoffnungslosigkeit.

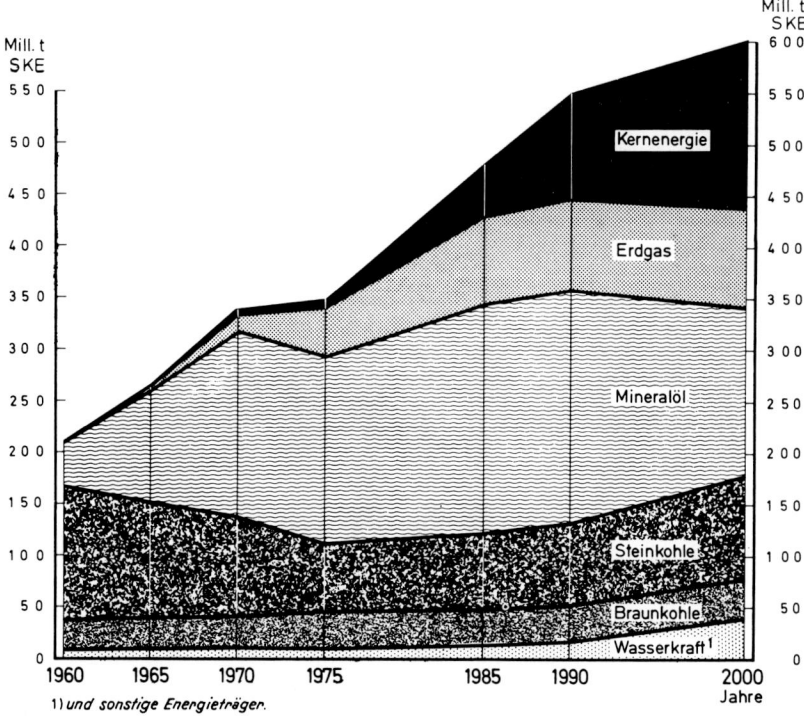

Abb. 23: Primärenergieverbrauch der Bundesrepublik Deutschland nach Energieträgern bis zum Jahre 2000. (Ifo-Institut für Wirtschaftsforschung, 1980 nach Energieprogramm der Bundesregierung [2. Fortschreibung].)

Der Westen, d. h. die OECD-Länder, gründete 1974 als Gegenorganisation zur OPEC eine Internationale Energieagentur (IEA), die in Paris angesiedelt wurde und die helfen sollte, die politischen Antworten auf die neue Herausforderung zu formulieren. Als Zielsetzung blieb dabei die Sicherstellung einer „ausreichenden", d. h. jeden „Bedarf" deckenden Energieversorgung zu möglichst niedrigen Preisen erhalten. Die Energiebedarfsprognosen, vor 1973 für die kommenden Jahrzehnte noch ganz steil nach oben zeigend, wurden leicht nach unten korrigiert, aber die Grundannahme, daß der Bedarf natürlicherweise steigen werde, blieb unangetastet.

Der Markt aber reagierte, wie ihn die Lehrbuchökonomie beschreibt: Auf höhere Preise reagierte er mit verminderter Nachfrage. Auf einmal

wurde erkannt, daß die energieverschwendende Hausbauweise, Autos
mit 15 Litern Benzinverbrauch auf 100 Kilometer oder Haushaltsmaschinen mit sehr hohem Stromverbrauch nichts mit Komfort zu tun hatten; der hohe Energieverbrauch war ökonomisch allerdings rational, als
die Energie noch so unglaublich billig war wie vor 1973. Die Industrie
verstärkte nach 1973 die Anstrengungen, unnötigen Energieverbrauch
und Prozeßwärme und andere Energieabfälle zu nutzen. Nur wenige
mußten sich in den Industrieländern merklich einschränken.

In England nannte man die Energieeinsparung "The Fifth Fuel", und
in Deutschland führte Klaus Meyer-Abich den Begriff „Energieeinsparung als Energiequelle"[1] ein. Dies war eines der zahlreichen Resultate
einer Studiengruppe der Vereinigung Deutscher Wissenschaftler
(VDW), die mit Unterstützung des Bundesforschungsministers von
1975–84 über „sozialverträgliche Energieversorgung" arbeitete und im
Laufe der Zeit acht Bücher und an die hundert weitere Schriften veröffentlichte.[2]

Nach wenigen Jahren „Energiekrise" war es klar, daß sich das Wirtschaftswachstum vom Energieverbrauch abkoppeln ließ.[3] Was den
Volkswirtschaften Europas in dieser Zeit schadete, waren nicht die
hohen Energiepreise an sich, sondern die Plötzlichkeit der Veränderung
sowie vor allem die Tatsache, daß das für Energie zusätzlich ausge-
gebene Geld zum größten Teil ins Ausland, eben in die OPEC-Länder
floß, statt für die Wirtschaft im Binnenland zur Verfügung zu stehen.
Wenn man *heute* an eine künstliche Verteuerung der Energiepreise
denkt, braucht man demnach solche volkswirtschaftlichen Schäden
nicht zu befürchten.

Wie hoch ist der Energiebedarf?

In jedem größeren Land war Mitte der siebziger Jahre die Energie
eines der wichtigsten, wenn nicht das wichtigste Thema der Politik
und der Politikanalyse. So wurden denn auch zahlreiche Studien zum
Energieproblem angefertigt. Besonders intensiv wurde darüber nachgedacht, wie hoch eigentlich der Weltenergiebedarf sein würde. Zwei
Studien spielten eine besondere Rolle:

1. Die IIASA-Studie, erarbeitet von einem internationalem Team
unter Leitung von Prof. Wolf Häfele, die den Weltenergiebedarf, die Be-

darfsstruktur und die mögliche Angebotsentwicklung vorurteilsfrei zu er-
mitteln suchte.[4] Ost und West, Nord und Süd waren beteiligt, und heraus kam eine Serie von großangelegten Schriften, darunter der Schluß-
bericht, der als Referenz weltweite Verbreitung und Anerkennung fand.
Die wichtigsten Aussagen: Für das Jahr 2030 wird in einem von zwei
Szenarien ein Weltenergiebedarf von jährlich 35 Terawattjahren pro
Jahr angenommen. Der Pro-Kopf-Bedarf beträgt dabei weltweit im
Durchschnitt rund 5 Kilowatt. Um einen solchen Bedarf zu decken,
müßten alle Energieträger, fossile, nukleare und erneuerbare, einen
wachsenden Beitrag leisten. Die IIASA-Studie betont (mit Recht), daß
ein hoher Anteil von erneuerbaren Energieträgern erhebliche, im einzelnen noch nicht erkannte ökologische Probleme mit sich bringen
würde. Langfristig erwartet die IIASA-Studie ein bei den Primärener-
gien durch Kernenergie und Sonne und bei der Erdenergie durch Strom
und Wasserstoff geprägtes Spektrum.

2. Die Arbeiten von Amory Lovins, einem jungen amerikanischen
Physiker, der schon *vor* der ersten Ölpreiserhöhung sensationellerweise
eine Energieverbrauchsstagnation für die USA vorausgesagt hatte.
›Soft Energy Paths‹, wie sein erstes größeres Buch, erschienen 1977,
hieß, wurde bald in allen Ländern der Welt gelesen und von Umwelt-
schutzgruppen als eine Art Bibel gehandelt und in nationalen Versionen
fortentwickelt.[5] Lovins hat sich in diesem Buch nicht quantitativ zum
Weltenergiebedarf geäußert. Aber seine anderwärts geäußerten Werte
liegen im Bereich von 5–6 Terawattjahren pro Jahr. Er sagt dazu, daß
ein rasch zunehmender Teil des Bedarfs durch Sonnenenergie einschließlich anderer erneuerbarer Energiequellen gedeckt werden könne
und kein Verzicht an Energiedienstleistungen (Heizen, Fortbewegen,
Beleuchten usw.) in Kauf genommen werden müsse. Allerdings vernachlässigt er in vielen seiner Aussagen die ökonomische Seite. Ich
halte seinen „Sanften Energiepfad" nur bei *wesentlich* höheren Energiepreisen für realisierbar.

Alle Arbeiten zur weltweiten Energiepolitik konnten an einer heraus-
ragenden Grundtatsache nicht vorbeigehen, daß nämlich der Energieverbrauch pro Kopf in den Industrieländern seit Jahren rund zehnmal
so hoch ist wie in den Entwicklungsländern (mit Ausnahme der reich gewordenen OPEC-Länder). Die IIASA-Studie – und mit ihr die allermeisten Schätzungen von Regierungsebene, im Norden wie im Süden[6] –
orientiert sich am heutigen Pro-Kopf-Verbrauch in den Industrielän-

dern, während Lovins den letzteren stark abnehmende Verbräuche zumutet.

Energie-Umweltpolitik

Stellen wir die Frage des Bedarfs eine Weile zurück und wenden uns den Fragen zu, die den Energieverbrauch ökologisch so problematisch machen. Außer der Tatsache, daß die fossilen Brennstoffe begrenzt sind, bewirkt ihre Verbrennung eine Reihe von unumkehrbaren und teilweise bedenklichen Wirkungen. Nach dem Zweiten Hauptsatz nimmt zunächst einmal die Entropie zu. Allerdings fällt die menschliche Entropieerzeugung global gesehen gegenüber der Entropieproduktion durch Sonneneinstrahlung quantitativ kaum ins Gewicht. Sie macht weniger als ein hundertstel Prozent der letzteren aus. Allerdings kann die erzeugte Wärme lokal zu ökologischen Störungen führen.

Wird Bewegungsenergie erzeugt, so ist fast unvermeidlich Lärm damit verbunden. Ferner werden bei der Verbrennung Schadstoffe, insbesondere Stickoxide und – je nach Schwefelgehalt des Brennstoffs – Schwefeldioxid freigesetzt. Das Waldsterben und der Saure Regen werden zum erheblichen Teil auf die Stickoxide zurückgeführt. Endlich wird Kohlendioxid freigesetzt, was den Treibhauseffekt verstärkt.

Die Umweltpolitik hat sich seit den siebziger Jahren der Vermeidung der lokalen Schadwirkungen angenommen, mit geographisch höchst unterschiedlicher Intensität und entsprechend unterschiedlichem Erfolg. Selbst in Deutschland, wo die Maßnahmen zum energiebezogenen Umweltschutz relativ weit vorangetrieben wurden, lassen sich aus den Schätzungen von Lutz Wicke [7] – allerdings vor dem Wirksamwerden der Großfeuerungsanlagenverordnung (GFAVO) – energiebedingte Umweltschäden in der Größenordnung von 50 Milliarden Mark pro Jahr ableiten. Hierbei sind die schwer zu quantifizierenden Risiken der Kernenergie und des Treibhauseffektes – die in den Augen der Öffentlichkeit die *eigentlichen* Gefahren sind – noch nicht einmal berücksichtigt.

Im Verkehrssektor (vgl. nächstes Kapitel) sind die ökologischen Schadwirkungen der Energieumwandlungen erst in Ansätzen bekämpft worden.

Bei der Kernenergie hat man sich bislang auf die Reaktorsicherheit und – mit weniger Erfolg – um die Entsorgung der radioaktiven Abfälle konzentriert. Die Sabotage- und Kriegsanfälligkeit der Reaktoren ist weiterhin besorgniserregend. Die weltweite Anhäufung von Plutonium fängt an, bedrohliche Ausmaße anzunehmen. Bei Fortschreibung der gegenwärtigen Trends, insbesondere der Wiederaufbereitung, könnte es im Jahr 2000 mehr potentiell bombengeeignetes radioaktives Material, vor allem Plutonium, auf dem zivilen Markt geben, als heute in den Kriegsarsenalen der Supermächte gespeichert ist.[8] Angesichts der Spannungsherde der Welt und der teilweise technisch versierten Terroristen ist dieses keine beruhigende Vorstellung. Auch die endgültige Außerdienstnahme von Reaktoren scheint noch nicht befriedigend gelöst zu sein. Das Worldwatch-Institut schätzt die Kosten auf größenordnungsmäßig eine Million Dollar pro installiertem Megawatt elektrisch.[9] In der Bundesrepublik schätzt die Industrie lediglich rund 300000 DM pro Megawatt. Allerdings ist noch nicht schlüssig gezeigt worden, daß die so stillgelegten Reaktoren bis zu ihrem endgültigen Abriß nicht doch noch ökologische Gefahrenherde sind und wie sicher die danach noch Jahrtausende strahlenden Abrißtrümmer entsorgt werden können. Schließlich ist auf die durchaus nicht unerheblichen ökologischen Probleme des Uranbergbaus zu verweisen.

Bei Sonnen-, Wasser-, Wind-, Biomassen-, Biogas- und Erdwärmeenergie hat man sich bislang wegen der Geringfügigkeit des Angebots (außer bei der Wasserkraft) noch kaum Umweltschutzgedanken gemacht. Es ist aber dem IIASA zuzustimmen, daß alle diese Energieformen bei Leistungen von einigen Gigawatt oder gar Terawatt weltweit allergrößte Umweltprobleme mit sich bringen. Man denke nur an die brasilianischen Staudämme oder gigantische Plantagen für Energiepflanzen.

Buchstäblich keine der konventionellen Umweltschutzmaßnahmen im Energiebereich hat eine *Verminderung des Energiebedarfs* zum Ziel gehabt. Das Ziel war stets, die Energieversorgung „sicher" und „umweltverträglich" zu machen. Lediglich während der Energiekrise entstanden Energieeinsparanreize, sogar ein Gesetz, das Energiesicherungsgesetz von 1975, aber hier war das staatliche Motiv die verminderte Abhängigkeit vom arabischen Öl und nicht der Umweltschutz.

Die Sorge vor dem Treibhauseffekt in Verbindung mit der anhaltenden Besorgnis gegenüber jedem neuen Kernkraftwerk und erst recht gegenüber einem massiven Ausbau der Kernenergie wird aber die Energieeinsparung unvermeidlich zum wichtigsten Ziel künftiger Energie- und Umweltpolitik machen.

Ist Einsparen möglich?

Die Frage stellt sich, ob ein wesentlich weitergehendes Sparen ohne große Einbußen an Wohlbefinden, die politisch nicht durchsetzbar sein dürften, überhaupt möglich ist. Ich meine ja. Die folgenden Ziele etwa hielte ich für die Bundesrepublik für theoretisch erreichbar. Sie gehen allesamt von existierenden Technologien aus, spekulieren also nicht mit künftigen Erfindungen [10]:

1. Kraft-Wärme-Kopplung in allen Städten über 10000 Einwohner;
2. schwedischer Hausbaustandard (bis zu 70% Heizenergieeinsparung) in allen Neubauten ab etwa 1992 und in 50% der Altbauten bis in den nächsten 25 Jahren;
3. 80% des Güterverkehrs über 300 km auf der Schiene;
4. 60% des Personenverkehrs über 300 km auf der Schiene;
5. durchschnittliche Treibstoffeffizienz von PKW 4,5 l/100 km bei Neuzulassungen bis 1995;
6. nur noch 30% der täglichen Pendler benutzen ein eigenes Auto;
7. 40%ige Energieeffizienzsteigerung des Haushaltsmaschinenparks und der Beleuchtung (bei Haushaltsmaschinen resultiert ein wesentlicher Effekt aus dem Ausrangieren von heute bereits alten Geräten);
8. 30%ige Energieeffizienzsteigerung in Industrie und Handel;
9. 40% verminderter Energieeinsatz für Lebensmittel;
10. 20% der Energie aus erneuerbaren Energiequellen; [11]
11. 100%ige Steigerung der Wiederverwendungsrate von energieintensiv produzierten Stoffen (Aluminium, Kunststoffe, Papier u. a.);
12. Verzicht auf 20% der heutigen Energiedienstleistungen, vor allem dort, wo sie sehr teuer oder entbehrlich erscheinen, z. B. Heizen bei Abwesenheit, Schwimmbadheizung mit Öl, unnötige Aluminiumverwendung, Wochenendspritztouren über 500 km im Auto, halbvolle Wasch- und Spülmaschinen und tausenderlei kleine Gedankenlosigkeiten.

Ganz grob geschätzt würde dieses Bündel von Maßnahmen und Verhaltensänderungen mindestens zu einer *Halbierung des Bedarfs an fossiler und nuklearer Energie führen.* Aber es bedürfte entschlossenen Handelns, um das Ziel zu erreichen. Und es ist schwer vorherzusagen, in welchem Zeitraum es selbst bei entschlossenem Handeln erreicht werden kann. Zwei Jahrzehnte sind vermutlich das mindeste, was man veranschlagen muß. Welche Schritte sind nötig? Zunächst muß die Reform der Stromtarife über die Bühne gehen. Die neue Bundestarifordnung Elektrizität sieht lineare und damit sparfreundlichere Tarife vor als bisher. Ferner müßten die Energiepreise im Durchschnitt wieder mindestens auf das höchste Preisniveau angehoben werden (inflationsbereinigt), welches es während der Energiekrise etwa 1979 gab. Es genügt womöglich, die Preise für fossile und nukleare Energie in jährlichen, voraussagbaren Schritten von jeweils ca. 15% steigen zu lassen. Der „Ankündigungseffekt" wird für Investitionen wie Hausisolierung, Erneuerung des Fahrzeugs- und Maschinenparks, Verbesserung des schienengebundenen Verkehrsangebots usw. das tatsächliche Signal so verstärken, daß das Verhalten völlig ausreichend beeinflußt würde. Darüber hinaus sollten bestimmte Grenzwerte administrativ festgelegt werden, z. B. für die Treibstoffeffizienz von Autos; hier ist allerdings eine EG-Harmonisierung erforderlich. Und einige Maßnahmen, wie die Kraft-Wärme-Kopplung, können dort, wo dies technisch und ökonomisch sinnvoll ist, per Gesetz oder durch politische Beschlüsse erzwungen werden.

Eine Energiepreiserhöhung würde auf der Wirtschaft wie auf den privaten Haushalten erheblich lasten, und sie könnte eine inflationssteigernde Wirkung haben (was wissenschaftlich umstritten ist). Die unerwünschten Effekte sollten teils abgefedert, teils kompensiert werden. Für sozial Schwache müßten die staatlichen Zuwendungen (Sozialhilfe, Renten, BAföG usw.) um den errechneten Durchschnittsbetrag der Erhöhung der Lebenshaltungskosten aufgestockt werden.

Die Industrie, die im Durchschnitt heute 3,5–4% der Gesamtkosten für Energie ausgibt, könnte theoretisch durch Steuerentlastungen in einem der durchschnittlichen Mehrbelastung entsprechenden Umfang zufriedengestellt werden (vgl. Kapitel 11). Lediglich die sehr energieintensiven Branchen hätten das Nachsehen, aber die wenig Energie verbrauchenden hätten entsprechend höhere Gewinnerwartungen und könnten theoretisch in dem Umfang wachsen, wie die geschädigten schrumpfen.

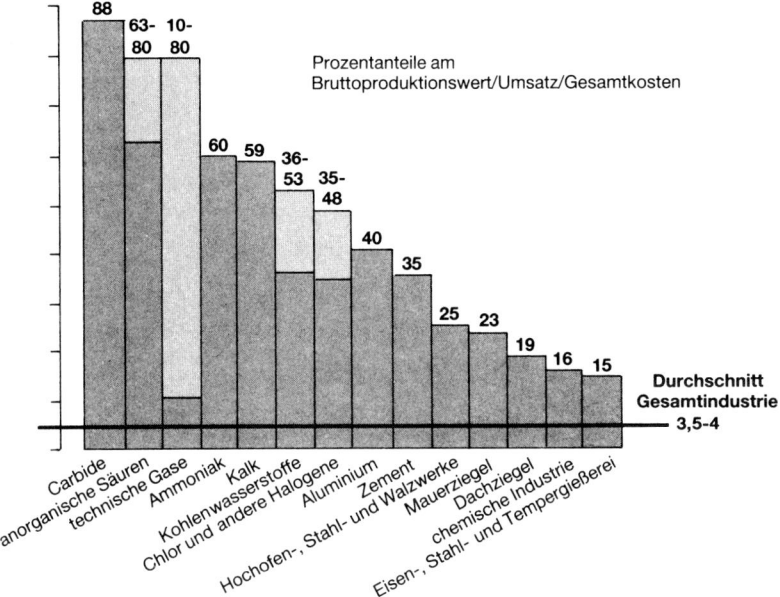

Abb. 24: Energiekosten in ausgewählten Industriezweigen. (Quelle: BDI-Drucksache Nr. 195, Marktwirtschaftliche Energiepolitik, Köln April 1986.)

Es müßte darauf geachtet werden, daß der Strukturwandel – der langfristig völlig unvermeidlich ist – in einem Tempo geschieht, daß keine lokalen Krisen entstehen. Von Krisen gefährdet sind die europäischen Kohleförderungsgebiete (sobald, unvermeidlicherweise, die Subventionierung ausläuft). Punktuelle Probleme kann es an Orten mit größeren Aluminiumwerken, Metallgießereien sowie mit Zement-, Zelluloseherstellung sowie Grundstoffchemie geben. Das Aufkommen aus dem Kohlepfennig und anderen energieverteuernden Abschöpfungen kann zum Teil in die Erleichterung des Strukturwandels anstatt in dessen Verlangsamung gesteckt werden. Japan hat die schlagartige Emigration der Aluminiumindustrie nach der Energiepreisverteuerung Anfang der siebziger Jahre (auf etwa die doppelte Höhe der europäischen Energiepreise) problemlos verkraften können; Westeuropa hat möglicherweise nicht eine so robuste Wirtschaftsentwicklung, um sich solche schlagartigen Bewegungen leisten zu können. Aber das ist kein Argument für eine Behinderung des Strukturwandels.

Die vorhin genannten zwölf Ziele verdienen für sich genommen noch

nicht das Prädikat „Realpolitik". Die internationalen Verflechtungen
lassen nicht ohne weiteres den Spielraum zu derart radikalen nationalen
Maßnahmen. Die Verkehrspolitik, die immerhin vier der zwölf Ziele
umfaßt, ist nur im EG-Rahmen vernünftig zu regeln. Sie wird im nächsten Kapitel besprochen. Die Elektrizität wird durch den Binnenmarkt
zu einer Ware oder Dienstleistung, die sich über die Grenzen hinweg anbieten läßt. Einer künstlichen Verteuerung des Stroms stehen juristi-
sche und nicht nur ökonomische Auffassungen entgegen. Hier müßte
ein mutmaßlich harter juristischer Streit bis zum EuGH durchgefochten
werden, wenn es nicht gelingt, das auf EG-weiten Stromabsatz hof-
fende Frankreich ohne Streit zu überzeugen.

Fest steht, daß im Klima einer europaweiten Energieverschwendung
ein nationaler Alleingang in der Energiebedarfssenkung nicht sehr weit
führt. Dänemark hat dies über ein Jahrzehnt hinweg unternommen, hat
aber den europäischen Pro-Kopf-Energieverbrauch praktisch gar nicht
und den heimischen Energiebedarf nur unwesentlich beeinflussen
können.

Als realpolitische Zielsetzung für die europäische Energie-Umwelt-
politik könnte formuliert werden, daß in den nächsten dreißig Jahren
keine Kraftwerkskapazitäten in der Europäischen Gemeinschaft mehr
hinzugebaut werden. Höchstens Ersatzkapazität für veraltete und stark
verschmutzende Kohlekraftwerke oder für ausrangierte Atomkraft-
werke würden – bei nachgewiesenem Bedarf – noch genehmigt werden.
Eine solche Zielsetzung könnte für Frankreich, welches ansonsten
wegen seiner hohen Überkapazitäten zu einer Energiesparpolitik nicht
zu bewegen sein würde, durchaus akzeptabel sein, ohne den anderen
Ländern Schaden zuzufügen. Und man hätte Zeit, sich auf eine noch
weitergehende Politik zur Schonung der Umwelt zu einigen. Es gibt im
übrigen starke Anzeichen dafür, daß die expansive Energiepolitik
Frankreichs auch im eigenen Land ihre Zustimmungsbasis verliert.

Natürlich müßte das Einfrieren der Kraftwerkskapazität von einer
entsprechenden Strompreispolitik begleitet werden. Im übrigen führt
das Einfrieren – eine marktwirtschaftliche Gesellschaftsordnung vorausgesetzt – zum Entstehen eines möglicherweise lukrativen „Nega-
watt"-Marktes. Das Anbieten von Einspartechniken und -logistik kann,
wie amerikanische Erfahrungen zeigen (allerdings von einem wesentlich höheren Verschwendungsniveau aus), zu einer professionellen
Dienstleistung werden.

Vor allem müßte die Energieverschwendung im Nichtstrombereich systematisch zurückgedrängt werden (vgl. nächstes Kapitel). Als Kriterium für energiepolitische Entscheidungen müßte eine erweiterte Auffassung des Verursacherprinzips gelten (vgl. Kapitel 10). Dies würde zu wesentlich höheren Energiepreisen und entsprechender Verbrauchsverminderung führen. Die im obigen Abschnitt aufgeführten zwölf Teilziele wären dann für die europäische Diskussion zumindest ein plausibler Diskussionseinstieg.

Anmerkungen

[1] So nannte er sogar ein von ihm herausgegebenes Buch: Klaus M. Meyer-Abich (Hrsg.), Energieeinsparung als neue Energiequelle, München 1979; vgl. auch Florentin Krause, Das Energiesystem auf eine neue Basis stellen, in: Paul J. Crutzen/Michael Müller (Hrsg.), Das Ende des blauen Planeten? Der Klimakollaps, Gefahren und Auswege, München 1986, S. 166–174.

[2] Sämtliche Publikationen und Berichte des Forschungsprojektes sind aufgeführt in: Klaus M. Meyer-Abich/Bertram Schefold, Die Grenzen der Atomwirtschaft, München 1986, S. 214–224.

[3] Werner Müller/Bernd Stoy, Entkoppelung, Wirtschaftswachstum ohne mehr Energie?, Stuttgart 1978. Vgl. auch OECD, Encrgy Conservation in IEA Countries, Paris 1987.

[4] Wolf Häfele et al., Energy in a Finite World, Ballinger, Cambridge 1981.

[5] Amory Lovins, Soft Energy Paths, Harmondsworth 1977. Fortentwicklungen z. B. Gerald Leach und Mitarbeiter, A Low Energy Strategy for the United Kingdom, IIED/Science Reviews London 1979; F. Krause et al., Energie-Wende, Wachstum und Wohlstand ohne Erdöl und Uran, Studie des Öko-Instituts, Frankfurt 1980; José Goldemberg et al., Energy for a Sustainable World, World Resources Institute, 1987.

[6] Zum Beispiel J. R. Frisch, Future stresses for Energy resources. Energy abundance: Myth or reality?, World energy conference in Cannes, 1986/87, London 1986.

[7] Lutz Wicke, Umweltökonomie, 2. Auflage, München 1989, S. 286.

[8] Paul L. Leventhal/Milton M. Hoenig, Nuclear Installations and Potential Risks, Hidden danger: risks of nuclear terrorism, Vorlage zu einem Parlamentshearing des Europarats am 30. Dezember 1986. AS/AUD/RAD (38) 12.

[9] Cynthia Pollock, Decommissioning: Nuclear Power's Missing Link, Worldwatch Paper, No. 69, 1986.

[10] Eine schöne Zusammenstellung von Fakten und Grafiken enthält: Dieter Seifried, Gute Argumente: Energie, München 1986.

[11] Schon 1986 wurden in der Bundesrepublik Deutschland 5,3 % des Stromverbrauchs aus dem öffentlichen Versorgungsnetz aus regenerativen Energiequellen gespeist (rund 80 % der in der Bundesrepublik Deutschland regenerativen Energien werden für die Strom- und Fernwärmeversorgung erschlossen), vgl. VDEW-Pressekonferenz in Bonn vom 28. August 1989.

6. Kapitel

VERKEHR

Auch der Verkehr ist Fortschrittssymbol

Ähnlich der Energie spielt der Verkehr eine zentrale Rolle bei der frühen Wirtschaftsentwicklung. An den gefahrenen Personenkilometern und den transportierten Tonnenkilometern läßt sich die Wirtschaftsentwicklung ähnlich gut ablesen wie an Terawattstunden.

Kolumbus, Vasco da Gama, Albert Ballin (der Gründer der HAPAG), Gottlieb Daimler, Henry Ford, Charles Lindbergh, sie alle sind Symbolträger des Fortschritts, weil sie Pioniere des Verkehrs waren. Bemerkenswert ist, daß das Fortschrittssymbol Verkehr nahezu eine reine Männerdomäne ist, nicht nur bei den Pionieren, sondern auch in der Politik und in der Wirtschaft.

Der Verkehr bringt untereinander konkurrierende Waren und Dienstleistungen zum Kunden oder den Kunden zu ihnen. Ohne Verkehr macht die Marktwirtschaft keinen Sinn. Verkehr bedeutet auch Mobilität der Arbeitskräfte einschließlich der Manager. Und Verkehr ist ein wesentlicher Bestandteil des modernen Lebensgefühls, der Freiheit, der Freizeit, des Urlaubs. Kein Wunder, daß der Verkehr allgemein und der Autoverkehr im besonderen die Sympathie der Politiker aller Richtungen genießen.

Verkehr und Umwelt

Zugleich ist der Verkehr eine Hauptquelle der Naturzerstörung und Umweltbelastung. Die Phönizier haben im Altertum große Teile des küstennahen Mittelmeerwaldes dem Schiffbau geopfert und damit die Region

Abb. 25: Verkehr braucht Platz, auf Kosten der Natur.

auf Jahrtausende ökologisch ruiniert. Der Schwarzwald wurde in der frühen Neuzeit für den Schiffbau in Holland großflächig entwaldet. Das Schiffbarmachen von Flüssen hat unzählige ökologisch einzigartige Feuchtgebiete zerstört. Und für Verkehrswege auf dem Land wurden immer wieder Wälder und Felder angezündet und kreuz und quer durchschnitten.

In Deutschland gehen heute knapp ein Viertel des Energieverbrauchs, 60 % der Stickoxidbelastung und 70 % der CO-Belastung auf das Konto des Verkehrs.[1] Voraussichtlich wird der Prozentsatz bei der Stickoxidbelastung noch auf 70 % ansteigen, bevor er durch die im Frühjahr 1989 endlich EG-weit beschlossene flächendeckende Einführung des Katalysators bei allen Wagenklassen bis zum Ende des Jahrhunderts wieder zurückgeht. Der Landschaftsverbrauch ist vielleicht zur Hälfte und die Landschafts- und Biotopzerschneidung vielleicht zu 80 % eine Folge des Verkehrsbaus.

Die Lärmbelästigungen gehen zum größten Teil auf den Kraftverkehr zurück. Reifenabrieb und Streusalz auf Straßen und Herbizide auf Bahnkörpern stellen eine bedeutende Belastung des Wassers und der Böden dar. Alles in allem ist der Verkehr eine der größten Quellen der Umweltbeschädigung überhaupt.

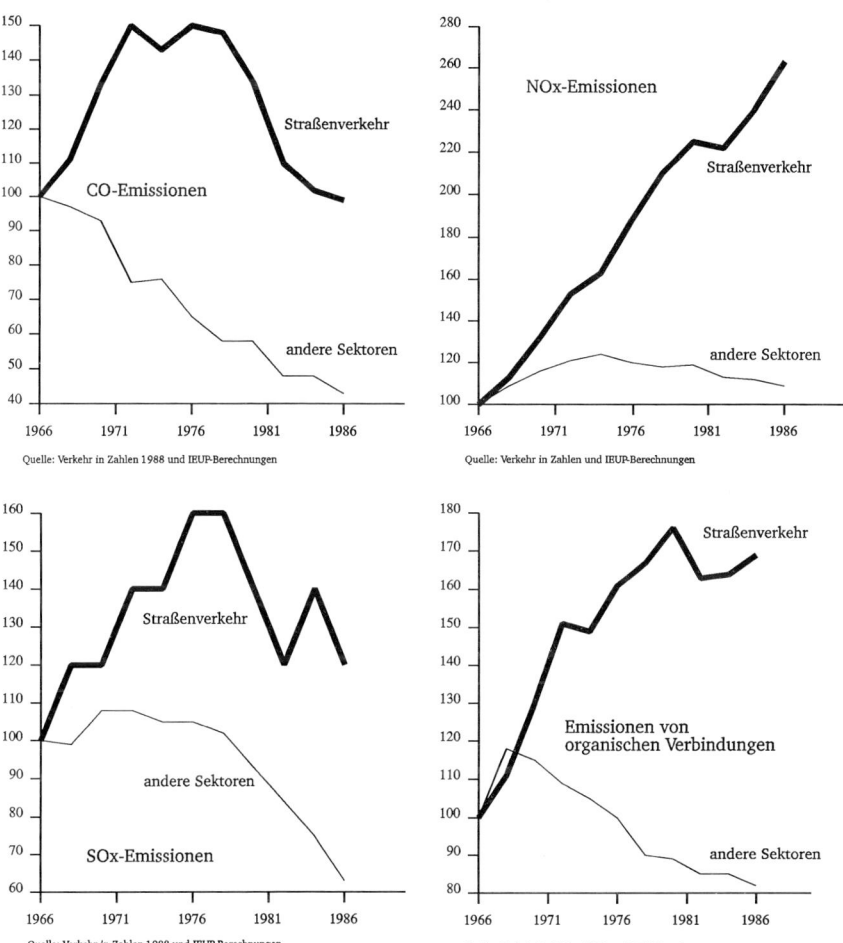

Abb. 26: Luftverschmutzung (CO, NO_x, SO_x, organische Verbindungen) durch den Straßenverkehr im Vergleich zu anderen Sektoren (1966 = 100).[2]

Viele andere Quellen der Umweltbelastung konnten in zwei Jahrzehnten Umweltschutz verhältnismäßig effektiv saniert werden, oder ihre Sanierung ist absehbar, wie Siedlungsabwässer, Chemieindustrie, Kraftwerke und andere stationäre Quellen. Demgegenüber stehen beim Verkehr, insbesondere beim Straßenverkehr, die Erfolge noch weitgehend aus. Abbildung 26 zeigt dies anhand von vier Beispielen.

Das steile Anwachsen der Verschmutzungsbeiträge des Straßenver-

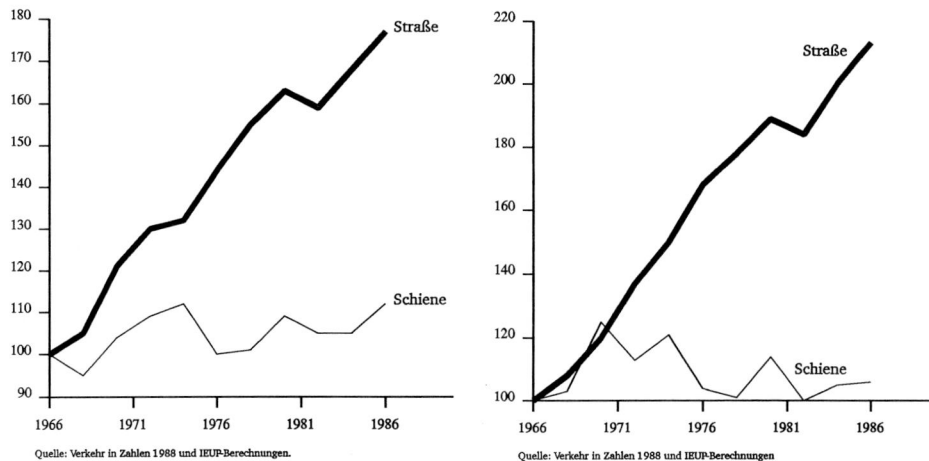

Quelle: Verkehr in Zahlen 1988 und IEUP-Berechnungen.   Quelle: Verkehr in Zahlen 1988 und IEUP-Berechnungen

Abb. 27: Vergleich Straßenverkehr und Schienentransport.
Personentransport-Verkehrsleistung. Vergleich Schiene/Straße (1966 = 100).
Gütertransport-Verkehrsleistung. Vergleich Schiene/Straße (1966 = 100).[3]

kehrs hängt natürlich damit zusammen, daß der Straßenverkehr gegenüber der Schiene und der Binnenschiffahrt stark zugenommen hat.
Abb. 27 zeigt das steile Anwachsen des Individualverkehrs gegenüber
dem Schienenverkehr in den vergangenen 30 Jahren. Das Verkehrsauf-
kommen in der Luft weist noch höhere Steigerungsraten auf.

Umweltfreundlichkeit der Bahn

Diese Verschiebungen sind umweltpolitisch sehr bedenklich. In einem
Gutachten für die Deutsche Bundesbahn hat die Prognos AG in Basel
einen Vergleich von Schadstoffemissionen pro Personenkilometer und
pro Tonnenkilometer (Frachtgut) zwischen Straßen und Bahn aufgestellt (Abb. 28).[4]
Beim Primärenergieverbrauch pro Personenkilometer liegt das Auto
etwa um einen Faktor 2 schlechter als die Bahn (Abb. 29). Ein Personenkilometer auf Inlandsflügen verbraucht 4,2mal mehr Primärenergie
als auf der Bahn. Auch bei Landschaftsverbrauch ist die Straße sowohl
absolut wie relativ weit vorne,[5] während hier der Luftverkehr – ver-
ständlicherweise – besser abschneidet.

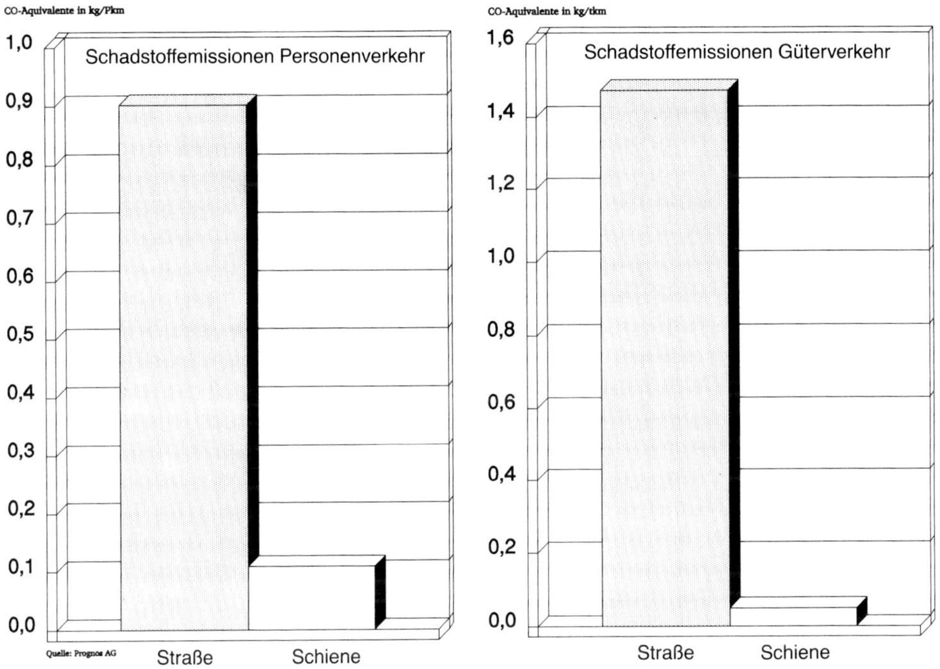

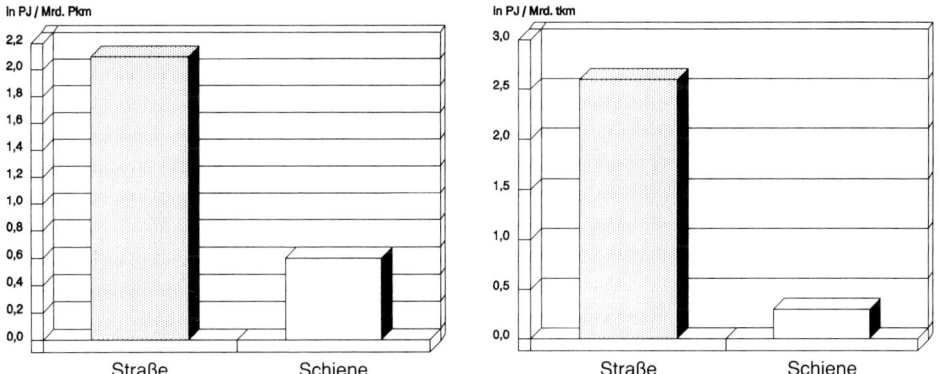

CO-Äquivalente in kg/Pkm

1,0 — Schadstoffemissionen Personenverkehr
0,9
0,8
0,7
0,6
0,5
0,4
0,3
0,2
0,1
0,0
Quelle: Prognos AG   Straße   Schiene

CO-Äquivalente in kg/tkm

1,6 — Schadstoffemissionen Güterverkehr
1,4
1,2
1,0
0,8
0,6
0,4
0,2
0,0
                  Straße   Schiene

Abb. 28: Giftigkeit von Schadstoffemissionen (in kg CO-Äquivalenten pro Personenkilometer bzw. pro Gütertonnenkilometer; Schadstoffe gewichtet mit Toxizitätsfaktoren). (Quelle: Prognos.)

In PJ / Mrd. Pkm

2,2
2,0
1,8
1,6
1,4
1,2
1,0
0,8
0,6
0,4
0,2
0,0
        Straße   Schiene

In PJ / Mrd. tkm

3,0
2,5
2,0
1,5
1,0
0,5
0,0
        Straße   Schiene

Abb. 29: Energieverbrauch (in Megajoule/Personenkilometer bzw. pro Gütertonnenkilometer) in der Bundesrepublik Deutschland 1985. Links: Personenverkehr; rechts: Güterverkehr. (Quelle: Prognos.)

Von den großen Unterschieden in der Umweltbelastung pro Kilometer spürt der Kunde wenig. Vor allem bei der üblichen Entscheidungs-
situation des Autobesitzers, ob er für eine geplante Wegstrecke den
Wagen oder die Bahn benutzen will, ist das Auto in aller Regel billiger.
Die Benzinkosten pro Kilometer liegen etwa bei 8 Pfennig, der Tarifkilo-
meter der Bahn kostet 21 Pfennig, der durchschnittlich bezahlte Kilometer-
preis liegt dank verschiedener Sonderangebote bei 12 Pfennig. Die
stehenden Kosten des Autos, die die Autokilometerkosten auf 40–80
Pfennig anheben, spielen für die Alltagsentscheidung über das gewählte
Verkehrsmittel keine große Rolle. Auf den Besitz eines Autos möchte ja
keiner verzichten, der es sich leisten kann. Solange die Benutzungs-
kosten nicht über Benzinpreise, Straßenzölle oder innerstädtische Park-
gebühren drastisch in die Höhe gehen, haben Bahn und Umweltschutz
keine Chance gegenüber der übermäßigen Autobenutzung. Beim Güterverkehr ist die Situation ähnlich. Wer einen Lastwagen füllen kann,
wäre dumm, das Gut auf die Bahn zu bringen: Es wäre teurer und vor
allem viel langsamer. Wer verderbliche Waren und Termingut zu transportieren hat und wer seine Produktion auf eine Just-in-time-Anliefe-
rung umgestellt hat, kann es sich in aller Regel nicht leisten, die Bahn
zu benutzen. Die Bahn andererseits hat nicht den geschäftlichen Spielraum, die nötigen Investitionen zu tätigen, um den Güterverkehr
schneller und zuverlässiger zu machen oder die Infrastruktur für einen
wirklich leistungsfähigen kombinierten Bahn-Auto-Verkehr aufzubauen. Die Technologien sind im Prinzip vorhanden, aber die Umrü-
stung würde gewaltige Summen verschlingen.
    Erst müßte sich abzeichnen, daß die tägliche PKW-Benutzung und
der Lastwagentransport wesentlich teurer werden als der Bahntrans-
port. Dann erst kann die Bahn sich auf solche Multimilliardeninvestitio-
nen einlassen. Und von der Grundsatzentscheidung bis zu dem Tag, wo
ein solches neues System wirklich funktioniert, vergehen gut und gerne
zwanzig Jahre. Für einen effizienten Bahngüter- und Personenverkehr
in zwanzig Jahren müßten also manche Entscheidungen *heute* getroffen
werden.
    Hiernach wäre also für die heutige Umwelt-Realpolitik die Richtung
klar: Man muß sich europaweit für eine konsequente und stetige ökologisch begründete Verteuerung der Straßenbenutzung entscheiden. Und
man muß der Wirtschaft, der Bahn und der Autobranche klarmachen,
daß man an dieser Politik verläßlich festhält und sie auch unerbittlich

durchsetzt. Wenn vorhersehbar ist, daß sich der Kostenunterschied drastisch zugunsten der Bahn verschieben wird, dann werden sich alle Beteiligten aus Geschäftsinteresse für die Verbesserung der Bahn *einsetzen*,
statt sich über ihre heutige Unzulänglichkeit zu beklagen.

Ähnliches müßte für den Kostenunterschied zwischen Schiene und
Luftverkehr geschehen. Strecken von 500 und selbst 800 Kilometern
sollten in der Regel mit der Bahn bewältigt werden. Morgens hin,
abends zurück ist das, was die Geschäftswelt verlangt. Bei 200–300
Stundenkilometern ist das zwischen Brüssel und Frankfurt, Hamburg
und München oder Zürich und Paris kein unüberwindliches Problem.

Wie kommt man aber zu ökologisch richtigen Kilometerpreisen? Die
bisherige, im wesentlichen mit Grenzwerten operierende Umweltpolitik scheint nicht in der Lage zu sein, auch nur die klassischen Umweltprobleme des Verkehrs zu lösen (vgl. Abb. 26). Erst recht ist sie ungeeignet, die katastrophalen Schäden der Landschaftszerstörung durch
den Straßenbau zu verhindern oder dem Autoverkehr kostenmäßig an-

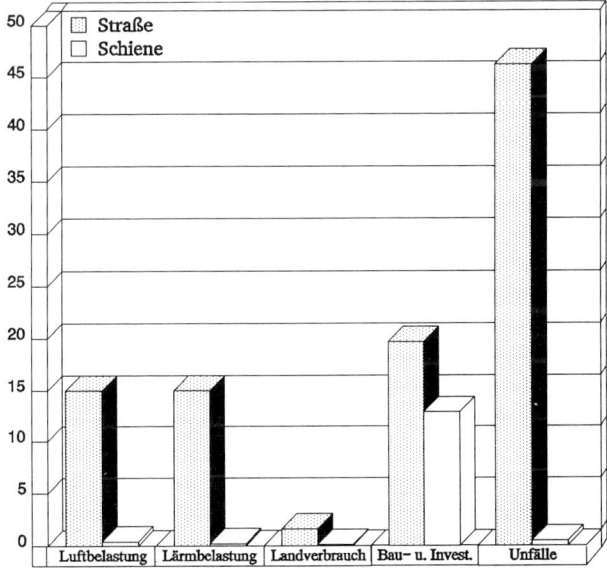

Abb. 30: Monetäre Umweltschäden (in Mrd. DM) der einzelnen Verkehrsträ-
ger (1985). (L. Wicke, Umweltökonomie; D. Teufel, IEUP-Bericht Nr. 15;
H. Grupp, Die sozialen Kosten des Verkehrs, in: Verkehr und Technik 9/10
[1986]; IEUP-Berechnungen nach › Verkehr in Zahlen 1988‹.)

zulasten. Auch die Klimaschäden durch CO_2-Produktion und all die anderen unbezahlten Schäden, die das Auto der Gesellschaft und der Umwelt antut und die Lutz Wicke allein schon auf 50 Milliarden Mark pro Jahr in der Bundesrepublik schätzt,[6] werden beim Verursacher heute noch nicht spürbar. Wenn man nach dem Verursacherprinzip (vgl. Kapitel 10) alle diese Schäden dem LKW- und Individualverkehr – und zwar dem gefahrenen Kilometer – anlastet, dann wird die Bahn sehr rasch wieder konkurrenzfähig. Aber davon sind wir heute noch weit entfernt. Erst einmal wird die Situation noch schlimmer. Der EG-Binnenmarkt, ansonsten sicher etwas Gutes für die 320 Millionen Bürger der Gemeinschaft, wird das Verkehrs-Umweltproblem noch einmal erheblich erschweren und die Konkurrenzfähigkeit der Bahn weiter unterminieren.

Der EG-Verkehr wird liberalisiert

Bereits der EWG-Vertrag von 1957 sah in Artikel 74 die Einrichtung einer gemeinsamen Verkehrspolitik vor, parallel zur Einrichtung der gemeinsamen Agrarpolitik. Aber die liberalisierte Verkehrspolitik kam nicht zustande. Durch Kontingente für den Güterverkehr wurde die Bahn geschützt. Es wurde trotzdem, vor allem zur Zeit von Bundesverkehrsminister Seebohm (1949–66), kräftig in die Straßeninfrastruktur investiert. Dem Europäischen Parlament fiel eines Tages auf, daß das Mandat von Artikel 74 ff. des EWG-Vertrags nicht eingelöst war, und es erhob Klage wegen Untätigkeit in Sachen gemeinsame Verkehrspolitik gegen den Rat, also gegen die Mitgliedsländer. Das war 1983. Der Europäische Gerichtshof, an den die Klage gerichtet war, entschied am 22. 5. 1985 für den Kläger. In seinem Urteil forderte der Gerichtshof die Herstellung der „Dienstleistungsfreiheit" im Verkehr in der gesamten Gemeinschaft.[7] Der Zeitpunkt für das Urteil war optimal gewählt: drei Wochen vor der Veröffentlichung des ›Weißbuchs‹ der EG über zu treffende Einzelmaßnahmen zur Vollendung des Binnenmarktes,[8] und darin spielt die Herstellung der Dienstleistungsfreiheit ohnehin eine herausragende Rolle. Weitere zwei Wochen später (am 28./29. 6. 1985) trafen sich die 10 Staats- und Regierungschefs des Europäischen Rates in Mailand und beschlossen, ab 1993 einen völlig liberalisierten (oder „deregulierten") Güterverkehrsmarkt zu schaffen.[9]

Gleichartiges ist im Bereich des Luftverkehrs geschehen: Im April 1986 erging ein Urteil des Europäischen Gerichtshofs, welches alle wettbewerbsbeschränkenden Maßnahmen auf dem Preis- und Kapazitätsaufteilungssektor untersagte. Der EG-Verkehrsministerrat konkretisierte diese Liberalisierung des Luftverkehrs am 25. 6. 1987.[10]

Die Deregulierung des Verkehrsmarktes bedeutet zweierlei: die Bahn verliert alle Vorrechte, und die Spediteure können sich jetzt auch grenzüberschreitend Konkurrenz machen. So wird ein Preiskrieg herbeigeführt, in dessen Verlauf die bislang durch nationale Grenzen geschützten Spediteurskosten sinken werden. Dadurch vergrößert sich der Konkurrenzvorteil der Straße gegenüber der Bahn noch weiter.

Das vorläufige Fazit: Wenn nichts anderes geschieht, wird die Verwirklichung einer gemeinsamen Verkehrspolitik auf der Basis der Deregulierungsbeschlüsse zu einer schlimmen Verschärfung der verkehrsbedingten Umweltprobleme führen. Hinzu kommt, daß die Vollendung des Binnenmarkts insgesamt die Warenströme noch einmal kräftig verstärken wird, und wiederum wird der größte Teil davon auf der Straße rollen. Für das Jahr 2000 wird eine Vermehrung des grenzüberschreitenden Straßengüterverkehrs von 750 Millionen Tonnen auf fast eine Milliarde Tonnen vorausgesagt.[11] Ein Alptraum nicht nur für die Umwelt, sondern auch für denjenigen, der beruflich auf das Benutzen der Autobahnen in dem Durchgangsland Bundesrepublik angewiesen ist.

Was kann man in dieser Lage tun?

Einen ersten Schritt in die richtige Richtung hat die EG-Kommission mit einem Richtlinienentwurf eingeschlagen, nach dem Lastwagen mit einer Abgabe für Straßenbau und -unterhaltung belastet werden sollen.[12] Das hat zwar nichts mit Umweltschutz zu tun, beseitigt aber wenigstens einen Teil des Wettbewerbsnachteils der Bahn. Umgekehrt hat die Bundesregierung der Bundesbahn 1988 eine Beteiligung an den Bahn-Wegekosten durch den Staat für die neunziger Jahre in Aussicht gestellt.

Das Verursacherprinzip als Zwillingsbruder der Liberalisierung

Die Zahlung eines gerechten Wegekostenanteils durch den Lastverkehr entspricht marktwirtschaftlicher Logik. Diese Logik stand auch

bei der Liberalisierung Pate, und sie beherrscht die ganze Bewegung
auf den Binnenmarkt zu. Im Rahmen der Marktwirtschaft kann der
Umweltschutz sehr wohl auch zur Geltung kommen. Grenzwertfestsetzungen gehören dazu, aber sie sind, wie sich gezeigt hat, im Verkehrssektor nur sehr unzureichend wirksam. Das Verursacherprinzip (vgl.
Kapitel 10) ist durch und durch marktwirtschaftlich und kann theoretisch weit über die Grenzwertpolitik hinaus Anwendung finden.

Die Deregulierung (Liberalisierung) fordert eine strikte Anwendung
des Verursacherprinzips geradezu heraus. *Vor* der Deregulierung wird
(optimistischerweise) angenommen, staatliche Reglementierung bewahre das Gemeinwohl vor Schäden durch das Wirtschaftshandeln.
Durch die Deregulierung gibt der Staat viele Eingriffsmöglichkeiten aus
der Hand (so z. B. die Güterkontingentierung zugunsten der Bahn). Er
ist dann nach allgemeiner Vorstellung von Fürsorgepflicht gehalten, die
Detail-Reglementierung durch eine Rahmen-Reglementierung zu ersetzen. Wenn Grenzwerte dies nicht hinreichend leisten, müssen die „externen Kosten" dem Verursacher eben anders angelastet werden, z. B.
durch Abgaben.

Die „Internalisierung" (Zurechnung) der externen Kosten nach dem
Verursacherprinzip erscheint danach als eine Art unverzichtbarer
„Zwillingsbruder" der Liberalisierung. Die Vollendung des Binnenmarktes bliebe ordnungspolitisches Stückwerk, wenn das Verursacherprinzip jetzt nicht mit Macht durchgesetzt würde.

Damit sind wir nach der eher bedrückenden Perspektive auf die Vollendung des EG-Binnenmarktes wieder dort angekommen, wo wir angefangen haben: Die Umweltschäden und Reparaturkosten müssen dem
Verursacher rückhaltlos zugerechnet werden. Aber was vorhin wie ein
Wunschtraum der Bahn aussah, ist nunmehr ein ordnungspolitischer
Imperativ geworden, der aus der Logik des Europäischen Binnenmarktes folgt. Einige Möglichkeiten zur Konkretisierung dieser Strategie
werden im nächsten Abschnitt sowie in Kapitel 11 diskutiert.

Konkrete Handlungsmöglichkeiten

Den Autofahrer und Flugzeugreisenden die von ihm angerichteten
Schäden finanziell spüren zu lassen kann durch direkte Abgaben und
Steuern erreicht werden (Kapitel 11). Daneben gibt es aber noch eine

Anzahl anderer Möglichkeiten, den Verkehrs-Umweltproblemen beizukommen. Insbesondere im Nahverkehrsbereich kann die Benutzung umweltfreundlicher Nahverkehrsmittel – möglichst zu Lasten des Individualverkehrs – attraktiver gemacht werden.[13]

Verschiedene Städte und Länder haben sich etwas einfallen lassen, was der Nachahmung wert ist. Drei Beispiele:

1. In den Niederlanden gibt es die Nationale Strippenkaart, die in den öffentlichen Verkehrsmitteln *aller* holländischen Städte gilt. Bei den Vorverkaufsstellen kosten die Streifenkarten mit 15 Teileinheiten rund DM 7,50. Für die meisten städtischen Strecken müssen 2 Einheiten entwertet werden. Der Fahrpreis ist also ca. 1 DM. Dazu ist das Straßenbahnnetz anders als in Deutschland in den letzten Jahrzehnten eher noch ausgebaut worden. Und der großangelegte Umweltplan sieht vor, daß die Bevorzugung der Autofahrer durch die Kilometerpauschale endlich abgeschafft wird. Dieser Entschluß hat bekanntlich die Regierung gesprengt, aber der kleinere Koalitionspartner, der hier nicht mitmachen wollte, hat bei den Wahlen am 6. September 1989 von den Wählern eine deutliche Abfuhr erhalten.

2. In Stockholm ist beschlossen worden, daß der knappe Parkraum in der Innenstadt nur denjenigen Autos zur Verfügung gestellt wird, deren Fahrer den Besitz einer Monatskarte des öffentlichen Verkehrs nachweisen. Da überlegt man sich's zweimal, ob man das Auto wirklich benutzt. Und die Haushaltssorgen des öffentlichen Verkehrs werden etwas gemildert.

3. In Zürich haben die Stadtwerke nach der Ablehnung von Vorschlägen für Stadtautobahnen oder eine U-Bahn (in Volksabstimmungen der Bürger) angefangen, die existierende Straßenbahn schrittweise attraktiver zu machen. Insbesondere wurden sämtliche typischen Zeitverlustpunkte (ungünstig geschaltete Ampeln, Linksabbiegerspuren) straßenbahnfreundlich saniert. So wurde die Geschwindigkeit drastisch erhöht. Daneben wurde ein vorbildliches S-Bahn-Netz ausgebaut. Tatsächlich sind seither die Benutzerzahlen erheblich gestiegen.[14]

Andere Mittel, den Verkehr umweltfreundlicher zu machen, sind:
– Schadstoffabhängige statt hubraumabhängige Kraftfahrzeugsteuer (Vorschlag der Bundesregierung); dies ist aber ein Signal, welches nur auf die stehenden Kosten wirkt und lediglich die durch die Abgasreinigung erfaßten Schadstoffe beeinflußt, nicht das CO_2, die Energie und den Landschaftsverbrauch.

– Umlage der Kraftfahrzeugsteuer auf Treibstoffsteuern (Vorschlag der Opposition sowie zahlreicher Umweltverbände).

– Straßenzölle vor allem beim Eintritt in Verdichtungszonen oder auf Autobahnen; der Aufwand ist aber erheblich, und der Effekt – bei den in den USA und in Europa bislang erhobenen Sätzen – gering.

– Verbot bestimmter Strecken für Lastwagen – obligatorische Verlagerung auf die Bahn; Österreich scheint dies beim Brennner durchzusetzen, und der Kanaltunnel nach Großbritannien bleibt der Bahn vorbehalten.

– Wiedereinführung einer eher spartanischen dritten Klasse im Bahnfernverkehr, um Schichten zurückzugewinnen, die jetzt aus Kostengründen aufs Reisen verzichten oder in klapprigen, schadstoffreichen Autos die Straßen verunsichern.

– Verbot des PKW- und LKW-Besitzes für Nutzer. Dafür Leasing mit obligatorischer Abrechnung nach gefahrenen Kilometern; dies wäre eine radikale Form, die stehenden Kosten vollständig in die Kilometerpreise hineinzuzwingen (wie dies ja beim öffentlichen Verkehr unvermeidlich der Fall ist).

Wenn einige dieser Vorschläge verwirklicht werden, ändert sich die Perspektive für den öffentlichen Verkehr. Er bekommt Rückenwind und Zulauf und kann mit den Tarifen näher an das vom Stadtkämmerer oder Finanzminister gewünschte Ziel der Kostendeckung herankommen. Sobald der öffentliche Verkehr aufhört, für den Fiskus das große Sorgenkind zu sein, wird das Klima für die technologische Erneuerung auch im Nahverkehr entscheidend verbessert. Von der Magnetschwebebahn über Bus-Rufsysteme bis zu fahrradbefördernden Verkehrsmitteln läßt sich noch viel entwickeln. Je größer das Umweltbewußtsein, desto höher die Akzeptanz für solche Neuerungen sowohl beim Bürger wie bei den kommunalen Entscheidungsträgern.

Innovation und nicht Rückschritt führt uns aus dem Teufelskreis der Verkehrs-Umweltprobleme. Aber diese Innovation belastet ihrerseits stellenweise die Umwelt. Die Straßenbahn braucht auch Platz. Gleiches gilt für die Bundesbahntrassen für die Superschnellzüge, die die Autobahnen und den Kurzstreckenluftverkehr ausstechen sollen. Und gleiches gilt für die Umladestellen zwischen Bahn und lokalem Lieferverkehr (denn es kann unmöglich jedes Grundstück einen Gleisanschluß haben). Aber gegen solche ökologisch einsehbaren Innovationen rennen nun wieder zahlreiche Bürgerinitiativen Sturm. Ein Verhandlungsfrieden sollte herbeigeführt werden, bei welchem der öffentliche Bauherr für jeden neugenutzten Quadratmeter irgendwo anders einen Quadratmeter aus der Nutzung herausnimmt. Wer dann noch protestiert, tut dies aus lokalem Egoismus und nicht um der Natur willen. Er oder sie darf im freiheitlichen Staat Egoist sein und für die eigenen lokalen Interessen kämpfen. Aber anders als in Gorleben oder bei der Frankfurter Startbahn West werden nicht Tausende aus der Ferne zur Unterstützung herbeieilen.

Anmerkungen

[1] Der Bundesminister für Verkehr (Hrsg.), Verkehr in Zahlen 1988, Berlin 1988, S. 268 und 278.

[2] Bildquelle: Ökologisch richtige Kilometerpreise (Arbeitstitel). Broschüre des Instituts für Europäische Umweltpolitik, erscheint Januar 1990. Die Zahlen stammen aus Verkehr in Zahlen 1988, a. a. O.

[3] Die den Bildern zugrunde liegenden Zahlen sind der Broschüre ›Verkehr in Zahlen‹, a. a. O., entnommen.

[4] P. Bullinger, P. Cerwenka und U. Matthes, Umweltwirkungen des Eisenbahnverkehrs unter besonderer Berücksichtigung des Hochgeschwindigkeitsverkehrs (HGV), Untersuchung der Prognos AG im Auftrag des Verkehrsforums Bahn e. V., Basel 1987, S. 9.

[5] Vgl. Gunther Ellwanger, Welchen Beitrag kann die Deutsche Bundesbahn zur Umweltentlastung leisten?, in: Eisenbahntechnische Rundschau 38 (1989), S. 353–356.

[6] Lutz Wicke, Umweltökonomie, a. a. O.

[7] Urteil des Europäischen Gerichtshofs zur „Dienstleistungsfreiheit", Rechtssache 13/83, Urteil vom 22. Mai 1985.

[8] Weißbuch, a. a. O.

[9] Bulletin der Europäischen Gemeinschaften, 5-1985, Ziff. 1.1.1 und ff.

[10] Vgl. Bulletin der Europäischen Gemeinschaften, 6-1987, Ziff. 2.1.227.

[11] So das Ergebnis einer Untersuchung der Baseler Prognos AG, die das Institut im Auftrage westeuropäischer Eisenbahnen, Speditionen, Nutzfahrzeughersteller und der EG-Kommission durchgeführt hat; zitiert nach VDI-Nachrichten vom 30. 9. 1988.

[12] Vorschlag für eine Richtlinie des Rates zur Anlastung der Wegekosten an schwere Nutzfahrzeuge (von der Kommission dem Rat vorgelegt), 8. 1. 1988, KOM (87) 716 endg.

[13] Vgl. Winfried Wolf, Eisenbahn und Autowahn, Personen- und Gütertransport auf Schiene und Straße, Geschichte, Bilanz, Perspektive, Hamburg,

Zürich 1986; darin vor allem das Kapitel: VI Alternativer Verkehr 2000 – Der Umbau des Verkehrssektors, S. 405–456.
[14] Verkehrsbetriebe Stadt Zürich, Züri-Linie 1990. Der öffentliche Verkehr macht für das Zeitalter der sauberen Luft mobil, Zürich 1988; Willi Hüsler, Der öffentliche Personennahverkehr in der Offensive: Trendwende in den 90er Jahren, in: Verkehrspolitik 1/2 (1989); vgl. ebenfalls: Verkehrsklub der Schweiz (Hrsg.), Umwelt – Verkehr – Umkehr. Umweltgerechtes Verkehrsleitbild für die Schweiz, Herzogenbuchsee 1983.

7. Kapitel

LANDWIRTSCHAFT

Jahrtausende des guten Umgangs mit der Natur

Von den frühesten Anfängen an hat der Mensch die Fähigkeit entwik-
kelt, die Umwelt zu nutzen und sie zu seinem Vorteil umzugestalten. Bis
hin zur „neolithischen Revolution" etwa 5000 v. Chr. hat dies der Natur
keinen wesentlichen Schaden zugefügt. Erst mit der Ausbreitung des
Ackerbaus und der Viehzucht wurden die menschlichen Eingriffe in die
Natur so groß, daß von einem Beherrschen der Erde durch den Menschen *(dominium terrae)* gesprochen werden kann, wie es nach der
Schöpfungsgeschichtc des Alten Testaments der Auftrag Gottes war.[1]
Die Stelle im Alten Testament ist mehrere tausend Jahre *nach* der neolithischen Revolution geschrieben. Die religiöse Überhöhung des *dominium terrae* ist also – zumindest in der jüdisch-alttestamentarischen
Form – eine sehr späte Rechtfertigungslehre, nicht eine Aufforderung
vor Beginn des Geschehens.[2]
Ackerbau und Viehzucht haben das Gesicht der Erde entscheidend
verändert. Bei steigenden Bevölkerungszahlen und primitiven Anbau-
methoden war der Flächenbedarf groß. In Europa, China, Indien und
dem Nahen Osten wurden so im Laufe der Jahrtausende praktisch alle
einigermaßen fruchtbaren und zugänglichen Flächen unter den Pflug
genommen oder beweidet. Allerdings führte das nicht notwendig zu
einem Schaden an der Natur. Wo Lücken in vormals homogene Wälder
geschlagen wurden, entstanden zusätzliche Randzonen, die relativ arten-
reich sind. Das Anlegen von Wasserteichen und von Küchengärten, die
kleinfeldrige, giftfreie Weide- und Ackerwirtschaft und das beabsichtigte oder unbeabsichtigte Importieren von exotischen Arten haben die
Artenzahl etwa in Mitteleuropa sogar über einige Jahrtausende an-

steigen lassen.[3] Obwohl die Landwirtschaft immer mehr Menschen zu
ernähren hatte und folglich immer mehr aus der Natur herausholen
mußte, schaffte sie es über mehrere tausend Jahre, in einem Einklang
mit der Natur zu arbeiten, welcher sich darin ausdrückt, daß laufend
mehr und nicht weniger Tier- und Pflanzenarten neben dem Menschen
ihr Auskommen fanden.

Hermann Priebe[4] spricht von der ebenso bemerkenswerten *sozialen*
Seite dieser erstaunlich harmonischen Lebensform, die nicht auf Europa beschränkt war. Im Anschluß an Alexander Rüstows ›Ortsbestim-
mung der Gegenwart‹ von 1950 schildert Priebe das Bauerntum als Fun-
dament der Hochkulturen. In seiner Grundform bäuerlicher Familien-
wirtschaft, die auf der gemeinsamen Arbeit der Familie mit Zugtier,
Pflug und Wagen beruhte, wurde die Produktivität so gesteigert, daß
eine gehobene Lebenskultur ohne Sklaverei möglich wurde. Die altgrie-
chische, die römische, die germanische Kultur schöpften ihre Kraft aus
„bäuerlich fundierten Sozialordnungen", während Großgrundbesitzer-
tum oft zum Verfall führte.[5] Das Scheitern der Bauernaufstände im
Bauernkrieg von 1525, bei welchem es den Bauern um das „Alte
Recht", die Gemeinfreiheiten, die Allmende ging, ist demnach eine
große Tragödie.

Großbauern und Strukturwandel

Die Tragödie setzte sich in denjenigen Gebieten fort, in denen die
Feudalstrukturen durch die Großbauernideologie abgelöst wurden. Die
Reformen des Freiherrn vom Stein 1807, die den Kleinbauern wieder in
alte Rechte einsetzen sollten, wurden 1816 durch den Ausführungserlaß
von Staatskanzler Hardenberg auf Großbauern beschränkt. Im deutschen Osten, der bis dahin mit dem Westen und Süden wirtschaftlich
und technisch Schritt gehalten hatte, entstand so ein besitzloses länd-
liches Proletariat, die alten Dörfer verschwanden weitgehend und mit
ihnen die dörflichen Handwerker. Die Verelendung der landlos gewor-
nen ostdeutschen Bevölkerung trug zur Revolution 1848 bei, die ihnen
aber nur knapp das Recht auf Selbstversorgung einbrachte. Im Westen
und Süden dagegen konnte sich eine stetige organische Entwicklung
von Landwirtschaft, Handwerk und Industrie mit maßvoller Arbeitsteilung ausbilden, ein „Fortschritt ohne Strukturveränderung".[6] Die

Landbevölkerung blieb (bis 1950!) konstant, nur der Geburtenüberschuß wanderte in die Städte ab. Die Arbeitsproduktivität nahm auch ohne Maschinen laufend (mit immerhin 1,2 % pro Jahr von 1850 bis 1913) zu. Land*flucht* gab es nur im Osten. Die Privilegierung der Großbauern, unter anderem durch die Zulassung meist polnischer Wanderarbeiter, verhinderte nicht, daß diese Betriebsform immer wieder in wirtschaftliche Nöte kam. Der nationalsozialistische „Reichsnährstand" kultivierte ein Bild vom „Neuadel aus Blut und Boden", welches dem Großbauern ein neues Wertbewußtsein geben sollte. Priebe berichtet weiter über nationalsozialistische Pläne für eine Strukturveränderung der Dörfer, bei welcher Kleinbauern ihr Land an große „Erbhöfe" abgeben sollten – wie einst in den preußischen Ostprovinzen.[7]

Priebes Darstellung läuft auf die überraschende Feststellung hinaus, daß die Kleinbauern sich über lange Zeiträume wirtschaftlich recht gut gehalten haben – sehr häufig mit Direktvermarktung und mit vielerlei Nebenverdiensten –, während die Großbauern wirtschaftlich auf staatliche Protektion (seit 1878), Privilegien (z. B. für Schnapsbrennerei) und Subventionen (am massivsten in der sogenannten „Osthilfe" der zwanziger Jahre) angewiesen waren.

Vor diesem Hintergrund verwundert es nicht, daß das großbetrieblich angelegte Kolchosenwesen in Osteuropa wirtschaftlich kein Erfolg war[8] und daß die EWG-Agrarpolitik unter dem großbäuerlichen Motto „Wachse oder weiche" mit massiver Protektion des Marktes und hohen Subventionen arbeiten mußte. Bittere Ironie: Im Osten wurden die Kleinbauern unter der Fahne des „Arbeiter- und Bauernstaates" verdrängt, im Nationalsozialismus durch den „Reichsnährstand" und in der EWG durch die „landwirtschaftliche Strukturförderung". In allen drei Fällen wurde eine Bauerntums-Rhetorik eingesetzt, um die Kleinbauern auszuschalten.

In der Logik der Großbetriebe lag früher das Leibeigentum, später die Mechanisierung. In den zwanziger Jahren hielt die Mechanisierung in der nordamerikanischen Landwirtschaft Einzug. Mit billigem, flachem, fruchtbarem Land, Traktoren vom Fließband und billiger Energie ließen sich hier große Produktionsfortschritte und sehr bald auch große Getreideüberschüsse erzielen. Lediglich ein ökologisches Warnsignal bremste die Entwicklung Mitte der dreißiger Jahre: Im Verlauf einer trockenen Periode verwandelte sich ein Gebiet von der Größe ganz Deutschlands in einen zeitweilig unfruchtbaren Staubkessel ("dust bowl").

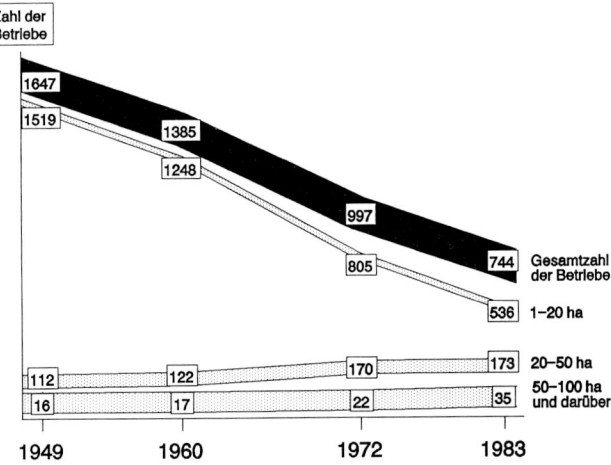

Abb. 31: Rückgang der landwirtschaftlichen Betriebe in der Bundesrepublik Deutschland 1949–1983 sowie Anstieg ihrer Durchschnittsgröße. (Hermann Priebe, Die subventionierte Unvernunft, Berlin 1985, S. 174.)

Nach dem Zweiten Weltkrieg hielt die Mechanisierung in Europa ihren Siegeszug. Sie ging einher mit der Durchsetzung der Großbetriebe und einer Flurbereinigung, die „schleppergerechte" Flächen herbeiführte. Aus dem „Bauernhof" wurde der „landwirtschaftliche Betrieb". Die Betriebswirtschaft wurde, ganz zeitgerecht im Jahrhundert der Ökonomie, zum alles bestimmenden Faktor. Unter dem betriebswirtschaftlichen Druck spezialisierten sich die Betriebe. Reine (oder fast reine) Getreidebetriebe entstanden ebenso wie reine Milch- und Fleischbetriebe; die alten Fruchtfolgen wurden teilweise durch Düngung und Pflanzenschutz ersetzt. Fremdenergie ersetzte zunehmend die tierische und menschliche Energie; die Landwirtschaft wurde vom Energielieferanten zum Energieverbraucher im großen Stil.

Dabei folgte man in der EWG nicht einmal der ökonomischen Vernunft. So wie mit bäuerlicher Rhetorik die Kleinbauern an den Rand gedrängt wurden, wurde mit marktwirtschaftlicher Rhetorik die Marktwirtschaft ausgehebelt und damit nicht dagewesene Überschüsse programmiert. Die EG-Agrarpolitik wurde durch Protektion, Subvention und Standardisierung zu einem der größten finanziellen Desaster der Geschichte. Und den Nutzen hatten nicht die deutschen Bauern, nicht die Verbraucher und am allerwenigsten die Natur.[9]

Die Natur und die Schönheit der Landschaft kamen im landwirtschaftlichen Betriebsergebnis so gut wie gar nicht vor. Erst wenn die neue Wirtschaftsweise wegen Krankheiten oder Bodenschädigungen zu Ertragseinbußen führte, wurde die Natur überhaupt als Realität anerkannt. Alte Bauern warnten vergebens. Sie mußten abtreten. Und das politische Thema Umweltschutz war zu der Zeit, als die meisten Fehlentscheidungen getroffen wurden, noch gar nicht vorhanden.

Umweltprobleme

Umweltprobleme wurden seitens der deutschen Landwirtschaftsvertreter lange Zeit weitgehend geleugnet. Anders als in England, Dänemark, Holland und sogar Italien hielt sich in der deutschen Agrarpolitik bis etwa Mitte der achtziger Jahre die Vorstellung, daß die Landwirtschaft als solche der Natur und Umwelt nicht abträglich sei, solange sie nur „ordnungsgemäß" durchgeführt werde. Am sichtbarsten wurde diese Vorstellung in den „Landwirtschaftsklauseln" von §§ 1, 8 und 15 des Bundesnaturschutzgesetzes von 1976. In diesen wird der „ordnungsgemäßen" Landwirtschaft Übereinstimmung mit den Zielen des Gesetzes bescheinigt, ohne daß der Begriff „ordnungsgemäß" definiert worden wäre.[10]

Der Sachverständigenrat für Umweltfragen (SRU) kam 1973 zu der Überzeugung, er solle sich mit den Umweltproblemen der Landwirtschaft beschäftigen. Sein Mitglied und späterer Vorsitzender Prof. Wolfgang Haber koordinierte diese Arbeit und erstellte ein umfassendes Sondergutachten ›Umweltprobleme der Landwirtschaft‹. Diese monumentale Studie zeigt in sachlicher Sprache, wie die moderne Landwirtschaft zu einem der größten Gefahrenherde für die Umwelt geworden ist.[11]

An erster Stelle steht der Artenverlust: Keinem einzelnen anderen Faktor sind so viele Gefährdungen und Ausrottungen von Tier- und Pflanzenarten in der Bundesrepublik zuzuschreiben wie der Landwirtschaft (vgl. Abb. 32).

Die landwirtschaftlichen Ursachen für die Artenzerstörung sind übrigens vielfältig. Gleichmäßige Wiesendüngung (gleichgültig ob mit Gülle oder Handelsdünger) führt zum Rückgang der artenreichen Magerwiesen; Pestizide und Herbizide schädigen Fauna und Flora direkt; Drä-

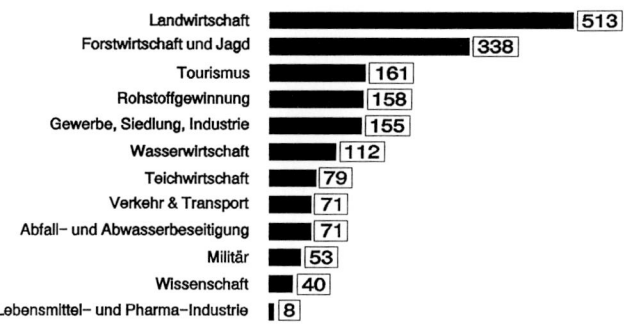

Abb. 32: Verursacher des Artenrückgangs (Landnutzer und Wirtschaftszweige). (Umweltbundesamt. Daten zur Umwelt 1988/1989, Berlin, S. 134.) Die moderne Landwirtschaft ist der größte Verursacher des Artenrückgangs. Beim zweitwichtigsten Verursacher, Forstwirtschaft und Jagd, spielt der Monokulturanbau eine herausragende Rolle. Die Zahlen beziehen sich hier auf betroffene Pflanzenarten der Roten Liste. Infolge Mehrfachnennungen der Arten, die durch mehrere Verursacher gefährdet sind, liegt die Summe der angegebenen Zahlen höher als die Gesamtzahl (= 711) der untersuchten Arten.

nage und Bachregulierung zerstören Feuchtbiotope; Flurbereinigung und große Schläge zerstören Hecken und andere Kleinbiotope; Maschinen und häufige Mahd stören oder zerstören Gelege bodenbrütender Vögel.

In anderen, weniger industrialisierten Ländern dürfte der Anteil der Landwirtschaft an den Artengefährdungs- und Ausrottungsgründen noch wesentlich höher liegen als bei uns. Im Amazonasgebiet etwa ist die großräumige Farmwirtschaft und die Brandrodung für kleine Siedler mit ihrem landwirtschaftlichen Raumbedarf die Hauptursache der Urwaldzerstörung und damit des Artentodes.

Ein weiteres gravierendes, von der Landwirtschaft ausgehendes Umweltproblem ist die Gewässerbelastung mit Nährstoffen, insbesondere Nitrat aus Gülle und Handelsdünger. Dies ist insbesondere im Einzugsbereich stehender und langsam fließender Gewässer eine Gefahr: Es führt zu vermehrtem Algenwachstum und kann – vor allem in Verbindung mit Giftstoffen für algenfressende Kleinlebewesen – zu einer fatalen Eutrophierung führen. Die Gefahr für die Nord- und Ostsee und das Schwarze Meer rührt heute hauptsächlich aus der landwirtschaftlichen Düngung.

Pflanzenschutzmittel bedeuten Gefahren für Mensch, Tier, Pflanze und Boden. Die hochgiftigen Pflanzenschutzmittel wie DDT, E 605 und einige weitere sind in den westlichen Industrieländern verboten, werden hier aber weiterhin hergestellt und in Entwicklungsländern eingesetzt – oft auch noch unsachgemäß – und gelangen über Früchte oder Schafwolle oder sogar importiertes Fleisch nicht selten wieder zu uns zurück. Die Weltgesundheitsorganisation, WHO, die Welternährungsorganisation, FAO, und die meisten Entwicklungsländer wehren sich derzeit noch gegen den Vorschlag eines weltweiten Verbots etwa von DDT, im wesentlichen, weil einige der hochgiftigen Substanzen die einzige billige Waffe gegen die Tsetsefliege und andere Überträger von Tropenkrankheiten, aber auch gegen bestimmte landwirtschaftliche Schädlinge seien. Vielleicht die realistischste Kurzfristantwort auf die ökologisch sehr unbefriedigende Situation ist die Minimalforderung, daß die Anwender in den Entwicklungsländern unter vollständiger Information über die mit den Giften verbundenen Gefahren ihre Zustimmung zur Wahl dieser Mittel gegeben haben müssen ("prior informed consent").

Weniger giftige Pflanzenschutzmittel kommen bei uns weiterhin in großen Mengen zum Einsatz. 1988 waren es in der Bundesrepublik etwa 30 000 Tonnen. Die 1980 von der EG beschlossene Trinkwasserrichtlinie verlangt, daß in einem Liter Trinkwasser höchstens 0,1 Mikrogramm eines Pflanzenschutzmittels und höchstes 0,5 Mikrogramm von allen zusammen enthalten sein dürfen. Dieser extrem ehrgeizige Grenzwert wurde 1980 als politische Setzung eingeführt; er bedeutete soviel wie „im Trinkwasser dürfen keine Pestizide enthalten sein". Gesundheitspolitisch war es nicht nötig, alle Pestizide wie die hochgiftigen zu behandeln, denn selbst eine tausendfach höhere Konzentration einiger Herbizide ist auch bei hohem Trinkwassergenuß nach menschlichem Ermessen gesundheitlich völlig unschädlich.[12] Ökologisch ist der sehr niedrige Grenzwert zu begrüßen. Er führt nämlich in der Konsequenz zum Verbot von all solchen Pflanzenschutzmitteln, die sich nicht in kurzer Zeit zersetzen, die sich also in der Natur anreichern können und auf diese Weise Pflanzen, Tiere oder Mikroorganismen schädigen können. Aber da die Trinkwasserrichtlinie nicht als Instrument der Umweltpolitik ausgedacht wurde, ist es eine plausible Annahme, daß es geschicktere und kostengünstigere Wege gegeben hätte, um die ökologischen Schadwirkungen von Pestiziden zu begrenzen.

Weitere landwirtschaftsbedingte Umweltschäden sind[13]:

– Bodenerosion durch Wasser und Wind, insbesondere bei Pflanzen, bei deren Anbau der Boden lange Zeit unbedeckt bleibt, sowie Hanglagen. In Deutschland betrifft dies vor allem Mais, Hopfen, Raps, Weizen, aber auch alle Getreide.

– Saurer Regen aufgrund von Ammoniak und Stickoxiden aus der Viehhaltung und bei Überdüngung. In Holland gilt die Landwirtschaft als größte Quelle für den Sauren Regen!

– Überweidung und ökologisch schädliches Weiden. Insbesondere in Entwicklungsländern schädigen Ziegen, oft auch Schafe die Vegetation irreversibel. In der EG, vor allem in Deutschland und Großbritannien hat ausgerechnet die Bergbauernrichtlinie (75/268/EWG) zur Überweidung beigetragen.

– Bodenverdichtung durch schwere Landmaschinen.

Großbritannien, Holland, EG

Während in Deutschland das SRU-Gutachten auf all diese Probleme hinwies und erste Lösungsvorschläge vorlegte, intensivierte sich die Diskussion auch im Ausland. In Großbritannien, seit 1973 EG-Mitglied, war die Verärgerung über die Gemeinsame Agrarpolitik (GAP) mit jedem Jahr größer geworden, die Verärgerung darüber, daß die EG-Agrarpolitik den britischen Verbraucher von den billigen Überseeprodukten abgeschnitten hatte und daß die aus der englischen Staatskasse kräftig mitfinanzierten Garantiepreise sinnlose Überschüsse hervorbrachten. Immer lauter wurden auch die Warnungen, die GAP ruiniere die Umwelt: Seit dem EG-Beitritt stiegen die britischen Agrarlandpreise unaufhörlich, die Anbaufläche verdoppelte sich in wenigen Jahren, Tausende von Tümpeln und Mooren wurden dräniert, und für die englische Kultur so wichtigen Moorhühner, aber auch Dutzende andere Arten wurden an den Rand des Aussterbens gebracht. „Der Steuerzahler finanziert Überschüsse und Naturzerstörung, und das alles bloß wegen der EG", war die wütend vorgebrachte Standardformel aller Politiker, Zeitungen und Umweltschutzorganisationen. Für britische Naturschützer – und davon gibt es Millionen – war es schlechterdings unbegreiflich, wieso kontinentale Agrarpolitiker und sogar Naturschützer – z. B. der BUND – oder die Grünen für hohe Agrarpreise eintreten konnten.[14] Für Engländer war Minister Ignaz Kiechles Veto gegen eine

Getreidepreissenkung um 1,6 Prozent im März 1985 ein klarer Beweis dafür, daß Deutschland es mit dem Umweltschutz nicht ernst meinen könne. Das Getreidepreisveto hat sicherlich die britische Zustimmung zu weitgehenden Autoabgas- und Großfeuerungsanlagenrichtlinien um 2–3 Jahre verzögert: „Warum sollen *wir* für die deutschen Wälder tief in die Tasche greifen, wenn die Deutschen sich an der für uns ökologisch entscheidenden Front, der Agrarpolitik, keinen Millimeter bewegen?" – das war damals die durchaus empörte Grundstimmung im Vereinigten Königreich. Aber nichts davon ist in den deutschen Zeitungen angekommen. In Deutschland hieß es einfach, die Engländer hätten eben kein Umweltbewußtsein.

In Holland mit seiner Intensivlandwirtschaft waren die Umweltprobleme ebenfalls viel früher als in Deutschland Tagesgespräch.[15] Gülleentsorgung ist hier ein Problem von der Größenordnung unserer Sondermüllentsorgung. Und daß der Rhein nicht nur Chemieeinleitungen, sondern auch große Mengen Agrarchemikalien führt, weiß dort jeder Wassertrinker.

Die EG hat unter britischem, holländischem und dänischem Druck schon früh auf die Agrar-Umweltprobleme hingewiesen. Im ›Grünbuch‹ zur Reform der GAP [16] wurden die wichtigsten ökologischen Probleme angesprochen und die Gültigkeit des Verursacherprinzips auch in der Landwirtschaft ausdrücklich bestätigt. Auch wurden in der Effizienzverordnung 1760/87/EWG erstmalig Direktzahlungen in Höhe von bis zu 100 ECU/Hektar und Jahr aus der EG-Kasse an Landwirte für Programme zum Erhalt von umweltfreundlichen Wirtschaftsweisen in ökologisch empfindlichen Gebieten vorgesehen. Deutschland blockierte diese Regelung übrigens mehr als zwei Jahre lang. Wiederum nahm die deutsche Öffentlichkeit hiervon überhaupt nichts wahr, sondern gefiel sich in dem bequemen Vorurteil, aus Brüssel käme nichts Gutes.

Jedenfalls kann man davon ausgehen, daß *wenn* die Bundesrepublik Deutschland beabsichtigen sollte, in der EG eine ökologische Umorientierung der GAP zu betreiben, dort eine wesentlich größere Resonanz anzutreffen wäre als für manche Maßnahme im Bereich der Luftreinhaltung. Die nächsten Jahre werden Deutschland auf die Probe stellen, wenn die anstehenden Richtlinien über Biotopschutz, über Nitrat und einige Pestizide zur Verhandlung anstehen.

Funktionen des ländlichen Raums

Eingeschnürt durch Umweltvorschriften und verletzt durch heftiger werdende, oft unfaire Angriffe ist die Landwirtschaft in eine Abwehrhaltung gegen den Umweltschutz geraten. Hinzu kommt, daß die Industriegesellschaft, die neuerdings aus Umweltgründen so schlecht von der Landwirtschaft redet, ihrerseits große Mengen Schadstoffe produziert, die dann über dem Land abregnen. Oder die Städte produzieren Klärschlamm und erwarten, daß dieser dann auf dem Land ausgebracht und damit entsorgt wird. Die Schwermetalle im Klärschlamm belasten nachher die Böden der Landwirtschaft.

Wir müssen uns klarwerden, daß Stadt und Land ökologisch zusammengehören. Die ökologischen Probleme der Landwirtschaft werden nicht lösbar sein, solange man nicht das Gesamtproblem angeht. Die Ballungsräume benehmen sich nämlich ein wenig wie Parasiten: Sie verbrauchen Luft und Wasser und produzieren große Mengen Schadstoffe, die größtenteils vom Land absorbiert werden müssen. Sie importieren Nahrungsmittel und exportieren Müll und Schmutz. Und mit zunehmender Industrialisierung wird der ökonomische Vorteil der Ballungsräume gegenüber dem ländlichen Raum immer größer (vgl. Kapitel 13).

Was bezahlen die Ballungsräume für die vielfältigen Leistungen des ländlichen Raums? Sie bezahlen die Lebensmittel; aber sie sorgen zugleich durch eine perfektionierte Verkehrsinfrastruktur dafür, daß sie nie wirklich auf die Lebensmittel vom eigenen Land angewiesen sind, so daß die heimische Landwirtschaft praktisch nie Knappheitspreise erzielen kann. Für den Erhalt der Erholungslandschaft, für die Regeneration von Luft und Wasser, für den Erhalt der Lebensräume für Pflanzen und Tiere, die in der Stadt nicht gedeihen, für all das zahlt der Städter nicht. Auch diese Unterlassung – und nicht nur die straffreie Verschmutzung *durch* die Landwirtschaft – bedeutet eine massive Verletzung des „Verursacherprinzips".[17]

Es ist an der Zeit, dies zu sehen und eine Umorientierung der Politik vorzunehmen. Diese Umorientierung könnte zugleich der Ansatzpunkt für eine Lösung der ökonomischen Probleme des ländlichen Raums sein (vgl. Kapitel 13).[18]

Die ökologischen Funktionen des ländlichen Raums müssen von den Städten angemessen bezahlt werden, dann kann der umweltbewußte Städter auch verlangen, daß die Landwirtschaft Artenschutz und Gewässerschutz betreibt und gute Nahrungsmittel mit ökologischen und tierethisch akzeptablen Methoden herstellt. Aber vorläufig verlangt die Stadt durch das Diktat der Ökonomie vom Land eine immer weitergehende Rationalisierung, die auf die weitgefaßten Funktionen des ländlichen Raums keine Rücksicht nimmt.

Die Teufelskreise durchbrechen

Es sieht aus wie ein Teufelskreis sowohl für die Landwirtschaft wie für die Umwelt. Weitere Rationalisierung im herkömmlichen Sinne kann der Landwirtschaft noch ein Stück weiter über die Runden helfen – allerdings nur unter Aufgabe von sicher mehr als 70 Prozent der bis heute noch verbliebenen Höfe. Die Schäden für die Umwelt würden sich auch dann noch weiter verstärken, wenn zahlreiche neue Umweltvorschriften erlassen würden, denn die Rationalisierung läßt praktisch nur arbeitssparende, chemieintensive Bewirtschaftungsmethoden zu.

Umgekehrt würde eine drastische, die Rationalisierung rückgängig machende oder scharf bremsende Umweltgesetzgebung entweder die landwirtschaftlichen Einkommen auf unzumutbar niedrige Beträge zurückführen oder – ähnlich wie in der Schweiz oder in Norwegen – extrem hohe garantierte Erzeugerpreise verlangen; dies aber ist gegen den Druck niedriger Weltmarktpreise für den riesigen Markt der EG mit 320 Millionen Einwohnern schlechterdings nicht durchhaltbar. Wir Europäer und alle an Agrarfragen interessierten Nichteuropäer waren doch unendlich erleichtert, als die EG seit 1985 endlich von der unbezahlbar gewordenen Hochpreispolitik Abschied zu nehmen begann. Bliebe vielleicht noch ein scharfes Quotensystem ähnlich wie bei der Milch – welches (nicht ohne gigantische Ramschverkäufe) geholfen hat, den Butterberg und den Milchsee weitgehend zum Verschwinden zu bringen. Aber dieses, auf praktisch alle Agrarprodukte ausgedehnt, wäre ein administrativer Alptraum. Es widerspräche der Marktwirtschaft völlig. Den Handelskonflikt mit den USA und anderen Weltmarktanbietern würde es kaum weniger schüren als eine Neuauflage der Hochpreispolitik. Die weitere Ausdehnung der Quotenregelung sollte am besten gar nicht erst versucht werden.

Ein Königsweg scheint nicht zu existieren. Aber Schritte in die richtige Richtung sind möglich, und in der Summe könnten sie einer Lösung des Problems wohl nahekommen.

Die Maßnahmen lassen sich folgenden Kategorien zuordnen:

(1) Umweltschutzvorschriften für die Landwirtschaft.[19] Chemikalieneinsatz, Chemikalienzulassung, Gülleausbringung, Viehdichte, Weidevorschriften, Erosionsschutz müssen verbindlich geregelt werden, soweit noch keine Regelungen bestehen; der Chemikalieneinsatz sollte im Sinne des Verursacherprinzips verteuert werden (z. B. Nitratsteuer – vgl. Kapitel 11); manche ökologischen Forderungen haben übrigens nur geringe Auswirkungen auf den „Deckungsbeitrag", das schließlich verbleibende Einkommen. Weinschenck rechnet im Mittel mit Verlusten von DM 250,– pro Hektar und Jahr, die bei einer einkommensneutralen Durchsetzung kompensiert werden müßten.[20] Abbau von „Modernisierungssubventionen" und allgemeinen Steuererleichterungen.

(2) Transparenz zum Kunden. Erlaubnis von mehreren Produktkategorien, um dem Kunden, der bestimmte Chemikalieneinsätze oder Tierhaltungsformen aus welchen Gründen auch immer ablehnt, die Wahl zu lassen; Förderung statt hygienebürokratische Erschwernis der Direktvermarktung.

(3) Förderung des ökologischen Landbaus. Umstellungshilfen, Beratung; Erleichterung der Durchsetzung von europäischen Markenzeichen; Förderung der Forschung einschließlich Langzeituntersuchungen, ökologische Untersuchungen.

(4) Freiwillige Leistungen der Landwirtschaft mit attraktiver Kompensation. Extensivierung (möglichst auf der ganzen Fläche, wie es die EG-Beschlüsse von 1988 ausdrücklich zulassen, nicht nur Stillegung von Flächen); Verzicht auf an sich zugelassene Düngung und Pestizideinsätze; Kultivieren selten gewordener Kulturpflanzensorten und Tierrassen. Das bayerische Kulturlandprogramm ist ein ausgezeichnetes Modell für eine ökologische Extensivierung. Es entspricht dem Artikel 19 der EG-Effizienzverordnung, der als Wendemarke für die Agrar-Umweltpolitik angesehen werden kann.

(5) Direktzahlungen für nichtlandwirtschaftliche Leistungen. Entgelt für Naturschutzleistungen (Hecken, Renaturierung von Feuchtgebieten, Bekämpfung von streunenden Katzen und Hunden, Winterfütterung usw.). Hohe Erfolgsprämien für den Erhalt seltener Tier- und Pflanzenarten (vgl. Kapitel 9). Mittelfristig: Entgelt für gutes Wasser, für Sauerstofferzeugung, Absorption von Abgasen, Aufnahme von Klär-

schlämmen, Erhalt des Landschaftsbildes, Vorhaltung der Nahrungs-
mittelproduktion für Krisenzeiten u. a.

(6) Kombinierte Einkommenspolitik; Nebenerwerb. Förderungspro-
gramme für Nebeneinkünfte, die direkt, indirekt oder gar nicht mit der
bäuerlichen Arbeit zu tun haben, auch für Familienangehörige, z. B.
Feriengäste, Restaurationsbetrieb, Rekonvaleszenz-Betreuung (eine
potentiell sehr lukrative Arbeit), Nahrungsmittelverarbeitung, Winter-
dienste; Starthilfen für Betriebsansiedlungen und Existenzgründungen
im ländlichen Raum.[21] Der Agrarbericht 1988 weist interessanterweise
zum ersten Mal eine relativ bessere Einkommensentwicklung für
Nebenerwerbsbauern aus als für Vollerwerbslandwirte![22]

H. Priebe sieht in der kombinierten Einkommenspolitik die eigentliche Schlüsselfrage.[23] Ich habe keinen Anlaß, ihm hier zu widersprechen.

Die Details solcher Vorschläge würden ein weiteres ganzes Buch
füllen. Sie müssen in mühsamer politischer Kleinarbeit konsensfähig gemacht werden. Die EG wird in vielen Fällen nicht nur nicht bremsen,
sondern womöglich an der Mitfinanzierung interessiert sein, da die meisten Strukturprobleme EG-weit sehr ähnlich sind. Insbesondere der Erhalt der Sozialstrukturen und der Kultur in den Bergregionen ist in Spanien, Portugal, Italien, Griechenland und Frankreich noch ein größeres
Problem als in Deutschland.

Außer solchen inneragrarpolitischen Reformschritten wird es nötig
sein, den äußeren Rahmen zu verändern. Die Ballungsräume müssen
aufhören, sich wie Parasiten zu benehmen; sie müssen ihren Preis
zahlen (vgl. Kapitel 10, 11, 13). Wenn Energie und nichterneuerbare
Rohstoffe künstlich wesentlich verteuert werden, dann schlägt für die
Landwirtschaft die Stunde der nachwachsenden Rohstoffe. Diese sollten natürlich unter genauso strenger Beachtung der Ökologie angebaut
werden wie die Nahrungsmittelpflanzen.

Wenn ein neuer Rahmen geschaffen wird, innerhalb dessen sich eine
die Natur schonende und Luft und Wasser optimal regenerierende Wirtschaftsform lohnt, dann werden die Landwirte mit Begeisterung und
Erfindungsreichtum darangehen, den Rahmen zu füllen.

Anmerkungen

[1] Genesis 1, 28: „Seid fruchtbar und mehret euch und erfüllt die Erde und macht sie euch untertan."

[2] Vgl. Gerhard Liedke, Von der Ausbeutung zur Kooperation. Theologisch-philosophische Überlegungen zum Problem des Umweltschutzes, in: E. U. von Weizsäcker (Hrsg.), Humanökologie und Umweltschutz. Studien zur Friedensforschung, Stuttgart, München 1972, S. 36–65.

[3] Herbert Sukopp und Ulrich Hampicke, Ökologische und ökonomische Betrachtungen zu den Folgen des Ausfalls einzelner Pflanzenarten und -gesellschaften, in: Schriftenreihe des Deutschen Rates für Landespflege, Heft 46, August 1985, S. 595–608.

[4] Hermann Priebe, Die subventionierte Unvernunft, Berlin [3]1988, S. 34–41.

[5] Ebd., S. 35.

[6] Ebd., S. 36–41.

[7] Ebd., S. 51.

[8] Ebd., S. 125–135.

[9] Die ebenso spannende wie beschämende Geschichte der Fehlleitung der EG-Agrarpolitik vornehmlich in den sechziger Jahren schildert Priebe (a. a. O.) auf S. 55–88.

[10] Der Rat von Sachverständigen für Umweltfragen, Umweltprobleme der Landwirtschaft, Sondergutachten, März 1985, Stuttgart und Mainz 1985, S. 66–160.

[11] Der Rat von Sachverständigen für Umweltfragen, ebd.

[12] F. K. Ohnesorge, Die Sicht der Toxikologie, in: E. U. von Weizsäcker (Hrsg.), Gutes Trinkwasser – wie schützen?, Karlsruhe 1989, S. 13.

[13] Der Rat von Sachverständigen, a. a. O.

[14] David Baldock, The Cap Price Policy and the Environment – An exploratory essay, Institut für Europäische Umweltpolitik, Bonn 1984.

[15] Vgl. National Environmental Policy Plan 1990–1994, s'-Gravenhage 1989; sowie National Institute of Public Health and Environmental Protection, A national environmental survey 1985–2010, Concern for tomorrow, Bilthoven 1989.

[16] Dienst "Agrar information" der Generaldirektion Information der Kommission der Europäischen Gemeinschaften (Hrsg.), Im Brennpunkt, Perspektiven für die Gemeinsame Agrarpolitik, Das Grünbuch der Kommission, Juli 1985.

[17] Josef Deselaers, Die rechtliche Stellung des Landwirts, in: Ökologie und Landbau, Zeitschrift der Stiftung ökologischer Landbau, 3. Quartal 1989, S. 15–17.

[18] Ernst U. von Weizsäcker, Not a Miracle Solution, but Steps Towards an Ecological Reform of the Common Agricultural Policy (CAP), Bonn 1987.

[19] Vgl. hierzu Hans-Joachim Hötzel, Umweltvorschriften für die Landwirtschaft, Stuttgart 1986.

[20] Günther Weinschenck/Rolf Werner, Einkommenswirkungen ökologischer Forderungen an die Landwirtschaft. Schriftenreihe der landwirtsch. Rentenbank, Frankfurt a. M. 1989 (Zusammenfassung S. 107/108).

[21] Vgl. Jörg Maier (Hrsg.), Chancen und Möglichkeiten der Mehrfach-Beschäftigung für kleine und mittlere Vollerwerbslandwirte in Bayern, Forschungsprojekt im Auftrag des Bayerischen Bauernverbandes, Bayreuth 1988.

[22] Agrarbericht 1988, Agrar- und ernährungspolitischer Bericht der Bundesregierung, Deutscher Bundestag, 11. Wahlperiode, Drucksache 11/1760.

[23] H. Priebe, a. a. O., S. 257 ff.

8. Kapitel

DRITTE WELT

Im Zentrum der Zerstörungsdynamik

Die im Einleitungskapitel genannten erschreckenden Zahlen der weltweiten Umweltzerstörung beziehen sich größtenteils auf die Länder der Dritten Welt. Rund 90 % des Artensterbens, der Bodenerosion, der Waldvernichtung, der Wüstenvernichtung und der Wüstenbildung findet gegenwärtig in den Entwicklungsländern statt. Mit die verheerendsten lokalen Luftverschmutzungssituationen findet man heute in Mexiko-Stadt, im chinesischen Wuhan oder in Kairo. Das Ruhrgebiet hat vergleichsweise Kurortqualitäten. Die Wasserverschmutzung im Rio de la Plata, im Jangtsekiang oder im unteren Nil ist schlimmer als im Rhein. Und Abfallentsorgung, Lärmschutz und selbst Tierkörperbeseitigung sind in vielen Städten der Dritten Welt nur rudimentär vorhanden.[1]

Wenn wir Umweltschutz ernst meinen, dann können und dürfen wir die Umwelt- und Naturschutzprobleme der Entwicklungsländer nicht außer Acht lassen. Das bedeutet aber, daß wir uns zunächst mit den Ursachen der Umweltzerstörung im Süden befassen. Stark verkürzt kann man folgende fünf Gründe dafür anführen, daß ein so hoher Anteil der weltweiten Umweltzerstörung in den Entwicklungsländern stattfindet:

(1) Die weitaus meisten Tier- und Pflanzenarten finden sich von Natur aus in den Regionen, die man heute als die Dritte Welt zusammenfaßt; also bedeutet die ökologische Zerstörung einer bestimmten Fläche im Süden einen statistisch wesentlich größeren Artenverlust als etwa in Nordeuropa.

(2) Die generelle Armut macht, daß sich die Entwicklungsländer finanziell aufwendige Umweltschutzmaßnahmen nicht leisten können

und daß die Armen oft die letzten ökologischen Ressourcen für ihren täglichen Lebensunterhalt aufbrauchen.

(3) Die Entwicklungsländer liegen fast ausschließlich in Klimazonen, in denen Wasser und Wind den ungeschützten Boden besonders leicht abtragen.

(4) Die Bevölkerungsvermehrung und die damit zusammenhängende Siedlungs- und Landnahme findet gegenwärtig hauptsächlich in den Entwicklungsländern statt.

(5) Zwischen den Entwicklungsländern und den Industrieländern findet ein in bezug auf ökologisch relevante Güter äußerst asymmetrischer Handel statt. Die gegenwärtig aus den Entwicklungsländern in die Industrieländer exportierte Biomasse ist heute höher als während der vielgescholtenen Kolonialzeit; Anil Agarwal aus Indien

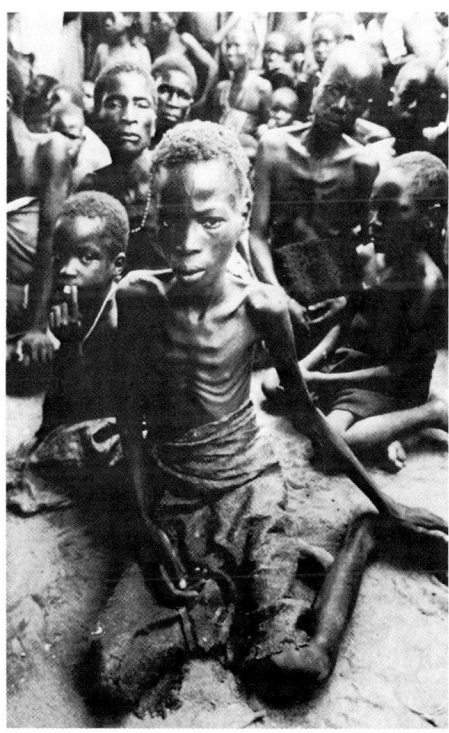

Abb. 33: Armut in Entwicklungsländern ist eine Ursache der Umweltzerstörung. (The Associated Press Photo, Frankfurt a. M.)

meint, sie könne *zehnmal so hoch* sein wie heute.[2] Hinzu kommen Erze, Öl und andere Rohstoffe, deren „Förderung" die Vorräte schmälert und lokal oft beträchtliche ökologische Schäden anrichtet. Insbesondere die Gründe (2) und (5) haben zentral mit uns im Norden zu tun, aber auch die Gründe (1), (3) und (4) sind für unser eigenes Handeln relevant, etwa wenn wir Entwicklungshilfeprojekte mitfinanzieren, die auf die speziellen ökologischen und sozialen Bedingungen der Entwicklungsländer keine hinreichende Rücksicht nehmen. Bis Mitte der achtziger Jahre fand bei Entwicklungshilfeprojekten normalerweise gar keine Umweltverträglichkeitsprüfung statt; die Entwicklungsländer hatten auch keinerlei Interesse daran.

Bevölkerungsdruck

In westlichen Aussagen zur Welt-Umweltkrise sowie zur wirtschaftlichen Misere der Entwicklungsländer steht immer die Bevölkerungsdynamik an erster Stelle. Mit Schrecken, Mitleid oder Abscheu wird die hemmungslos erscheinende Bevölkerungszunahme *in den Entwicklungsländern* als Hauptquelle allen Übels angesehen. Natürlich wäre alles leichter, wenn sich die Bevölkerungszahl bald stabilisieren würde. Aber erstens nimmt die Geburtenrate nicht dadurch ab, daß *wir* dieses wünschen, zweitens haben wir die Bevölkerungsexplosion eben schon hinter uns, drittens ist Westeuropa viel dichter besiedelt als die allermeisten Entwicklungsländer (allerdings ist die Tragfähigkeit Europas auch wesentlich höher als etwa der Sahel- oder Amazonasländer), viertens nimmt gegenwärtig in den meisten Entwicklungsländern die Kinderzahl pro Familie schneller ab, als es jemals in Europa geschah, und fünftens sind die Regierungen fast aller Entwicklungsländer insbesondere in Asien und Lateinamerika willens, die Bevölkerungsvermehrung einzudämmen, was in Europa nie der Fall war.

Wir Europäer haben ziemlich wenig Berechtigung, uns besserwisserisch über die „Bevölkerungsexplosion" zu äußern. Was wir statt dessen tun sollten, ist den Ursachen für die anhaltende Bevölkerungsvermehrung nachzugehen. Dieses Buch kann das natürlich nicht leisten. Es kann höchstens helfen, den Stammtischmythos zu zerstören, wir müßten bloß überall „die Pille" verbreiten und die Abtreibung propagieren. Eine der wichtigsten Aufgaben ist es, die sozialen und wirtschaftlichen Voraussetzungen dafür zu schaffen, daß *die Eltern* ein Interesse an einer kleinen Kinderzahl haben oder zumindest das Interesse an einer großen Kinderzahl verlieren. Das Interesse an vielen Kindern hängt an verschiedenen Faktoren. Oft ist die Kinderzahl kulturell ein Symbol für Gesundheit und Familienwohlstand. Oft sind Kinder die sicherste Altersversorgung für die Eltern. In der Subsistenzwirtschaft sind Kinder wertvolle Arbeitskräfte; wo Holz- und Wasserholen einen wachsenden Zeitaufwand verlangen, tritt dies besonders zutage, was tragisch zu nennen ist, denn durch höhere Bevölkerungsdichte wird die Holz- und Wasserknappheit ja weiter verschärft. Umgekehrt nimmt der Kinderwunsch ab mit dem Bildungsgrad der Frauen, mit gesicherten Arbeitsplätzen und mit dem Gesundheits- und Hygieneangebot für Kleinkinder (also deren Überlebenschance).

Die Ansatzpunkte für eine Abhilfe sind damit offensichtlich. Altersversorgung und eine lokale Einzelanalyse der typischen Kinderarbeiten und ihres möglichen Ersatzes. Ferner müßte der soziale Status und damit die eigenverantwortliche Entscheidungsfähigkeit der Frau wesentlich verbessert werden. Auch die Entscheidung zu einer Vasektomie oder die Benutzung von Kondomen darf nicht vom Mann allein abhängen. Berufstätigkeit von Frauen ist ein weiterer starker Grund für Zurückhaltung bei der Kinderzahl. In China sind hohe ökonomische „Strafen" gegen das Haben von mehr als einem Kind eingeführt worden. In Thailand ist die nichtstaatliche Population and Community Development Association, von Mechai Viraraidya gegründet, das Zentrum einer massiven und sehr erfolgreichen Empfängnisverhütungskampagne.[3] Insgesamt läßt sich feststellen, daß die meisten *wirksamen* Maßnahmen mit einem wesentlichen finanziellen (oder aber, wie in China, polizeilichen) Aufwand erkauft wurden. Das Worldwatch-Institut schätzt den notwendigen Finanzbedarf für eine weltweit wirksame Bevölkerungskontrollpolitik auf 30 Milliarden Dollar jährlich. Die Autoren fügen aber hinzu, daß die Industrieländer diese Summen als „Anzahlung" für eine langfristige dauerhafte Zukunft auffassen sollten.[4] Im Rahmen solcher Beträge wäre es auch realistisch, die verheerende Dynamik in den Tropenwaldländern zu brechen, wo aktive Siedlungsprogramme oder passives Zuschauen bei der Siedlungsexpansion eine Lebensgefahr für die letzten Wälder darstellen (vgl. weiter S. 125 und Kapitel 14).

Umwelt und Subsistenz

Nach der Stockholmer UNO-Umweltkonferenz von 1972 begann auch in den Entwicklungsländern das Bewußtsein zu wachsen, daß Umweltzerstörung auch Wohlstandszerstörung sein kann und daß nur umweltverträgliche Entwicklungsprojekte von anhaltendem Nutzen sein würden. Den Anfang bildeten auch hier aufmüpfige Bürgerinitiativen. Während aber im Norden in den sechziger Jahren eher die Kinder aus wohlhabenden Familien die Träger der Umweltbewegung waren, waren es in den Entwicklungsländern auffallend häufig die Ärmsten der Armen, die ganz realistisch in Verteidigung ihrer vitalen Eigeninteressen gegen ungewünschte Entwicklungsprojekte protestierten.

Das wohl weltweit bekannteste Beispiel solchen Widerstandes der Ärmsten gegen die Zerstörung ihrer unmittelbaren Umwelt ist die Chipko-Bewegung in Indien. Chipko, das soviel wie „das Umarmen von Bäumen" bedeutet, ist eine Bewegung des Widerstandes der ländlichen Bevölkerung gegen das kommerzielle Abholzen ihrer Wälder, die ihren Ursprung 1973 im nordindischen Bundesstaat Uttar Pradesh hat.

Als damals eine Holzfällerfirma in die Wälder des Dorfes Gopeshwar einzog, entschlossen sich die Dorfbewohner, vor allem Frauen, durch Umarmen von Bäumen das Abholzen zu verhindern. Die Firma mußte unverrichteter Dinge wieder abziehen. Die Nachricht von der erfolgreichen Aktion verbreitete sich rasch, so daß es im weiten Umkreis in der Folgezeit zu weiteren Chipko-Aktionen kam.[5]

Auslöser des Widerstands war die tragische Erfahrung einer Flutkatastrophe im Jahr 1970, die den Subsistenzbauern dieser Region klar vor Augen führte, wie wichtig ein intakter Wald für ihre Existenzgrundlage war. Während die Wälder vor allem zur Versorgung der städtischen Märkte gerodet wurden, blieben der ländlichen Bevölkerung nur die negativen Folgen des Rodens: Erosion, erschwerter Zugang zu Brennholz und Überschwemmungen.

Wir müssen die ebenso überraschende wie unbestreitbare Tatsache ernst nehmen, daß *nicht* die Reichen, sondern ganz spezifisch die Armen gegen eine bestimmte Art der Naturzerstörung protestierten. Ihnen wurde die angestammte Lebensgrundlage entzogen, die *Subsistenz*.

Nun war die Überwindung der Subsistenz, der genügsamen Selbstversorgungswirtschaft, lange Zeit das erklärte Ziel der „Entwicklung". Vielerorts war die Ablösung der Subsistenz allerdings auch eine

schlichte Folge der Bevölkerungsvermehrung, welche nach Arbeits-
teiligkeit und Produktivitätssteigerung verlangte, weil der Boden in der
alten Wirtschaftsform nicht mehr Menschen ernähren konnte. Auch
der europäische Entwicklungsweg, die „industrielle Revolution" im
19. Jahrhundert, kann als Überwindung der Subsistenz verstanden werden. Die ökonomische Wissenschaft sieht dies so an und setzt Subsistenz mit Armut und Rückständigkeit gleich. Erst in jüngster Zeit
haben Ökonomen insbesondere aus Entwicklungsländern und nicht
zuletzt Frauen[6] die Allgemeingültigkeit der gängigen ökonomischen
Entwicklungslehre angezweifelt und darauf hingewiesen, daß viele
Menschen von der „Entwicklung" ihres Landes nicht nur keinen Vorteil, sondern oft sogar massive, vielleicht lebensbedrohende Nachteile
beziehen. Insbesondere bedeuten viele Entwicklungsprojekte eine
akute Bedrohung der Lebensgrundlagen für die Subsistenzwirtschaft
des betroffenen Gebiets, und zwar desto mehr, je mehr sie in die natürliche Umwelt eingreifen.

Die Schwerpunkte der staatlichen Entwicklungspolitik des Nordens
lagen von Anfang an beim Ausbau der Infrastruktur (z. B. Häfen, Straßen, Schienen, technische Bildung, Medizin und Kreditwesen) sowie
bei der Produktivitätsförderung und Markteinbindung der Landwirtschaft und bei der Rohstoff-Förderung. Daß die Umwelt litt, wurde in
Kauf genommen, und daß die Subsistenzwirtschaft an den Rand gedrängt wurde, wurde – mit dem allerbesten Gewissen – geradezu be-
grüßt.

Weltarbeitsteilung

Die Überwindung der Substistenz hatte auch den Sinn, einen immer
besser funktionierenden Weltmarkt zu entwickeln. Das ist nach herkömmlicher Ökonomie gut für alle. Weltmarkt bedeutete Weltarbeitsteilung. Die uneinholbare technische Überlegenheit des Nordens sicherte
dabei diesem die ökonomisch interessanten, hochwertigen Tätigkeiten,
während die Entwicklungsländer in der von ihnen gar nicht geschätzten
Rolle des Rohstofflieferanten eher stabilisiert wurden.

Ein Beispiel aus der frühen Kolonialzeit (also lange bevor es Entwicklungshilfe gab) beschreibt der indische Historiker Mukerjee, und zwar
die Ablösung Indiens durch England als Garn- und Stofflieferant der

Welt aufgrund der frühindustriellen Entwicklung in England. Schon 1786, vor über 200 Jahren, konnte Indien (Bengalen) seine handwerklichen, *aber technisch hochstehenden* Garne gegen die billiger werdende britische Konkurrenz nicht mehr halten. Eine Zeitlang hielt sich noch der Exportmarkt für indische Baumwollmusselins, weil die englischen Maschinen das noch nicht konnten. Aber bald war Indien auch hier geschlagen. War Indien bis etwa 1800 noch die industrielle „Werkstatt der Welt", schreibt Mukerjee nicht ohne Wehmut, so wurde es nun in eine der reichsten Rohstoffregionen verwandelt. „Indien begann eine Phase der De-Industrialisierung."[7] Hundertfünfzig Jahre später war der Rohstoffreichtum verkauft oder verbraucht, und Indien war zu einem der ärmsten Länder der Welt abgesunken. In der britischen Ökonomie wird der gleiche Vorgang selbstverständlich als Fortschritt dargestellt.

In neuer Zeit hat sich das Verkaufen des Rohstoffreichtums noch beschleunigt, und zwar insbesondere durch den erleichterten Transport. Die Wirkung der ohne Zynismus als „Entwicklungshilfe" bezeichneten Verbesserung der Verkehrsinfrastruktur war schrecklich für die Umwelt und zweifelhaft für die Entwicklung. Die Wirkung war erstens ein rascheres Erschließen und Abtransportieren von Bodenschätzen und Naturgütern (also im Effekt eine Beschleunigung der Umweltzerstörung) und zweitens – weil dies ja weltweit geschah – ein strukturelles Überangebot von Bodenschätzen und Naturgütern auf dem Weltmarkt, also ein Preisverfall. So konnte dann Andre Gunder Frank schon 1973 mit Bezug auf Wachstum und Entwicklung der Dritten Welt formulieren: „Das einzige, das wächst, ist die Verschuldung, das einzige, das sich entwickelt, ist die Unterentwicklung." Und Folker Fröbel, Jürgen Heinrichs und Otto Kreye konnten zeigen, wie die Beschleunigung des Verkehrs die Entwicklung zum arbeitsteiligen Organismus der globalen Fabrik begünstigte, deren Gehirn natürlich in den Industrieländern saß und deren Körperteile über alle Erdteile verteilt wurden.[8] Bei relativ geringfügigen Kostenveränderungen können solche unselbständigen Körperteile abgestoßen, d. h. die Zwischenfertigungsfabrik geschlossen und die dort beschäftigten Arbeitskräfte auf die Straße gesetzt werden.

Im Rahmen der Arbeitsteilung hat insbesondere die japanische Wirtschaft die schmutzigen, energieintensiven und flächenintensiven Produktionen in die Dritte Welt exportiert.[9] Auch wir Europäer haben uns nach dem Schärferwerden der Umweltgesetze an diesem weltweiten Spiel beteiligt, nicht zuletzt durch den Import von Futtermitteln, für deren Anbau uns die heimischen Flächen zu schade oder zu teuer waren. Auch der direkte Export von Schmutz, insbesondere Sondermüll aus dem Norden in den Süden, ist ein Beispiel für die ökologisch bedenkliche Weltarbeitsteilung, aber quantitativ spielt dies für die Umweltprobleme der Dritten Welt nur eine ganz untergeordnete Rolle. Im übrigen ist dies einer der wenigen Fälle der Nord-Süd-Umweltproblematik, wo man mit konventioneller internationaler Umweltpolitik verhältnismäßig gut vorankommt, wie die schnelle Einigung auf das Abkommen von Basel über die grenzüberschreitende Abfallverkürzung im März 1989 gezeigt hat.[10]

Die neue Weltarbeitsteilung und die mit ihr verbundene „Entwicklung" ist für die Masse der Bevölkerung in der Dritten Welt ein höchst zweifelhaftes Geschenk, insbesondere dann, wenn dabei die Subsistenz zerstört wurde. Der Hunger könnte geradezu die Folge einer bestimmten, die Eigenversorgung zerstörenden Entwicklung sein.[11] Und die Umweltzerstörung der so entwickelten und in die Weltarbeitsteilung eingebundenen Gebiete ist eine fast unausbleibliche Folge.

Oft sind die Folgen indirekter Natur. So hat die Rodung von Wäldern und die Verwandlung der Flächen in Farmland für Exportfrüchte und Viehfutter zur Folge, daß das Regenwasser vom Boden nicht mehr gut aufgefangen wird, und jeder starke Regen kann dann zu einer Flutwelle im unterliegenden Land führen, während in trockenen Zeiten die Quellen versiegen und ganze Gebiete staubig werden. Waren in den sechziger Jahren etwa 5,2 Millionen Menschen jährlich von Flutkatastrophen betroffen, so waren es in den siebziger Jahren schon 18,5 Millionen jährlich.[12] Bei Dürrebetroffenen ist das Verhältnis ähnlich. Der Faktor 3,5 innerhalb eines Jahrzehnts läßt sich weder durch Wetter noch durch Bevölkerungszunahme, noch durch verbesserte Statistiken erklären. Nach Lloyd Timberlake vom Internationalen Institut für Umwelt und Entwicklung (IIED) in London waren es in der Regel eindeutig vom Menschen verursachte Katastrophen.[13]

„Umweltflüchtlinge" ist überhaupt ein neues Wort für den Almanach des Schreckens. Das Genfer Henri-Dunant-Institut (das Forschungsinstitut des Roten Kreuzes) nennt eine Gesamtzahl von 500 Millionen Umweltflüchtlingen.[14] Während sich die Chipko-Frauen noch einigermaßen gegen die Waldzerstörung durch die Entwicklung wehren konnten, weil die Gefahr sichtbar und lokalisiert war, stehen die meisten Umweltflüchtlinge den katastrophalen Ereignissen, der Vertreibung und den Ursachen für sie völlig hilflos und ahnungslos gegenüber.

Trotz all dieser Erkenntnisse geht die „Entwicklung" weltweit mit voller Wucht weiter. Lediglich Kapitalmangel bremst sie ein wenig; so behaupten etwa mexikanische Wissenschaftler, daß manche Verelendungstrends plötzlich segensreich verlangsamt oder gestoppt wurden, als auf einmal durch die sich zuspitzende Schuldenkrise das Geld für bestimmte „Entwicklungs"programme fehlte.[15] Aber was für die Armen auf dem Land und in den Slums schlecht ist, braucht für die Entwicklungsplaner in den Ministerien, Banken und Industrien, die die Partner des Nordens sind, noch lange nicht schlecht zu sein. Diese Partner, die uns meistens mit dem Pathos begegnen, für ihr Land und die Millionen Armen in ihm zu sprechen, haben kein Interesse daran, unsere Entwicklungshilfeinstitutionen oder Investoren mit den Armen im Lande ins direkte Gespräch zu bringen. Diese dienen allenfalls als Photomaterial, um dem Partner aus dem Norden zu zeigen, wie nötig das Land das ausländische Kapital hat. Für die Entwicklungsplaner in den Hauptstädten zählt der Erfolg am Weltmarkt, die Armen und die Natur sind meistens Nebensache. Die innere Rechtfertigung für das zynisch anmutende Verhalten der städtischen Eliten ist, daß der Norden ja den gleichen Entwicklungsgang hinter sich gebracht hat und damit so strotzend erfolgreich war. Und das Aussteigen aus dem internationalen Wettrennen um Vorteile auf dem Weltmarkt, wie es etwa Burma und Tansania eine Zeitlang versucht haben, hat sich ja bekanntlich auch nicht bewährt. Und schließlich gibt es einen ganz breiten Konsens, der auch die meisten Armen einschließt, daß Entwicklungsländer den technologischen Anschluß an den Norden finden müssen – und den bekommt man nun einmal nicht durch Subsistenz, Giraffenhege oder antikapitalistische Parolen, sondern nur durch enge Kontakte mit denen, die über die Technologie verfügen. Mit moralischen Vorwürfen unsererseits gegen die Hauptstadteliten in den Entwicklungsländern sollten wir uns also zurückhalten. Eher sollten wir lernen, die aus der Weltarbeitsteilung resultierenden Gefahren zu sehen und unsere eigene Rolle in diesem Weltmonopoly kritisch zu durchleuchten und zu korrigieren.[16]

Der Brundtland-Bericht

In Kenntnis der galoppierenden Zerstörung der Natur, insbesondere in den Entwicklungsländern, wurde die norwegische Regierung – mit Unterstützung anderer skandinavischer Regierungen – 1983 aktiv und schlug den Vereinten Nationen die Einrichtung einer Umweltkommission vor, die sowohl die Welt-Umweltsituation beschreiben und andererseits die Tüchtigkeit des UNEP überprüfen sollte. Die Kommission wurde zwar gegründet (mit norwegischem Geld und anderen Mitteln aus OECD-Ländern), aber auf Druck der Entwicklungsländer mit einer Dreiviertelmehrheit von Entwicklungsländervertretern und mit einem neuen Namen, nämlich „Weltkommission für Umwelt *und Entwicklung*" (WCED). Die norwegische Oppositionsführerin (1985–89 Ministerpräsidentin) Dr. med. Gro Harlem Brundtland wurde zur Vorsitzenden gewählt.

Nach dreijähriger intensiver Arbeit mit zahlreichen Anhörungen in praktisch allen Erdteilen erstellte die Kommission ihren Bericht ›Our Common Future‹,[17] der als eines der bedeutendsten Dokumente des Jahrzehnts gelten kann. Zwar wird – den Entwicklungsländern zuliebe – laufend von Entwicklung gesprochen, aber diese Entwicklung wurde als „dauerhaft" (sustainable) qualifiziert, was also eine Ramboökonomie grundsätzlich ausschließen müßte.[18]

Eine der wichtigsten Erkenntnisse, die der Brundtland-Bericht zwar nicht selbst gewonnen, aber im richtigen Kontext verarbeitet hat, ist die Tatsache, daß in den letzten Jahren (seit etwa 1985) Jahr für Jahr rund 40 Milliarden Dollar netto aus den Entwicklungsländern an den Norden geflossen sind. Der Großteil der Werte wurde für den Schuldendienst (meist bloß Zinsen, nur geringfügige Rückzahlung) aufgewendet. Sämtliche Kapitaltransfers vom Norden in den Süden, insbesondere die gesamte Entwicklungshilfe ist dabei bereits von einer ursprünglich noch viel höheren Summe des Süd-Nord-Kapital- und Sachwertestroms abgezogen worden.[19] Wer die Wirtschaftsstruktur des Südens kennt, weiß, daß diese Werte zum größten Teil durch den Verkauf von lebendigen und mineralischen Rohstoffen, also durch den Verkauf von Natur „erwirtschaftet" worden sind, großteils unwiederbringliche Güter.

Einige Passagen aus dem Brundtland-Bericht seien wörtlich wiedergegeben:

Zwei Bedingungen müssen erfüllt sein, damit der internationale Wirtschafts-
austausch vorteilhaft für alle Beteiligten wird. Die Dauerhaftigkeit des Öko-
systems, von dem die Weltwirtschaft abhängt, muß gewährleistet sein. Und für
die Wirtschaftspartner muß die Basis des Austausches gerecht sein. Beziehungen,
die unausgeglichen sind und auf der Herrschaft der einen oder anderen Seite
basieren, sind keine gute und dauerhafte Basis gegenseitiger Abhängigkeit. Für
viele Entwicklungsländer ist keine dieser Bedingungen erfüllt.

[...]

Der Handel mit tropischem Holz z. B. ist ein Bereich, der unter der tropischen Entwaldung leidet. Der Bedarf an Fremdwährung führt in vielen Entwicklungsländern dazu, Holz schneller zu fällen, als die Wälder sich regene-
rieren können. Dieses Überroden erschöpft nicht nur die Ressource, die den
Weltholzhandel stützt, sondern verursacht auch den Verlust des Lebensunter-
halts, der auf Wald basiert, verstärkt die Bodenerosion und Überschwemmungen
und beschleunigt den Verlust von Arten und genetischen Ressourcen.[20]

[...]

Künftige Strukturen land- und forstwirtschaftlicher Entwicklung, des Energieverbrauchs, der Industrialisierung und menschlichen Siedlungen könnten
weit weniger materialintensiv werden und daher leistungsfähiger für Wirtschaft
und Umwelt. Unter diesen Bedingungen kann eine neue Ära des Wachstums in
der Weltwirtschaft die Möglichkeiten für die Entwicklungsländer erweitern.[21]

Im letzten Abschnitt dieses Kapitels gehe ich noch einmal kurz auf
diesen Forderungskatalog ein.

Die Unerreichbarkeit des heutigen Industrieländerwohlstands

Das europäisch-amerikanisch-japanische Entwicklungsmodell ist für
jeden Bewohner eines Entwicklungslandes bestechend. Der Wohlstand,
die funktionierende Infrastruktur vom Telefon bis zum Abflußrohr, die
funktionierende Verwaltung, die politische Macht, die Mobilität, die
Bildung, die Technologie, das soziale Netz – und der funktionierende
Umweltschutz –, all das möchte man auch gerne haben. Und wer fände
den Wunsch nicht gerechtfertigt? Aber schon im Einleitungskapitel
habe ich festgestellt, daß die unveränderte Übernahme dieses Entwicklungsmodells durch heute 5, bald 6 und eines Tages 8–10 Milliarden
Menschen rein quantitativ-ökologisch vollkommen illusorisch bzw. zer-
störerisch wäre. Wenn sich die Pro-Kopf-Verbräuche von Energie, Wasser, Mineralien und Landschaft nicht drastisch verringern, wäre die

Erde in 5–10 Jahren irreversibel zerstört. Vor allem der Norden, dem es heute gutgeht, kann dieses ökologische Inferno nicht wünschen. Für den Süden wäre es genauso entsetzlich, aber für den Süden, vor allem für Afrika, sieht die Welt heute so aus, als könne es gar nicht mehr schlechter werden.

Was der Süden tun und denken soll, ist nicht Gegenstand dieses Buches. Aber was der Norden in bezug auf den Süden tun kann, das soll uns angehen.

Was können wir tun?

In erster Linie muß der Norden selbst sein Wohlstandsmodell, so rasch es eben ohne schwere Brüche und Krisen geht, radikal ändern.

Das neue Wohlstandsmodell sollte so attraktiv sein, daß es sich auch in der Demokratie im Norden als Leitidee schnell durchsetzen kann. Es sollte für den Süden technisch und ökonomisch leichter erreichbar sein als unser jetziges Verschwendungsmodell. Aus ökologischer Sicht muß es offensichtlich vor allem den Verbrauch unwiederbringlicher Naturschätze und die Verschmutzung drastisch einschränken. Dann – und nur dann – haben wir das Recht, bei den Nord-Süd-Verhandlungen Gleiches vom Süden zu verlangen. Das neue Wohlstandsmodell und das Instrumentarium, es zu erreichen, bespreche ich in den Teilen III und IV dieses Buches.

Aber mit der Arbeit am neuen Wohlstandsmodell dürfen wir es nicht bewenden lassen. Wir können der Dritten Welt auch direkt helfen, mit der drückender werdenden Umweltkrise fertigzuwerden.

Zunächst etwas zur Benennung. Nichts, was zur Erschließung von Rohstoffen dient, von der Prospektion bis zum Ausbau der Transportwege, und nichts, was Primärwälder in Agrarland verwandelt, dürfte von irgendeinem europäischen Land oder irgendeiner Entwicklungsagentur, welche europäisches Geld einsetzt, noch mit der Ehrenbezeichnung „Entwicklungshilfe" bedacht werden. Es ist im Effekt Beihilfe zum Raubbau. Es zu verbieten, wäre illusorisch, aber der Steuerzahler darf nicht in dem schändlichen Irrglauben gelassen werden, er finanziere hier etwas Gutes. Natürlich wird es Grenzfälle geben, wie eine Bahnstrecke vom Landesinneren zum Hafen, die nicht nur Erze transportieren wird, sondern auch ein Schritt auf ein umweltverträgliches

Wohlstandsmodell zu ist. Und die Entwicklung einer ökologischen Wald-Weide-Landwirtschaft aus einem von Austrocknung und Waldbränden bedrohten „Naturwald" würde auch in Zukunft den Titel „Entwicklungshilfe" beanspruchen können.

Konkret und praktisch können wir die Verbreitung von Umwelttechnik vorantreiben:

– Moderne Kohle-Gas-Kombinationskraftwerke sind gegenüber einfachen Kohlekraftwerken ein großer Fortschritt für die Nahumwelt, für die Energieeffizienz und für die Bremsung des Treibhauseffekts.

– Müllverwertungs- und Müllverbrennungstechniken würden die Ballungszentren der Dritten Welt sehr entlasten.

– Moderne Klärwerke wären die beste Soforthilfe für den Jangtsekiang, den Nil oder den Orinoko.

Natürlich wäre darauf zu achten, daß die Techniken soweit wie möglich in den Entwicklungsländern gewartet werden können und dort möglichst bald auch selbst hergestellt werden können (was den Interessen unserer Exportwirtschaft zuwiderläuft). Forschung und Entwicklung für eine ökologisch dauerhafte und dennoch modernen Produktivitätsansprüchen genügende Landwirtschaft und Kleingewerbetechnik müßte allein schon wegen der notwendigen Feldarbeit vor Ort möglichst in den Entwicklungsländern selbst ausgebaut und von Europa gefördert werden. Manche modernste Techniken eignen sich besonders gut, die traditionellen Techniken zu modernisieren und zu ergänzen, anstatt sie zu verdrängen.[22]

Weitere Möglichkeiten wären:

– Hilfe beim Aufbau effizienter Verwaltungen (Umwelt, Forst- und Landwirtschaft, Städteplanung etc.) mit entsprechend qualifizierten Mitarbeitern.

– Strukturanpassungshilfen, die binnenwirtschaftliche Anreize zur Ressourcenschonung schaffen.[23]

– Gezielte Hilfen für die Stärkung des informellen Sektors, z. B. Förderung der kleinsthandwerklichen Müllverwertung, die es in fast allen städtischen Zentren gibt.

Schuldenerlaß gegen Urwalderhalt

Schließlich, und für die aktuelle Diskussion über die Zerstörung der Tropenwälder am wichtigsten: Es müssen sehr dringend Wege gefunden werden, den Entwicklungsländern, die über tropische Wälder verfügen, ein sofortiges Abbremsen, möglichst Aufhören der Waldvernichtung schmackhaft zu machen. Ein Schritt in die richtige Richtung ist das von Thomas Lovejoy 1984 vorgeschlagene Programm ›Debt-for-nature-swaps‹ (Schulden-Natur-Tausch). Hier werden den privaten oder staatlichen Gläubigerbanken von Naturschützern Schuldentitel zum heutigen Marktpreis (z. B. 20 Prozent des Nennwerts) abgekauft. Der dadurch zum Gläubiger gewordene Naturschützer erläßt die Schulden in voller Höhe gegen die Zusicherung des Schuldnerlandes, hierfür ein bestimmtes Areal des Waldes unter Naturschutz zu stellen. Die Banken wären zufrieden, denn sie könnten wenigstens ein bißchen Geld für die weitgehend wertlosen Schuldentitel kassieren (im übrigen haben sie sich durch vieljährige Zinszahlungen meist schon einigermaßen schadlos gehalten). Das Entwicklungsland wird einen Teil der Schulden und Zinsbelastung los, und der Naturschützer hat das gute Gefühl, mit seinem Geld ein Areal von einer Größe für den Naturschutz freigekauft zu haben, die er mit normalem Grunderwerb niemals erreichen könnte.[24]

Aber der Schulden-Natur-Tausch wird für das eigentliche Regenwaldproblem erst interessant, wenn wenigstens die Hälfte des der Erde verbliebenen Primärwaldes geschützt würde und demgemäß Gelder in Höhe der gesamten Schulden (über eine Billion Dollar) erlassen oder neu an die Entwicklungsländer gespendet würden. Dies ist aber derzeit vollkommen illusorisch. Einige Gläubigerbanken müßten Konkurs anmelden, wenn die Schulden über Nacht aus der Habenseite der Bücher verschwinden würden. Und für die meisten Entwicklungsländer ist der großflächige Verzicht auf „Nutzung" der Primärwälder unvorstellbar. Im übrigen sind die Regenwälder, so wichtig sie um der Artenvielfalt (s. nächstes Kapitel) und der Lufterneuerung willen auch sind, nur ein relativ kleiner Teil der „Umwelt" in den Entwicklungsländern. Die Erosionstragödien am Himalaya und den Anden, die Versteppung, die verheerende Luft- und Wassersituation in vielen Regionen und vor allem die strukturelle Lage, die immer von neuem Umweltzerstörungen hervorbringt – all das zu sanieren, sind selbst tausend Milliarden Dollar zu wenig, – und sie würden bei einem Verzicht der Gläubiger auch gar nicht real verfügbar sein.

Im übrigen weiß jeder, der die Verhandlungssituation der letzten Jahre beobachtet hat, daß gegenwärtig ein Schulden-Natur-Tausch im großen Stil von seiten der meisten Entwicklungsländer schärfstens abgelehnt wird. Um dieses Nein zu lockern, müßte der Norden mehr bieten als bloßen Schuldenverzicht. Ich persönlich meine, daß sich die Stimmungslage des Südens schlagartig ändern würde und daß man dort die Schäden der Naturzerstörung für das eigene Land viel klarer sehen würde, wenn wir offen über die Unerreichbarkeit des nördlichen Verschwendungswohlstands, über unsere eigenen Maßnahmen zur Abkehr von diesem und zur Erreichung eines dauerhaften tragfähigen neuen Entwicklungsmodells sowie über Vorzugsbedingungen für den Transfer umweltfreundlicher Technologien sprechen würden. Dann wäre nämlich die Haltung des Nordens nicht mehr schulmeisterlich-kolonialistisch, sondern sie würde die heute entscheidende Einsicht glaubwürdig zum Ausdruck bringen: „Wir sitzen alle in einem Boot." Kapitel 14 spinnt diesen Faden fort.

Anmerkungen

¹ Vgl. z. B. V. J. Hartje, Umweltprobleme in der Dritten Welt. Was kann der Norden tun?, in: Aus Politik und Zeitgeschichte, B 33/85 vom 17. 8. 1985.

² Vgl. die Äußerungen von Anil Agarwal bei der Tagung (›Versöhnung zwischen Ökonomie und Ökologie, Frieden mit der Natur‹ vom 5.–7. 3. 1987 an der Evangelischen Akademie Bad Boll, in: Protokolldienst 11/87, Pressestelle Bad Boll, S. 51; vgl. dazu auch Harald Schumann, Futtermittel und Welthunger, Reinbek 1986.

³ Vgl. Time 1 (1989), S. 35.

⁴ State of the World 1989, Worldwatch Institute, W. W. Norton, New York 1989, S. 188–192, u. a. S. 191.

⁵ Vgl. z. B. Jaganta Bandyopadhyay und Vandana Shiva, Chipko: Rekindling India's Forest Culture, The Ecologist 17 (1987), 26–34.

⁶ Swasti Mitter, Toys for the boys, in: Journal of the Society for international development 3 (1986), S. 66–68; Lourdes Arizpe, A new paradigm is needed, in: ebd., S. 56.

⁷ R. Mukerjee, The Economic History of India, 1600–1800, Allahabad 1967, S. 193–194.

[8] Folker Fröbel/Jürgen Heinrichs/Otto Kreye, Die neue internationale Arbeitsteilung, Reinbek 1977.

[9] Vgl. Helmut und Veronica Schreiber, Environmental consequences of transnational corporation activities in Developing Countries – The case of the Philippines, Institute for European Environmental Policy, Bonn, Paris, London, September 1987; vgl. auch: Gefährliche Produktionsverlagerungen von Nord nach Süd, in: Uwe Hoering (Red.), Zum Beispiel Umweltzerstörung, 2. Auflage, Bornheim 1987, S. 90–94.

[10] Vgl. dazu Informationen des Bundesministers für Umwelt, Naturschutz und Reaktorsicherheit, Umwelt 4 (1989), S. 195; eine deutsche Übersetzung der politisch und sachlich relevanten Artikel des Baseler Abkommens ist abgedruckt in: Stiftung Entwicklung und Frieden (Hrsg.), Die Umwelt bewahren, Bonn-Bad Godesberg 1989, S. 143–172.

[11] Joseph Collins und Frances Moore Lappé, Vom Mythos des Hungers. Die Entlarvung einer Legende: Niemand muß hungern, Freiburg i. Br. 1978.

[12] United Nations Environmental Programme (UNEP), Environmental Refugees, 1985; vgl. auch J. Giri, Rétrospective de l'Economie sahélienne, Club du Sahel, Paris 1984, zitiert im Brundtland-Bericht (vgl. Anmerkung 18, S. 71).

[13] Vgl. Andere Wijkman/Lloyd Timberlake, Die Rache der Schöpfung, Naturkatastrophen – Verhängnis oder Menschenwerk?, München 1986; Lloyd Timberlake, Man made disasters; vgl. auch Edward Goldsmith/Nicholas Hildyard, The Social and Environmental Effects of Large Dams, 3 Bde., Ecosystems, Camelford (Cornwall) 1985–1989.

[14] Nach Frankfurter Rundschau, 20. 3. 1987.

[15] Gustavo Esteva, Mexico City, persönliche Mitteilung 1988.

[16] Vgl. z. B. Folker Fröbel/Jürgen Heinrichs/Otto Kreye, Umbruch in der Weltwirtschaft, Reinbek 1986.

[17] Auf deutsch: Volker Hauff (Hrsg.), Unsere gemeinsame Zukunft, a. a. O.

[18] Es sind allerdings Zweifel angebracht, ob die Kommissionsmitglieder der Dritten Welt das so sehen. Vgl. auch Hans-Jürgen Harborth, Dauerhafte Entwicklung (Sustainable Development), Zur Entstehung eines neuen ökologischen Konzepts, erstellt für das Wissenschaftszentrum Berlin für Sozialforschung, 1989.

[19] Volker Hauff, a. a. O., S. 72.

[20] Ebd., S. 70/71.

[21] Ebd., S. 93.

[22] Ernst U. von Weizsäcker/M. S. Swaminathan/Aklilu Lemma (Hrsg.), New Frontiers in Technology Application – Integration of Emerging and Traditional Technologies, Tycooly (Dublin, heute Oxford) 1983.

[23] Vgl. Zur Ressourcenschonung im landwirtschaftlichen Bereich: Johannes Kotschi, Ökologischer Landbau als ein Instrument landwirtschaftlicher Ent-

wicklung, in: Entwicklung und ländlicher Raum (E + L), 5/81, ebenso abgedruckt in: Peter Rottach (Hrsg.), Ökologischer Landbau in den Tropen, Ecofarming in Theorie und Praxis, Alternative Konzepte 47, Karlsruhe 1984,
S. 95–106.

[24] World Wildlife Fund, Debt-For-Nature Swaps. Background Information,
Washington D. C. 1987; Helmut Schreiber, "Debt-for-nature swap" – an instru-
ment against debt and environmental destruction?, Institut für Europäische
Umweltpolitik, Bonn, Januar 1989.

9. Kapitel

BIOLOGISCHE VIELFALT
UND GENTECHNIK

Biologische Vielfalt

Manchmal braucht die Welt ein neues Schlagwort, um die Wirklichkeit wahrzunehmen. "Biodiversity" war ein solches Schlagwort, auf deutsch Biovielfalt oder Biologische Vielfalt. Einer der prominentesten Biologen Amerikas, der Harvard-Professor Edward O. Wilson, Schöpfer des Begriffes Soziobiologie, rief im Jahre 1986 die Wissenschaftlergemeinde zu einer Konferenz über "Biodiversity" nach Washington. Die Konferenz wurde zu einem eindrucksvollen Fanal zur Rettung der Biovielfalt der Erde.[1]

Gut fünf Jahre vorher hatte bereits Thomas Lovejoy (der gleiche, der später die "debts-for-nature-swaps" erfand, vgl. Kapitel 8) zum gleichen Thema, aber ohne das Wort "biodiversity" zu verwenden, vier markante Seiten im ›Global 2000‹ (Bericht an Präsident Jimmy Carter) veröffentlicht.[2] Darin schrieb er, daß bis zum Jahr 2000, welches damals knapp 25 Jahre entfernt war, rund eine halbe Million Tier- und Pflanzenarten ausgerottet würden. Wie kam es zu dieser erstaunlichen Behauptung, wo man doch nur rund 1,7 Millionen Tier- und Pflanzenarten kennt? Er benutzte u. a. eine Erfahrung der Smithsonian Institution, für die er heute arbeitet, die eine Expedition in den Amazonasurwald gemacht hatte und dort – neben anderem – sämtliche Arten einer Fliegenfamilie zu bestimmen versuchte. 55 Arten wurden bestimmt, von denen zwei vorher bekannt waren und 53 neu beschrieben bzw. entdeckt wurden. Diese und vergleichbare Erfahrungen mit anderen Tier- und Pflanzenformen lassen eine Abschätzung darüber zu, wie viele der insgesamt existierenden Arten wir bereits wissenschaftlich beschrieben haben. Rechnet man nun auf diese Weise zu den bekannten 1,7 Millionen ca. 50 000 Arten jährlich um das Jahr 2000

Arten die unbekannten hinzu, so kommt man auf mindestens 5 Millionen, höchstens vielleicht 60 Millionen Arten. Und der größte Teil der bislang unbekannten Arten lebt in den tropischen Wäldern, oft nur in kleinen Arealen, die bei einem einzigen Waldbrand zerstört werden. Oder sie leben in sehr dünnen Populationen, die nur in großen, zusammenhängenden Arealen überleben können.[3] Die Abschätzung der Zerstörungsrate der Wälder und anderer Biotope führte Lovejoy zu seiner Schätzung, die umgerechnet bedeutet, daß täglich rund 50 Arten ausgerottet werden. Wegen der raschen Beschleunigung der Waldvernichtung seit Mitte der siebziger Jahre schätzen manche Autoren eher 100 Arten, die täglich verlorengehen,[4] während ich im Einleitungskapitel, um mich auf jeden Fall vor Übertreibungen zu hüten, die „niedrige" Zahl von 10 Arten angesetzt habe.

In vergangenen Jahrmillionen sind auch immer wieder Arten ausgestorben. Mehr als 99% aller jemals vorhandenen Arten sind, so nimmt man an, vor unserer Zeit ausgestorben, allerdings meistens, um im „Artenwandel" Nachfolgearten Platz zu machen, die aus ihnen selbst hervorgegangen waren.[5] Der Artentod war in der Regel langsam, frühere Schätzungen (als man noch von weniger Arten insgesamt ausging) gaben eine Art pro Jahr an.[6] Wenn heute 4000, vielleicht 30000 Arten jährlich aussterben, so könnte das mehr als eine Vertausendfachung der „natürlichen" Geschwindigkeit sein, also Grund zu höchster Besorgnis.

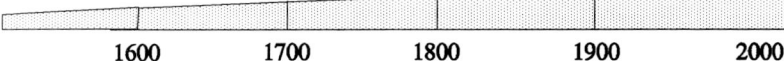

| 1600 | 1700 | 1800 | 1900 | 2000 |

Abb. 34: Der Anstieg des Artensterbens. (Lee Durrell, GAIA – Die Zukunft der Arche. Atlas zur Rettung unserer Erde, Frankfurt a. M. 1987.)
Die Vernichtung biologischer Vielfalt ist dasjenige, was uns künftige Generationen am allerwenigsten verzeihen werden, sagt Prof. Edward O. Wilson. Und doch nimmt das Artensterben mit beängstigender Geschwindigkeit zu – um das Jahr 2000 ca. 50000 Arten jährlich.

Besonders hohe Verlustraten gibt es in jedem von Bränden und Kahl-
schlägen zerfressenen Urwaldgebiet, und speziell
- in Madagaskar mit seiner einzigartigen Fauna, wo über 90% der
  ursprünglichen Vegetation zerstört ist,
- in den Monsunregenwäldern am Fuß des Himalaya, die unter star-
  kem Bevölkerungsdruck stehen,
- in Neukaledonien, welches 83% endemische, also nirgendwo anders
  vorkommende Pflanzenarten hat,
- in den Restwäldern Ostafrikas, wo Jane Gooddall ihre berühmten
  Beobachtungen an wildlebenden Schimpansen gemacht hat,
- am Ostabhang der Anden, wo Bevölkerungsdruck und Ölförderung –
  in Ekuador – den ökologisch besonderen Bergregenwald unter starken Druck setzen,
- im westafrikanischen Urwald, der schon zum großen Teil Erdnuß-,
  Kakao- und Gemüseplantagen sowie Viehweiden geopfert wurde,
- auf der Malayenhalbinsel, wo 20 Jahre lang ein gnadenloser Wald-
  raubbau getrieben wurde (teilweise als Mittel zum Aufspüren von
  Guerillakämpfern deklariert),
- in Südwestchina u. a. durch Sauren Regen,
- in Sumatra, Kalimantan (Borneo), Sulawesi (Celebes) durch viele
  Faktoren einschließlich eines großen Umsiedlungsprogramms,
- in den Philippinen durch Zerstörung ganzer Inselvegetationen,
- in Mittelamerika durch Plantagenwirtschaft,
- in Nordostaustralien
- und an der gesamten brasilianischen Küste.[7]

Im übrigen ist nicht nur der Wald bedroht. Auch die großen Fluß-
systeme, die Mangrovenwälder, die Bergwiesen und die Savannen sind
bedroht und verlieren laufend biologische Vielfalt.

Auch in Europa

In Europa ist die Situation dadurch etwas weniger dramatisch, daß
die Artenvielfalt von Anfang an viel geringer war als in den Tropen und
daß die Ausrottung wesentlich früher begann und langsam verlief. Wie
aber im Kapitel 7 geschildert, hat insbesondere die Landwirtschaft in
den letzten 30 Jahren eine Großzahl von Arten an den Rand des Aussterbens gebracht. Nach der „Roten Liste der gefährdeten Tiere und

Pflanzen in der Bundesrepublik Deutschland" sind mehr als 50% aller
Wirbeltierarten und mehr als 30% aller Blütenpflanzen und Farnarten
in Gefahr auszusterben oder bereits ausgestorben, darunter fast alle
wildlebenden Hühnerarten, Amphibien, Reptilien sowie Orchideen.[8]
Darüber hinaus ist die Individuenzahl zahlreicher wildlebender Arten
in erschreckendem Maß dezimiert worden.

Schönheit und Nutzen

Wenn von höchster Besorgnis die Rede ist, meint man meist eine
wohldefinierte Gefährdung. Im Falle der biologischen Vielfalt ist der
Mensch nicht *direkt* gefährdet, aber er erleidet einen schweren ästhetischen Verlust, wenn die Artenvielfalt drastisch abnimmt. Für Georg
Picht ist unser Sinn für Schönheit eine Art Frühwarnsystem für längerfristige Gefahren, die auch der Menschheit drohen.[9] Und Hubert
Markl, heute Präsident der Deutschen Forschungsgemeinschaft, hat
diesen Zusammenhang treffend so ausgedrückt: „Zwar kennen wir die
Belastungsgrenzen und Stabilitätsbedingungen der meisten natürlichen
Lebensräume nicht, aber es wäre doch katastrophal, diese dadurch kennenlernen zu wollen, daß wir sie zunächst einmal ohne Rücksicht auf
Verluste überschreiten, indem wir zunächst zerstören, um festzustellen,
was wir erhalten sollen. Es geht also nicht darum, ob wir das Birkhuhn
oder den Schwarzspecht wirklich so dringend brauchen, den Feuersalamander oder die Zauneidechse, den Segelfalter, den Bärlapp oder das
Knabenkraut. Natürlich sind all diese Arten jeweils ein unwiederbringlicher Wert für sich, ein Wert an Schönheit, ein Wert an lebendiger Schöpfung, den der Mensch nie wiederherstellen kann und den zu zerstören
er sich deshalb auch nicht anmaßen sollte. Gewiß ist diese Artenfülle
auch der Mutterboden, aus dem auch unsere Art entsprang. Welch
Frevel also, diese Zeugnisse einer grandiosen biologischen Geschichte
zu vernichten! Wie können wir zur Ehrfurcht vor dem menschlichen Leben erziehen, wenn wir ganz ohne Ehrfurcht vor dem Lebensgrund handeln, aus dem es herstammt? ... Doch jenseits aller philosophischen
Erwägung gilt unter rein lebenspraktischem Aspekt vor allem, daß in
einer Umwelt, in der weder Birkhuhn noch Schwarzspecht überleben
können, noch Feldhase, Feuersalamander, Zauneidechse, Segelfalter,
Bärlapp oder Knabenkraut, daß dort das Dasein auch für uns Menschen

nicht nur unendlich an Schönheit verliert, sondern angesichts der Lebensfeindlichkeit auch unser eigenes Leben gefährdet wird."[10]

Solche Aussagen werden durch konkrete Nützlichkeitsüberlegungen ergänzt, wie etwa von Dr. Daniel Janzen von der Universität von Pennsylvania, der Wirkstoffen aus Tropenwaldpflanzen die größten Chancen bei der Gewinnung eines AIDS-Medikaments zuspricht. Er fügt hinzu: „Es ist, als hätten die Länder der Erde beschlossen, ihre Bibliotheken zu verbrennen, ohne sich die Mühe zu machen, nachzuschauen, was sie enthalten."[11]

Auch Markl weist darauf hin, daß die Fülle biologischer Arten für uns ein schier unerschöpflicher Vorrat an nutzenswerten Rohstoffen und anderen chemischen Leistungen darstellt. „Von Hunderttausenden von Pflanzen hat der Mensch bisher kaum einige Tausende genutzt, einige Hunderte kultiviert, von knapp einem Dutzend ernähren sich 4 Milliarden Menschen und deren Nutztiere, und auch diese selbst sind wieder nur ein winziger Ausschnitt des Tierartenreservoirs dieser Erde. Genausowenig sollten wir vergessen, daß die Menschheit in ganz kurzer Frist in Abermillionen Tonnen Müll und Abfall ersticken müßte, wenn nicht viele tausend Arten von Mikroorganismen uns eilfertig davon befreiten. Diesen mikrobiellen Abbauhelfern in den Kloaken und Abfallbergen unserer Lebensräume verdanken wir daher nicht weniger als den Produzenten unserer Nahrung", . . . und er bezeichnet sie richtig als „Meister chemischer Zersetzung und Umweltreinigung".[12]

Edward O. Wilson meint, daß künftige Generationen uns heute Lebenden die Dummheit der Artenzerstörung am allerwenigsten vergeben werden.

Nicht erst das Sterben der letzten Individuen einer Art gehört zum Aussterben der Art und zur Verminderung biologischer Vielfalt. Schon das Schrumpfen der Art und damit ihres Genpools vermindert sowohl die Vielfalt wie die Überlebenschancen der Art. Als Faustregel gilt, daß mindestens tausend fortpflanzungsfähige Individuen nötig sind, um den Bestand einer Art längerfristig zu sichern. Und noch wesentlich größere Anzahlen sind vermutlich nötig, um die Variabilität und Anpassungsfähigkeit von Arten an neue ökologische Herausforderungen zu erhalten. Viele Arten sind wahrscheinlich schon so dezimiert, daß sie sich auch bei optimalem Schutz nicht mehr werden halten können.

Eine weitere bedenkliche Erscheinung zum Thema Biovielfalt betrifft unsere Haustiere und unser Saatgut. Aufgrund langjähriger konsequenter Züchtung auf ein relativ enges Ziel wie Milchleistung oder Hektarertrag hin hat die Landwirtschaft heute trotz sehr hoher Individuenzahlen unter einer galoppierenden Sortenverarmung zu leiden. Der Schaden wird nicht gleich sichtbar, aber die schier unaufhaltsam auf uns zukommende Klimaänderung oder eine Epidemie könnte den Schaden plötzlich und katastrophal (für die Welternährung) zum Vorschein bringen. Das Einkreuzen von Robustheitsfaktoren durch Rückgriff auf natürliche Sorten ist aber nur so lange möglich, wie es diese Ursprungsarten noch gibt.[13]

Was können wir tun?

Die zentrale Aufgabe ist es, die Entwicklungsländer dazu zu bringen, den Artentod, der vor allem durch Raubbau an den Wäldern vor sich geht, abzubremsen oder zu stoppen. Gegenüber dem im vorhergehenden Kapitel Gesagten möchte ich hierzu nur hinzufügen, daß der Schulden-Natur-Tausch bevorzugt für Gebiete eingesetzt werden sollte, wo die Artenvielfalt akut bedroht ist.

In jedem Fall muß das wirtschaftliche Interesse der Menschen in den betreffenden Gebieten mit dem Artenschutz in Übereinstimmung gebracht werden. Prämien für Artenvielfalt sollten dem Grundbesitzer oder Pächter einen unmittelbaren Anreiz zum Erhalt von Biotopen geben. Administrativ sollte dies keine unüberwindlichen Schwierigkeiten mit sich bringen. Aber Daniel Janzen meint aufgrund jahrelanger Naturschutzerfahrung in Costa Rica (Mittelamerika), daß den meisten Arten nur der totale Schutz in Naturschutzgebieten bzw. Nationalparks spürbar nützt: „Alles außerhalb der Parks wird verschwinden, alles innerhalb wird gefährdet sein", sagt er in finsterem Pessimismus.[14]

Bei allen Überlegungen zu einem Weltklimafonds (vgl. Kapitel 14) sollte darauf geachtet werden, daß nicht nur der Aspekt der Sauerstoffproduktion bzw. der CO_2-Absorption der Wälder bedacht und finanziell belohnt wird. Sonst rechnen sich die Landbesitzer rasch aus, daß schnellerwachsende Fichten, Eukalyptus oder Pappeln in Monokulturen als CO_2-Senken und für den Anspruch auf die Prämien noch besser sind als Urwald, und die Artenvielfalt ist genauso dahin wie bei der Rodung für eine Rinderfarm oder eine Zuckerrohrplantage. Sosehr Wiederaufforstung und eine geregelte Forstwirtschaft vonnöten sind, für den Erhalt der Biovielfalt nützen sie im Normalfall nur relativ wenig. Aber es wäre durchaus möglich, die Wiederaufforstung so zu gestalten, daß sie der Vielfalt dient, auch wenn es nie möglich sein wird, einen Hektar ursprünglichen Urwald durch forstliche Maßnahmen zu kopieren.

Außer finanziellen Anreizen zum Erhalt des Waldes und anderer Ökosysteme sollten folgende Maßnahmen ergriffen werden:
– Aufklärung und Erziehung über Biovielfalt und ihre Gefährdung im Norden wie im Süden;
– Forschungsprogramme über biologische Vielfalt und über Möglichkeiten, sie zu schützen;
– Training von Parkwächtern und von Detektiven, die Übertretungen von Parkbestimmungen sowie des Washingtoner Artenschutzabkommens aufspüren; Verschärfung der Strafen bei Übertretungen;
– Gezielte Boykotte gegen bestimmte Tier- und Pflanzenprodukte, evtl. auch strafrechtliche Verschärfung von Bestimmungen des Washingtoner Artenschutzabkommens bezüglich des Erwerbs und Besitzes von Trophäen u. a.;
– Einrichtung großer Freilandzoos und Botanischer Gärten im Bereich von Nationalparks (als Touristenattraktion, um das wirtschaftliche Interesse der Entwicklungsländer am Artenschutz zu stärken);
– Verstärkung des Arten- und Biotopschutzgedankens bei Umweltverträglichkeitsprüfungen für Entwicklungsvorhaben; so ist z. B. die Zucht und Wildhege von waldbewohnenden Leguanen, wie es die deutsche Biologin Dagmar Werner in Panama angeregt hat und betreibt, wirtschaftlich und ökologisch viel vernünftiger als die Viehzucht;[15]
– Unterstützung der Arbeit des WWF und anderer Naturschutzorganisationen;
– Einlagerung von Samen und Saatgut in Genbanken.

Aber all diese flankierenden Maßnahmen können den Schutz der Wälder und anderer Ökosysteme nicht ersetzen, sondern höchstens ergänzen.

Gentechnik

Im Rahmen dieses der biologischen Vielfalt gewidmeten Kapitels soll noch auf einige Aspekte der Gentechnik eingegangen werden, allerdings nur insoweit sie mit der biologischen Vielfalt im Zusammenhang steht.

Mitunter wird die Gentechnik geradezu als Hoffnung angeführt, wenn es um die Wiederherstellung von biologischer Vielfalt geht. Ich fürchte, daß dies auf immer eine Illusion bleiben wird. Was die Gentechnik kann, ist *existierende* Gene neuen Organismen einzupflanzen. In geringem Umfang können auch neue Gene konstruiert werden. Aber die Forschungs- und Produktionskapazität aller Genlabors und aller Genbanken der Welt zusammengenommen wird kaum je die biologische Vielfalt eines Hektars Urwald erzeugen oder aufbewahren können. Und im übrigen ist es äußerst fraglich, ob die menschlichen Zuchtziele und Manipulationserfolge jemals an die ökologische „Weisheit" der Natur heranreichen!

Der eigentliche und viel bedeutsamere Berührungspunkt zwischen biologischer Vielfalt und Gentechnik liegt indessen auf einer ganz anderen Ebene: In der Agrar-Gentechnik liegt eine Tendenz zur weiteren Sortenverarmung von Nutzpflanzen oder -tieren. Das hängt damit zusammen, daß das landwirtschaftliche Zuchtziel mit Hilfe der Gentechnik wesentlich schneller erreicht werden kann als mit konventioneller Züchtung. Daher ist zu befürchten, daß sich die oben beklagten Prozesse der Sortenverarmung mit Hilfe der Gentechnik schneller und vollständiger abspielen. Es ist auch anzunehmen, daß der Wirtschaftlichkeitsvorteil einer gentechnisch hergestellten Sorte gegenüber ihren Konkurrenten wesentlich größer werden kann als bei herkömmlicher Züchtung. Man denke etwa an einen absolut schädlingsresistenten Apfelbaum, der dem Obstlandwirt Tausende von Mark Pestizide erspart und durch Umweltgesetze einen zusätzlichen großen Vorteil gegenüber allen heutigen Apfelsorten genießt. So ein Baum würde innerhalb zehn Jahren alle Obstanbaugebiete Europas oder darüber hinaus erobern. Das Beispiel ist so gewählt, daß es sogar noch eine ökologisch wünschenswerte Seite hat: die Einsparung von Pestiziden. Und dennoch besteht eine ökologische Gefahr darin, daß sich genetisch einheitliche Sorten großflächig durchsetzen.[16]

Damit ist eine Gefahr angesprochen, die im bisherigen Regelwerk der Gentechnik noch gar nicht zur Sprache gekommen ist. Bislang beschränkt sich die Gesetzgebung auf die Kontrolle der Mißbrauchs- und Unfallgefahren. Schon in bezug auf diese Gefahren ist die Gesetzgebung, wie sie in der EG durch die im September 1989 im Grundsatz beschlossene „Freisetzungsrichtlinie" angedeutet ist, unzureichend: Die Beteiligung der Öffentlichkeit beim Zulassungsverfahren, die Kriterienarmut der vorgesehenen Umweltverträglichkeitsprüfung und die beabsichtigte Zusammensetzung der das Verfahren kontrollierenden Kommission sind einige Schwachpunkte der Richtlinie.

Die langfristig größten Gefahren sind in der Richtlinie noch nicht einmal angesprochen, eben die Gefahren des flächendeckenden Erfolges. Sie könnten allerdings genausogut im Landschaftsschutz- oder Naturschutzrecht behandelt werden.

Realistischerweise muß man davon ausgehen, daß sich die landwirtschaftliche Gentechnik jetzt relativ rasch weltweit ausbreitet, ob man es moralisch gutheißt oder nicht. Im Sinne einer Wahrnehmung der erdpolitischen Verantwortung ist es höchste Zeit, für diese Phase der Gentechnik Kriterien und rechtliche Normen zu schaffen.

Kriterien für die Anwendung der Gentechnik

Im folgenden soll versucht werden, einige Kriterien und Auflagen zu formulieren, die bei der Freisetzung von gentechnisch veränderten Organismen in die Umwelt erfüllt werden sollten.[17]

(1) Das erste Kriterium ist die Öffentlichkeit des Verfahrens der Zulassung. Bei allem Verständnis für die Geheimhaltungswünsche der Industrie bei Hochtechnologie dürfte es nicht zugelassen werden, daß nur ein kleiner Expertenkreis von Anträgern auf Produktionszulassung oder Freisetzung unterrichtet wird und darüber entscheidet. In dieser Hinsicht ist die EG-Freisetzungsrichtlinie sehr unbefriedigend: Die Öffentlichkeit des Verfahrens bleibt den Mitgliedstaaten überlassen, und die Kontrolleure des Verfahrens sind größtenteils die Wissenschaftler, die eigentlich durch das Verfahren kontrolliert werden sollten. Der Entwurf eines Gentechnikgesetzes ist bezüglich der Unterrichtung der deutschen Öffentlichkeit besser, aber bezüglich der Kriterien für die Zusammensetzung der Entscheidungsorgane noch unbefriedigend.[18]

(2) Selbstverständlich muß dem Zulassen einer Freisetzung eine Umweltverträglichkeitsprüfung (UVP) vorausgehen. Dies ist auch in der EG-Richtlinie vorgesehen. Man soll aber von einer UVP nicht zu viel erwarten. Es können vielfach nur Mutmaßungen über die Effekte an-

gestellt werden. Und was „umweltverträglich" ist, darüber gibt es weit auseinanderklaffende Auffassungen.

(3) Eine klare Regelung über die Übernahme der Haftung bei Unfällen. Insbesondere die Haftung für das Freisetzungsrisiko muß beim Freisetzenden bleiben. Das ist auch eine der Forderungen der Gentechnik-Enquetekommission. Der Verantwortliche für die Freisetzung wird sich vernünftigerweise versichern lassen. Dann hat die Versicherung ein starkes Interesse daran, daß das Freisetzungsrisiko minimal bleibt. Die Verdrängung von wildlebenden Arten durch unbeabsichtigte Verbreitung freigesetzter Züchtungen müßte mit einem hohen nominellen Schadenssatz bewertet werden. „Entschädigungen" müßten in einem die Natur betreffenden Schadensfall in einen geeigneten Naturfonds eingezahlt werden.

(4) Die Freisetzung soll grundsätzlich nur gestattet werden, wenn dadurch die biologische Vielfalt der Kulturpflanzen oder Nutztiere gesteigert und die der wildlebenden Arten aller Voraussicht nicht vermindert wird. Höchstgrenzen für Anbaufelder, Fruchtwechselvorschriften und ökologische Kriterien für die Feldbegrenzung (z. B. Hecken) könnten als Auflagen in Frage kommen. Auch Sekundäreffekte wie z. B. übermäßiger, unvorsichtiger Herbizideinsatz bei herbizidresistenten Kulturpflanzen müßten berücksichtigt werden.

(5) Falls Gene aus wildlebenden Pflanzen oder Tieren Verwendung finden, so muß eine hohe Gebühr z. B. für einen Fonds zum Erhalt der biologischen Vielfalt der Erde bezahlt werden.

(6) Die Verwendung gentechnisch modifizierter Organismen sollte zumindest als Zielsetzung die Verminderung des Chemikaliengebrauchs haben. Auch andere ökologische Ziele wie die Sanierung von Altlasten durch giftfressende Mikroorganismen, die Bebauung von Standorten, die sonst lebensfeindlich sind oder die Erzeugung von nachwachsenden Rohstoffen als Ersatz für nichterneuerbare Rohstoffe kommen in Frage.

(7) Bestimmte ethische Kriterien wie „keine Manipulation am menschlichen Erbgut" oder „keine die biologische Gattung oder die Ordnung verlassende Chimären" müssen definiert werden.

(8) Es muß seitens der öffentlichen Hand dafür gesorgt werden, daß Forschungsmittel für die Frage zur Verfügung gestellt werden, wie man die durch Gentechnik angestrebten Ziele auch ohne Gentechnik erreichen kann. Das ist insbesondere für den Einsatz von gentechnisch ver-

änderten Pflanzen in der Dritten Welt von Belang, wo das erklärte Ziel im Zweifelsfall die Überwindung des Hungers ist, wo aber konventionelle Methoden vermutlich zielführiger sein dürften. Wenn die Gentechnik auf diese Weise in eine glaubwürdige ökologische Gesamtpolitik eingebettet wäre und wenn die Freisetzung z. B. durch die Versicherungsprämien so teuer würde, daß sie nur bei wirklichem Bedarf zum Einsatz käme, dann könnte sich die Gentechnik einen durchaus achtbaren Platz unter den modernen Technologien des „Jahrhunderts der Umwelt" verdienen (vgl. Kapitel 15).

Anmerkungen

[1] Vgl. Edward O. Wilson und Frances M. Peter (Eds.), Biodiversity, National Academy Press 1988.

[2] Thomas Lovejoy, A Projection of Species Extinctions, in: The Global 2000 Report to the President – Entering the Twenty-First Century, Harmondsworth 1980, 328–331.

[3] Edward O. Wilson, Biodiversity, Scientific American, Sept. 1989, S. 60–66 (›Spektrum der Wissenschaft‹, November 1989).

[4] Z. B. Eugene Linden, zit. in: The death of birth, Time 1 (1989), S. 20.

[5] Günther Osche (Evolution, Freiburg i. Br. [10]1979) unterscheidet „historische Artumwandlung" von „Artenschwund" und „Artentod" (S. 105) und betont, daß die biologische Definition der Artumwandlung schwer zu fassen ist, da Individuen, die zeitlich voneinander getrennten Populationen angehören, selbstverständlich keine Gene austauschen können (S. 71).

[6] Vgl. Hubert Markl, Natur als Kulturaufgabe, in: Lutz Franke (Hrsg.), Wir haben nur eine Erde, Darmstadt 1989, S. 30–39. (Der Aufsatz stammt von etwa 1980.)

[7] Eugene Linden, a. a. O., S. 20; Edward O. Wilson zitiert eine Liste von Norman Myers in: Scientific American 9 (1989), a. a. O., S. 64 f.; Worldwatch Paper 78, On the Brink of Extinction: Conserving the diversity of Life, von Edward C. Wolf, June 1987.

[8] Vgl. Der Rat von Sachverständigen für Umweltfragen, a. a. O., S. 162–178.

[9] Georg Picht, Die Wertordnung einer humanen Welt, in: Lutz Franke (Hrsg.), Wir haben nur eine Erde, a. a. O., S. 9–18.

[10] Hubert Markl, Natur als Kulturaufgabe, in: ebd., S. 30–39.

[11] Zitiert nach Eugene Linden, a. a. O., S. 21.

[12] Vgl. Eugene Linden, a. a. O., S. 21.

[13] Vgl. Hans Hinrich Sambraus u. Engelhard Boehncke (Hrsg.), Ökologi-

sche Tierhaltung. Theoretische und praktische Grundlagen für die biologische Landwirtschaft, Karlsruhe 1986.

[14] Time 133, 1 (1989), S. 22.

[15] Gourmet wildlife saves forests, New Scientist, 7. Oktober 1989.

[16] Ernst U. von Weizsäcker, Die Gefahren des Erfolges, Die Zeit, 28. 4. 1988, abgedruckt in: Rainer Klingholz (Hrsg.), Die Welt nach Maß. Gentechnik – Geschichte, Chancen und Risiken, Braunschweig 1988.

[17] Für Kriterien und Forderungen, die sich auf das gesamte Spektrum der Gentechnik beziehen, siehe den vorzüglichen Bericht der Enquetekommission ›Chancen und Risiken der Gentechnik‹, hrsg. vom Deutschen Bundestag, Bonn 1987. Die Beschränkung auf die Freisetzungsproblematik in diesem Buch beruht darauf, daß dieser der umweltpolitisch wichtigste Teil der Gentechnik ist. Speziell zum Thema Freisetzung ist eine bedeutende Stellungnahme der Ecological Society of America erschienen: James M. Tiedje et al., The planned introduction of genetically engineered organisms: Ecological considerations and recommendations, in: Ecology 70, 1989, S. 298–315.

[18] Entwurf eines Gesetzes zur Regelung von Fragen der Gentechnik vom 12. 7. 1989.

TEIL III
REALPOLITISCHE LÖSUNGSANSÄTZE

In Teil II dieses Buches wurden fünf Problemkreise vorgestellt, in welchen die bisherige Umweltpolitik sehr unzureichend Wirkung gezeigt hat. In jedem der fünf Kapitel wurden bereits erste Lösungsansätze angedeutet, die die heutige Umweltpolitik ergänzen könnten.

Dem Grundanliegen des Buches entsprechend waren die Lösungsansätze so bescheiden gewählt, daß eine gute Chance besteht, sie auch im politischen Raum durchzusetzen. Das setzt voraus, daß die *heutigen* Menschen in Westeuropa möglichst aus allen politischen Lagern und aus allen Ländern den Vorschlägen im wesentlichen folgen können. Der ökologische Zeitdruck legt diesen erfolgsorientierten Pragmatismus nahe. Auch wenn die Vorschläge spürbar über das hinausgehen, was bislang in den fünf Handlungsfeldern möglich war, so sollen doch die Umweltpolitiker und Verwaltungsbeamten, die die ganze Last der ersten zwanzig Jahre Umweltpolitik getragen haben, in den Vorschlägen eine Fortentwicklung ihrer eigenen, gegen große Trägheit und große Widerstände durchgesetzte Arbeit und nicht einen Vorwurf wegen vermeintlicher Untätigkeit erkennen.

Der durch das ›Gymnicher Gespräch‹ von 1975 (vgl. S. 25) gekennzeichnete zeitweilige Stillstand in der Umweltpolitik sollte uns eine Lehre sein: Wenn große Teile der Gesellschaft und noch größere Teile der Wirtschaft der Meinung sind, daß man sich zusätzlichen Umweltschutz nicht mehr leisten könne, dann kann es passieren, daß selbst eine parlamentarische Mehrheit, die sich dem Wähler gegenüber auf ein weitgehendes Umweltprogramm verpflichtet hat, nicht mehr vom Fleck kommt.

Natürlich müssen die Verschmutzer ihr Verhalten ändern, und zwar rasch und weitgehend. Aber sie müssen das Gefühl haben, daß jeder, im

Inland wie im Ausland, einen angemessenen Teil der Last trägt und daß die Last nicht durch bürokratische Ineffizienz unnötig vergrößert wird.

In dem jetzt beginnenden dritten Teil des Buches soll versucht werden, aufbauend auf den Lösungsansätzen von Teil II die Grundstruktur einer etwas zusammenhängenderen Politik zu formulieren. Die Forderung nach einem größeren Zusammenhang, nach Kohärenz, macht es unvermeidlich, nun einen etwas größeren Schritt über die momentane Umweltpolitik hinaus zu tun.

Auf einen Nenner gebracht, werde ich versuchen, eine kohärente, *vorsorge*orientierte Umweltpolitik nach dem *Verursacherprinzip* unter starker Betonung der *Kooperation* zu skizzieren. Dieses geschieht im bewußten Anschluß an die Grundprinzipien der deutschen Umweltpolitik. Allerdings meine ich, die Akzente anders setzen zu müssen. Das Vorsorgeprinzip sollte pragmatischer gehandhabt, das Verursacherprinzip wesentlich umfassender verstanden werden (Kapitel 10). Das Ergebnis ist eine wesentliche Beschleunigung des Tempos und eine thematische Erweiterung der Umweltpolitik und die Einbeziehung der Steuerpolitik in die Umweltpolitik (Kapitel 11). Wegen der verschärften Gangart erhält dann aber das Kooperationsprinzip eine wesentliche Aufwertung (Kapitel 12).

10. Kapitel

DIE PREISE
MÜSSEN DIE WAHRHEIT SAGEN

Der Markt als grüner Zuchtmeister?

Der Markt wurde seit Adam Smith als Motor für mehr Wohlstand angesehen. Solange mehr Wohlstand unweigerlich mehr Umweltzerstörung bedeutete, konnte es für Umweltschützer so aussehen, als sei die Marktwirtschaft Hauptfeind der Umwelt und als könne nur der *Staat* die Umwelt vor dem Markt schützen. Diese häufig anzutreffende Auffassung verbindet sich oft mit Vorstellungen von scharfen und detaillierten Staatseingriffen zum Schutz der Umwelt.

Diese Vorstellungen sind veraltet. Erstens erweisen sich die staatssozialistischen Länder mit zum Teil guten Umwelt*gesetzen* in der Realität als unfähig, die katastrophale Verschlechterung der Umweltsituation aufzuhalten. Zweitens haben wir noch in keinem Land der Erde eine staatliche Detaillenkung erlebt, die wirklich zu einer umweltfreundlichen Wirtschaft geführt hätte. Und drittens ist wirtschaftstheoretisch zu erwarten, daß der optimale Mitteleinsatz für vorbeugenden und sanierenden Umweltschutz nicht durch Detailregelungen, sondern durch Rahmenregelungen erreicht wird.

In der Theorie wird *dann* das wirtschaftliche und ökologische Optimum erreicht, wenn die *Preise* die volle wirtschaftliche und ökologische Wahrheit sagen. Dann wird jeder Verbraucher und jeder Hersteller in Verfolgung seines eigenen Vorteils diejenigen Wahlentscheidungen treffen, die unter den gegebenen Umständen auch für die Umwelt das erträglichste sind. Dies haben in ihrer jeweiligen Sprache schon Alfred Marshall 1891[1] und Arthur Pigou 1920[2] gesagt.

Die heutigen Preise sagen *teilweise* die *ökonomische* Wahrheit (von Verzerrungen durch Subventionen und wenige andere staatliche Ein-

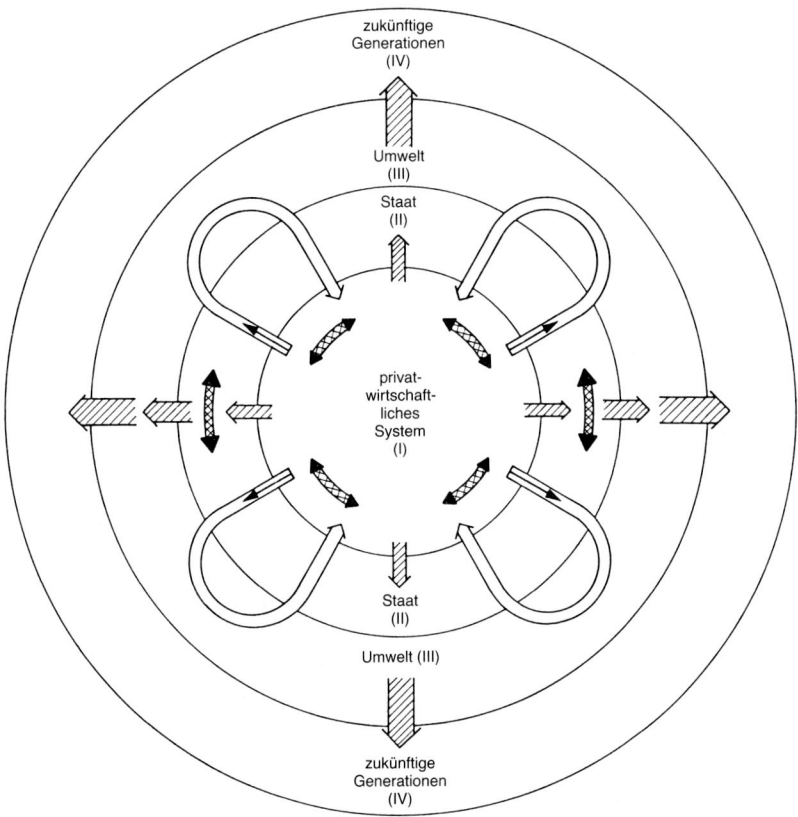

◀▨▶ = Produktion von Externalitäten

▨▨▷ = Diffusion von Externalitäten

⊏⊐ = In (I) produzierte und auf (I) zurückwirkende Externalitäten
(Gegenstand der Umweltökonomik)

Abb. 35: Diffusionsschema externer Effekte. (G. Maier-Rigaud, Umweltpolitik in der offenen Gesellschaft, Opladen: Westdeutscher Verlag 1988, S. 88. Mit freundlicher Genehmigung des Verlags.)

Die Wirtschaft trägt einen Teil der „externen Kosten" selbst. Einen Teil lastet sie der Allgemeinheit auf, einen Teil der Umwelt (im In- oder Ausland) und einen Teil zukünftigen Generationen.

griffe abgesehen). Von der *ökologischen Wahrheit sind die Preise noch weit entfernt*. Es gelingt den Verursachern von Umweltschäden weiterhin, einen erheblichen Teil der Last nach „draußen" abzuschieben. Die Ökonomie nennt dieses Nach-draußen-Abschieben „externalisieren", und das Ergebnis des Abschiebens nennt sie *„externe Kosten"*. Abbildung 35 zeigt schematisch, wohin die Last verschoben wird.

Die *„ökologische Wahrheit"* ist allerdings nichts Feststehendes, wissenschaftlich Beweisbares im Sinne der Wahrheit eines physikalischen Gesetzes. Dies muß durchweg bedacht werden, wenn der Begriff der „ökologischen Wahrheit" im folgenden immer wieder verwendet wird.

Damit hängt zusammen, daß es sehr schwierig ist, die externen Kosten in Mark und Pfennig auszudrücken. Prof. Lutz Wicke, Autor eines Standardwerkes zur Umweltökonomie,[3] hat es unternommen, die aus Umweltschäden hervorgehenden externen Kosten für die Bundesrepublik zu schätzen. Er kommt auf beachtliche 103 Milliarden Mark pro Jahr,[4] bezogen auf das Jahr 1985, oder rund 5 % des Bruttosozialprodukts dieses Jahres. Dabei entfällt ganz grob die Hälfte auf Luftverschmutzungsschäden (ohne Klima) und ein knappes Drittel auf den Lärm (im wesentlichen durch Wertverluste von Grundstücken an lauten Straßen). Bei der Luftverschmutzung ist das im Endeffekt wichtigste Instrument von Wickes Berechnung die „Zahlungsbereitschaftsanalyse". Hierbei wird ein repräsentativer Ausschnitt der Bevölkerung gefragt, wieviel er für eine um so und soviel bessere Umweltqualität zu zahlen bereit wäre. Es sind erhebliche methodische Zweifel sowohl an der Zahlungsbereitschaftsanalyse wie an anderen Berechnungen Wickes möglich. Es ist auf jeden Fall einzuräumen, daß die Zahlen grob geschätzt und mit Wertungen versehen sind. Andererseits sind kaum wissenschaftlich einwandfreie Methoden vorstellbar, die auch die schmutz- und lärmbedingten Verluste an Lebensqualität in Rechnung stellen. Im übrigen ist zu bedenken, daß die Wickeschen Zahlen bei wachsendem Wohlstand und mit wachsender Umweltbedrohung eher nach oben als nach unten zu gehen tendieren. So ist also anzunehmen, daß die Werte nach einiger Zeit richtig *werden* würden, selbst wenn sie heute noch zu hoch geschätzt sein sollten.

Wenn man Wickes Zahlen auch noch Externkosten für Unfälle und Gesundheit sowie für Schädigungen am Klima, am Boden, an der ökologischen Vielfalt und am Erholungswert der Landschaft hinzurechnet, dann kommt man ohne viel Mühe, allerdings wiederum mit willkürlichen Annahmen, in die Größenordnung von 200 Milliarden Mark.

In die gleiche Größenordnung weisen die Überlegungen von Christian Leipert,[5] die sich mit dem wachsenden Anteil von „defensiven Ausgaben" an unserem Bruttosozialprodukt auseinandersetzen. Als defensive Ausgaben werden Ausgaben für Umwelt- und Gesundheitssanierungsmaßnahmen, aber auch bauliche und Sicherheitsmaßnahmen bezeichnet, die anfallen und nötig werden in dem Maße, wie es der Umwelt und der Gesellschaft schlechter geht. Leipert kommt auf Zahlen von 196 Milliarden Mark für das Jahr 1988. Allerdings ist das Konzept von „defensiven Ausgaben" etwas kontrovers; schließlich kann auch eine Ausgabe für Nahrungsmittel zur „Abwehr von Hunger" und eine Ausgabe für Kleidung „zur Abwehr von Kälte" als defensive Ausgabe begriffen werden. Die Unterscheidung zwischen menschengemachten Gefahren und natürlichen Nöten und Gefahren, die abzuwehren sind, ist nicht immer zweifelsfrei.

Bei beiden Berechnungen wird aus methodisch einsichtigen Gründen nur das erfaßt, was sich überhaupt in Geldwerten oder als geldliche Zahlungsbereitschaft im Inland ausdrücken läßt. Unerfaßt bleibt dabei der Schaden, den erst künftige Generationen zu spüren bekommen, unerfaßt bleibt der exportierte Schaden (vgl. Kap. 8), und unerfaßt bleibt der Wert der Schönheit, z. B. von Schmetterlingen, von „Wildnis", von Landschaft. Es erscheint jedenfalls nach dem Gesagten eher als bescheiden, wenn man für die ökologischen externen Kosten einen Schätzwert von 100 Milliarden Mark pro Jahr annimmt. Man muß nur ehrlich dazusagen, daß die Zahlen nicht auf traditionellen ökonomischen Kalkulationen fußen, sondern daß in der Zahlungsbereitschaftsanalyse eine Wertentscheidung der Befragten steckt. Umgekehrt ist aber ein Spielraum nach oben bis in die Gegend von 200 Milliarden Mark nicht von der Hand zu weisen.

Diese Grobschätzung externer Kosten kann man nun mit den tatsächlichen jährlichen Kosten für Umweltschutzaufwendungen vergleichen. Diese liegen für den Staat (Bund, Länder, Gemeinden im Bereich von 13 Milliarden Mark pro Jahr [1987]), für das produzierende Gewerbe (vor allem Industrie) bei etwa 14 Milliarden Mark, zusammen also bei etwa 27 Milliarden Mark[6] oder 1,1–1,5% des Bruttosozialprodukts.[7]

Die 14 Milliarden Mark, die das produzierende Gewerbe aufzuwenden hatte, bedeuten eine „Internalisierung" von externen Kosten.

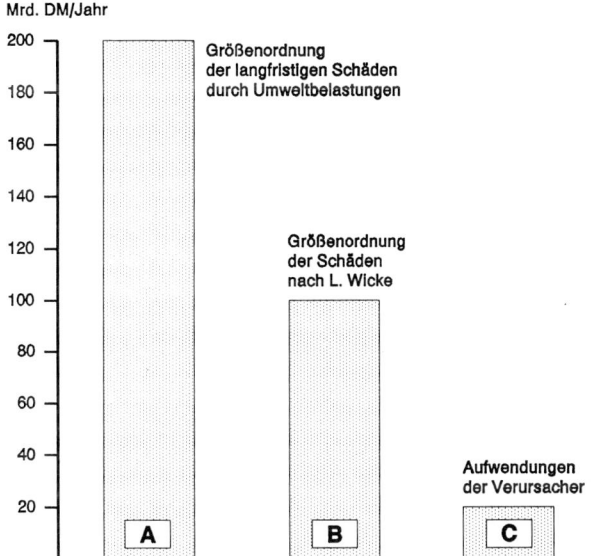

Abb. 36: Externe Kosten auf Grund von Umweltbelastungen.
A: Größenordnungs-Schätzwert für sämtliche Schäden einschließlich langfristi-
ger, exportierter und „ästhetischer" Schäden, auf ein Jahr und das Gebiet
der Bundesrepublik umgerechnet.
B: „Die ökologischen Milliarden" nach Lutz Wicke.
C: Aufwendungen der Verursacher im Jahr 1987.
Die Angaben A und B enthalten normative Wertungen und dürfen nicht als
Kosten im betriebswirtschaftlichen Sinne mißverstanden werden.

Gleiches gilt für diejenigen Staatsausgaben, die durch Gebühren und
Sonderabgaben (in einer Gesamthöhe von rund 7,5 Milliarden Mark)
bezahlt wurden. Wenn hiernach Kosten von insgesamt rund 20–25 Milliarden Mark jährlich bei den Verursachern anfallen, bleibt das immer
noch um einen Faktor 5–10 unter den obengenannten externen Kosten,
wie die Abb. 36 veranschaulicht.

Vorhin hatte ich behauptet, daß die heutigen Preise von der ökologischen Wahrheit noch weit entfernt sind. Jetzt sind wir in der Lage, diese
Aussage mit einer ersten, allerdings von Wertentscheidungen abhängi-
gen Quantifizierung zu versehen: Die heutigen Kosten und damit die
heutigen Preise geben erst etwa ein Fünftel oder ein Zehntel der ökologischen Wahrheit wieder. Umgekehrt: Wenn die Kosten für den Um-

weltgebrauch rund um einen Faktor fünf oder zehn nach oben getrieben würden, dann lägen die Preise näher als heute an der ökologischen Wahrheit, und dann wäre *der Markt* ein ausgezeichneter ökologischer Zuchtmeister.

Ich kann nicht genug betonen, daß diese Aussage ihrerseits wieder auf einer Wertentscheidung beruht, da die ihr zugrunde liegende quantitative Aussage von Wertentscheidungen abhing. Darauf gehe ich am Ende des Kapitels noch einmal ein.

Grenzen der Grenzwertpolitik

Mit den obenstehenden Überlegungen ist wohl deutlich geworden, daß die bisherige Umweltpolitik trotz aller unbestrittener Verdienste die von der Theorie verlangte Internalisierung externer Kosten noch keineswegs weit genug getrieben hat. Es ist auch nicht leicht, sich eine Grenzwertpolitik auszudenken, die dieses in hinreichendem Umfang leistet. Es gibt mindestens drei starke Gründe, eine *Umweltpolitik jenseits der Grenzwertpolitik* zu fordern:

1. In großen Bereichen der Umweltpolitik, z. B. den im Teil II dieses Buches geschilderten, scheint die Grenzwertpolitik ungeeignet zu sein, auch nur die wichtigsten Schäden zu vermeiden. Die ökologischen Kosten und die Langfristkosten des Energieverbrauchs, des Flächenverbrauchs, der Weltarbeitsteilung und der Zerstörung biologischer Vielfalt werden durch die Grenzwertpolitik beim Verursacher so gut wie gar nicht sichtbar gemacht. Auch die externen Kosten aufgrund von Risiken, die in der Größenordnung heutiger Industriesysteme begründet liegen, werden durch die Grenzwertpolitik nicht eingefangen.[8]

Hier liegt vermutlich der wichtigste Grund für die in Abbildung 36 dargestellte Diskrepanz.

2. Grenzwerte sind stets so definiert, daß man sie auch noch unterbieten kann. Bei einer reinen Grenzwertpolitik hat der Verursacher keinen direkten wirtschaftlichen Anreiz, dies auch zu tun. (Er tut es höchstens in Erwartung einer späteren Grenzwertverschärfung oder aus Idealismus oder um nachher sein Verhalten werbemäßig zur Geltung zu bringen.)

3. Es gibt begründete Zweifel, ob die Grenzwertpolitik auf Dauer eine *wirtschaftlich* vernünftige Form vorsorgender Umweltpolitik ist. Holger Bonus[9] hält marktkonforme Umweltinstrumente für rund *dop-*

pelt so effizient, d. h., für eine Mark Umweltschutzinvestitionen bringen sie doppelt soviel Umweltschutz zustande wie die Grenzwerte.

Vorsorgeprinzip und Minimierungsgebot als Ausweg?

Theoretisch könnte man die in Abbildung 36 dargestellte Diskrepanz durchaus im Rahmen der Grenzwertpolitik aufheben: Man braucht nur die Grenzwerte allesamt um einen beträchtlichen Faktor ehrgeiziger zu machen. Die Emissionsverminderung ist typischerweise anfangs relativ billig und wird in dem Maße, wie man gegen Null strebt, extrem teuer. Abbildung 37 stellt diesen Zusammenhang dar.

Im Sinne des *Vorsorgeprinzips* hätte eine solche Strategie eine gewisse Plausibilität. Es gibt ja so gut wie keinen Grenzwert, bei dessen Einhaltung wir uns beruhigt zurücklehnen und sagen könnten, daß nunmehr alle denkbaren Schäden vermieden worden seien. Insbesondere bei Stoffen, die im Verdacht stehen, bei der Krebsentstehung beteiligt zu sein, wird häufig das Prinzip angewandt, vorsorglich die Stoffeinträge in die Umwelt und damit die Aufnahme des Stoffes durch Menschen zu *minimieren*. Die amerikanische Umweltschutzbehörde EPA pflegt in solchen Fällen extrem niedrige Grenzwerte anzusetzen, so z. B. 0,0000000008 Gramm Dioxinaufnahme pro Kilogramm Körpergewicht. Ähnliche Vorsorgewerte enthält die EG-Trinkwasserrichtlinie von 1980, die für toxische wie für relativ ungefährliche Pestizide gleichermaßen einen Grenzwert von 0,0000001 Gramm pro Liter Trink-

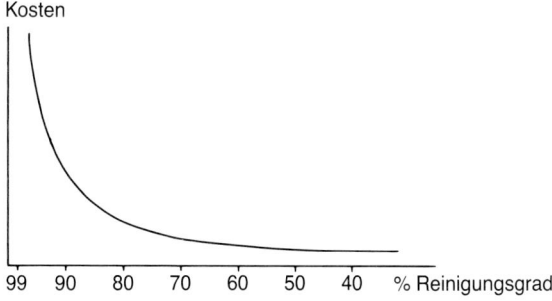

Abb. 37: Typischer Kurvenverlauf für die Kosten, die für die Einhaltung von Grenzwerten aufzuwenden sind, in Abhängigkeit von der Höhe des Grenzwerts (vgl. z. B. Wicke, Umweltökonomie, S. 361)

wasser festlegt. Die Einhaltung solcher Grenzwerte verursacht Kosten im Bereich vieler Milliarden.

Und immer noch ist es richtig, daß der Punkt des Nullrisikos nicht erreicht ist. Das Problem ist bloß, daß dadurch, daß man volkswirtschaftliche Mittel in dieser Größenordnung auf die Minimierung *eines* Risikos konzentriert, nahezu unvermeidlich *andere* Risiken vergrößert werden.

Und wenn man – in einem gedanklichen Extremfall – das Minimierungsgebot bei einer Handvoll Stoffe bis zur technisch machbaren Grenze durchsetzt, dann würden wahrscheinlich alle für den Umweltschutz verfügbaren Geldmittel auf das Erreichen dieses Ziels konzentriert, und für alle restlichen Umweltprobleme bliebe gar kein Geld mehr übrig. Im Ergebnis eine Katastrophe für die Umwelt.

Natürlich könnte man einwenden, es gäbe doch eine ganz billige Lösung für eine Praktisch-Null-Emission, nämlich das schlichte Herstellungs- oder Anwendungsverbot: Dann sind die Emissionskontrollkosten naturgemäß niedrig. Dafür entstehen aber u. U. gigantische volkswirtschaftliche Kosten. Man male sich einmal die Auswirkungen eines Verwendungsverbots des giftigen Metalls Kupfer auf die Volkswirtschaft, von der Elektrotechnik bis zur Pharmazie aus! Und trotz des Verbots enthielten die Weltmeere weiterhin viele Millionen Tonnen Kupfer! Auch ein PVC-Verbot oder ein allgemeines Verbot sämtlicher schwer abbaubarer Herbizide würde hohe wirtschaftliche und soziale Kosten mit sich bringen, die aller Wahrscheinlichkeit nach die ökonomisierbaren Kosten der heutigen von den betreffenden Stoffen verursachten Umweltschäden um ein Vielfaches übersteigen würden. Allerdings ist in vielen Fällen der *nichtökonomisierbare* Schaden wichtiger, also soll man aus der obigen Überlegung nicht vorschnell ableiten, daß ein Verbot nicht in Frage komme.

Auch das Vorsorgeprinzip ist ständig in Gefahr, ideologisch überhöht zu werden. Die einleuchtend klingende Aussage „Vorbeugen ist billiger als Heilen" ist meistens richtig, aber in manchen Fällen schlicht falsch. Sie ist insbesondere dann verkehrt, wenn man gegen eine unübersehbare Vielzahl von Eventualitäten „um jeden Preis" vorbeugen will. Weil man ja nicht alle Synergismen von Chemikalien miteinander und mit allen denkbaren Wetterlagen kennt, also Schadwirkungen nicht ausschließen kann, könnte man natürlich nach einem radikal verstandenen Vorsorgeprinzip alle 70 000 oder mehr Chemikalien vorsorglich vom Markt nehmen. Die Kosten dieses Vorbeugens wären allerdings viele

Millionen verarmte Menschen und sicherlich ganz bald wieder Hungertote in unserem Land.

Niemand bei uns benutzt das Vorsorgeprinzip in dieser bizarren Übertreibungsform. Sie widerspricht auch dem anerkannten Rechtsgrundsatz der Verhältnismäßigkeit und wäre insofern auch rechtlich gar nicht haltbar. Aber die Formeln der angestrebten Nullemission und daß Vorbeugen *in jedem Fall* billiger als Heilen sei, geistern unausgesetzt durch die umweltpolitische Diskussion.

Mit dem Minimierungsgebot und Vorsorgeprinzip können wir den Problemen nicht entrinnen, mit denen die Umweltpolitik immer schon fertig werden mußte: Man muß Prioritäten setzen und Vor- und Nachteile gegeneinander abwägen, und man muß die Alternativen so anschaulich machen, daß eine *rationale demokratische Mehrheitsfindung* möglich wird. Minimierungsgebot und Vorsorgeprinzip für sich genommen sind keine Lösung irgendeines Problems. Sie können auch nicht die Tatsache aus der Welt schaffen, daß wir niemals einen Zustand erreichen, der als wirkungslos für die Natur angesehen werden könnte. Wird das Minimierungsgebot an mehreren Stellen verbissen verteidigt, so wird es nach den vorstehenden Überlegungen über die gegenseitige Konkurrenz volkswirtschaftlicher Mittelverwendungen sogar kontraproduktiv und unseriös.

Damit ich nicht falsch verstanden werde: Ich halte die *Zielsetzung* einer Risikominimierung für vernünftig und das Vorsorgeprinzip für einen Grundpfeiler der Umweltpolitik. Ich habe allerdings die Hoffnung, daß sich das Vorsorgeprinzip viel eher mit einer Strategie erfüllen läßt, bei welcher den Preisen möglichst viel von der ökologischen Wahrheit aufgeprägt wird, als mit einer auf bestimmte Stoffe eingeengten Minimierungsstrategie.

Runderneuerung des Verursacherprinzips

Auch das Verursacherprinzip ist ein Grundpfeiler der Umweltpolitik. Es ist wie das Vorsorgeprinzip im ersten Umweltprogramm der Bundesregierung formuliert und seither immer wieder bekräftigt worden. Durch Artikel 130r EWG ist es seit 1987 auch rechtsverbindlicher Grundsatz der EG-Umweltpolitik. Es besagt eigentlich, daß der Verursacher von Umweltschäden finanziell für diese Schäden aufkommen soll. Weil dieser „Schadenskostenansatz" aber nicht operabel erschien, hat man statt dessen den „Vermeidungskostenansatz" als pragmatische Lösung für das Verursacherprinzip gewählt [10]: Politisch werden irgendwelche Grenzwerte festgesetzt, von denen man annimmt, daß sie den Schadenseintritt vermeiden. Und die Kosten zur Einhaltung der Grenzwerte hat der Verschmutzer („Verursacher") zu tragen. Wo dies aus sozialen Gründen für unzumutbar gehalten wird, tritt dann das *Gemeinlastprinzip* ein, welches die Vermeidungskosten oder auch die Sanierungskosten der Allgemeinheit aufbürdet.[11]

Die Grenzwertpolitik ist, wie oben geschildert, nicht in der Lage, die ökologische Wahrheit hinreichend in die Preise hineinzuzwingen. Das Verursacherprinzip sollte dieses aber eigentlich leisten. Also bleibt nur eine Lösung: Man muß das Verursacherprinzip, welches jeder bejaht und keiner so richtig versteht, auch jenseits der Grenzwertpolitik zur Geltung bringen. Um dies zu konkretisieren, müssen wir uns an die drei Gründe erinnern, die das Ungenügen der Grenzwertpolitik bezeichnet haben:

1. Es wird darum gehen, das Verursacherprinzip in den Bereichen Energie, Verkehr, Landwirtschaft und einigen anderen vermehrt zur Geltung zu bringen. Dieser Zielsetzung ist das nachstehende Kapitel 11 gewidmet.

2. Schmutzfrachten unterhalb der gestatteten Grenzwerte müssen finanziell belastet werden, z. B. durch Sonderabgaben.

3. Generell müssen marktkonforme ökonomische Instrumente im Umweltschutz wesentlich höheres Gewicht erhalten.

Die Punkte 2 und 3 werden im untenstehenden Abschnitt (Ökonomische Instrumente) behandelt.

Werden alle drei Punkte verwirklicht, dann wird das Verursacherprinzip „runderneuert". Es erhält ein völlig neues Gesicht und wird zugleich wesentlich verständlicher und transparenter. Das Verursacherprinzip ist das marktwirtschaftlichste von den drei Grundpfeilern der Umweltpolitik und sollte als dasjenige Prinzip begriffen werden, aufgrund dessen den Preisen noch am ehesten ökologische Wahrheit aufgeprägt werden kann.

Ökonomische Instrumente

Die Bundesregierung hat sich programmatisch für die Entwicklung von ökonomischen Instrumenten im Umweltschutz ausgesprochen. Gleiches gilt von der EG und in noch höherem Maße von der OECD. Die Umweltminister der OECD-Staaten haben im Juni 1985 erklärt, sie würden „nach mehr Flexibilität, Effizienz und Kostengünstigkeit bei der Gestaltung und Durchsetzung des Umweltschutzes trachten, vor allem durch eine konsequente Anwendung des Verursacherprinzips mit regulativen Instrumenten".[12] Die OECD beauftragte den Amsterdamer Umweltökonomen Prof. Johannes Opschoor, eine Übersicht über den Gebrauch von ökonomischen Instrumenten in den OECD-Ländern zu erstellen, wobei Frankreich, Deutschland, Italien, die Niederlande, die skandinavischen Länder und die USA auf die gestellten Fragen ausführlich antworteten.[13] Über 150 Anwendungsfälle wurden aufgeführt, und es wurde eine gewisse Systematik in die Instrumente gebracht. Die wichtigsten Instrumente sind:

– Emissionsabgaben (oder Lenkungsabgaben), insbesondere Abwas-

| | Lenkungsabgaben | | | | | | | |
Land	Luft	Wasser	Abfall	Lärm	Benutzergebühren	Produktabgaben	Verwalt.gebühren	Steuervorteile
Australien	+	+			+		+	
Belgien		+			+		+	
BR Deutschland	+		+		+	+	+	
Dänemark					+	+	+	+
Finnland					+	+	+	+
Frankreich	+	+		+	+	+		
Großbritannien					+	+	+	
Italien	+				+	+		
Japan	+			+				
Kanada					+			
Niederlande	+	+	+		+	+	+	+
Norwegen					+	+	+	+
Schweden					+	+	+	+
Schweiz				+	+			+
USA			+	+	+		+	

Abb. 38: Abgabemechanismen in OECD-Ländern. (J. B. Opschoor, H. Vos, The Application of Economic Instruments for Environmental Protection in OECD Member Countries, Paris: OECD 1989.)

ser- und Fluglärmabgaben, sowie etliche Abfallabgaben (in Australien, Belgien, Dänemark, Frankreich, Italien, den Niederlanden und den USA; in Schweden und Norwegen auch für Autowracks);

- Benutzergebühren (user charges), sehr verbreitet für die kommunale Müllabfuhr, und in aller Regel nicht als ökonomisches Lenkungsinstrument gemeint;
- Produktabgaben (product charges), etwa für Einwegflaschen in Skandinavien, Quecksilber- und kadmiumhaltige Batterien in Norwegen und Schweden, Schwefelgehalt in Brennstoffen in Holland und Norwegen oder Schmierstoffen wie bei der deutschen Altölabgabe;
- Verwaltungsgebühren (administrative charges), etwa für die Registrierung neuer Chemikalien, in Schweden auch zur Deckung der Kosten staatlicher Umweltverträglichkeitsuntersuchungen;
- Handelbare Emissionsrechte, bislang vor allem in den USA bei der Luftreinhaltung, neuerdings auch im Wasserrecht eingesetzt, anscheinend durchaus mit den von Holger Bonus erwarteten Kostenvorteilen;
- Die Erweiterung der Umwelthaftung, z. B. durch Nachweispflicht für eine Deckungsreserve oder für eine abgeschlossene Haftpflichtversicherung;
- Pfänder, etwa für Flaschen weit verbreitet, in den USA auch für Getränkedosen, aber auch für Batterien oder ganze Autos im Gespräch;
- Steuerliche Bevorzugung umweltfreundlicher Produkte, z. B. von bleifreiem Benzin oder Kat-Wagen;

Daneben gibt es noch eine Anzahl weiterer, von der OECD-Studie nicht oder nur am Rande erfaßter Instrumente:

- Kombination zwischen Schadstoffabgaben und Subventionen für Vermeidungstechniken („Bonus-Malus-Kombinationen");
- Steuererleichterungen für Umweltinvestitionen;
- Strafen bei Nichteinhaltung von Grenzwerten, ein vor allem in Osteuropa sehr verbreitetes System, welches aber gerade bei staatseigenen bzw. volkseigenen Betrieben nicht allzuviel Sinn macht, da die Strafe nur von einer Kasse des Staates in die andere wandert und daher nur einen begrenzten Lenkungseffekt hat;
- Benutzungsvorteile, z. B. Benutzungserlaubnis eines Kat-Wagens bei Smogalarm; am häufigsten im Lärmschutzbereich eingesetzt;
- eine weitere wichtige „ökonomische" Einflußnahme des Staates ist die umweltbewußte Beschaffung durch die öffentliche Hand.[14]

– Umweltsteuern, wobei das OECD-Team aber nur in Holland mit einem ausdrücklichen Umweltanteil an der Treibstoffsteuer fündig geworden ist. Die Plastiktütensteuer in Italien hat sich nur lokal durchgesetzt und hatte wenig Wirkung, und die nicht direkt ökologisch motivierte Stromsteuer in Japan wurde 1988 der Einführung der Mehrwertsteuer geopfert.

Eine besondere Bedeutung hat die sehr hohe, aber 1989 wieder abgeschaffte (weil nicht mehr nötige) Schwefeldioxidabgabe in Japan gehabt, die zur Speisung eines Fonds für Kompensationszahlungen an die Opfer von Lungenkrankheiten oder deren Angehörigen verwendet wurde. In Japan gibt es auch Emissionsgrenzwerte für Kraftwerke. Diese wurden nach der Einführung der SO_2-Abgabe praktisch völlig bedeutungslos. Kein Kraftwerksbetreiber wäre noch auf die Idee gekommen, die Grenzwerte auszuschöpfen, weil das für ihn viel zu teuer geworden wäre. Wenn das Kraftwerk Buschhaus in Osaka stünde, und die bei uns genehmigten SO_2-Emissionen ausschöpfen würde, so hätte es jährlich 1,6 Milliarden Mark an SO_2-Steuern bezahlen müssen und damit achtzigmal mehr als es für seine Rauchgasentschwefelungsanlage jährlich ausgibt, hat Jochen Jesinghaus ausgerechnet.[15]

Berechnungen wie diese geben zu der Hoffnung Anlaß, daß man zumindest in einigen Teilbereichen der Umweltpolitik eines Tages auch ohne Grenzwerte auskommen wird, denen ja immer etwas Willkürliches anhaftet. Die Auflage, die Emissionsverminderung zur Erreichung von Grenzwerten „nach dem Stand der Technik" durchzuführen, enthält im übrigen den bekannten Nachteil, daß die Betriebe kein Interesse an der Fortentwicklung des Standes der Technik haben, weil ihnen das lediglich zusätzliche Kosten beschert. Ganz anders bei den Abgaben: Hier hat der rechnende Manager großes Interesse daran, den Stand der Technik voranzutreiben, um auf diese Weise die Abgabenlast zu vermindern.

Insgesamt meinen die Autoren und meint die OECD, daß die ökonomischen Instrumente in der Zukunft mehr Raum gewinnen.

So wichtig und begrüßenswert diese bisher genannten ökonomischen Instrumente auch sind, so klar steht für mich fest, daß sie noch nicht genügen, um die Krisenfelder (vgl. Teil II) in den Griff zu bekommen. Die meisten von ihnen sind auch gar nicht mit der Absicht eingeführt worden, so etwas wie eine radikale, vorsorgeorientierte Wende in der Umweltpolitik herbeizuführen. Sie sind vielmehr, wie es in der OECD-Erklärung von 1985 und in der Erklärung der Bundesregierung bescheiden heißt, als *Ergänzung* der regulativen, d. h. Grenzwertpolitik gemeint. Genaue Daten über das Gesamtaufkommen aus Emissions- und Produktabgaben und Gebühren sind in der Opschoor-Studie nicht enthalten, aber es sieht so aus, als blieben die Sonderabgaben in aller Regel unterhalb von einem Promille des Bruttosozialprodukts, mit Ausnahme von Holland, Schweden und Norwegen, wo sie etwas darüber liegen dürften. Auch die kumulierten Müllgebühren liegen in der Gegend von einem Promille des Bruttosozialprodukts; sie haben, wie erwähnt, keine Steuerungsabsicht und haben das Anwachsen der Müllberge nicht bremsen können.

Es gibt auch einen staatsrechtlich sehr guten Grund, warum man mit Sonderabgaben und Gebühren keine Größenordnung erreicht, die den vermuteten langfristigen Umweltschäden entsprechen. Das Aufkommen aus Sonderabgaben und Gebühren darf nämlich nur für die Kosten von Sanierungsmaßnahmen bzw. staatliche Entsorgungs- und Verwaltungsmaßnahmen verwendet werden, die in direktem Zusammenhang mit der Verschmutzung stehen. Diese Kosten sind aber definitionsgemäß *allerhöchstens* das, was vorhin als der „ökonomisierbare Teil der Umweltschäden" bezeichnet wurde. Wenn wir annehmen, daß die wahren Schäden, vor allem die synergistischen und Langzeitschäden, wesentlich höher liegen, dann folgt aus dieser Annahme, daß man auch mit Sonderabgaben und Gebühren dem Verursacherprinzip quantitativ immer noch nicht gerecht werden kann. Man arbeitet zwar volkswirtschaftlich effizienter als mit den Grenzwerten, aber man wird die Erfüllung des Verursacherprinzips und der ökologischen Wahrheit der Preise immer noch um einen beträchtlichen Faktor verfehlen.

Bewertung tut not

Weil also die meisten „klassischen" ökonomischen Instrumente aus rechtlichen Gründen dem Verursacher nur soviel Kosten anlasten dürfen, wie durch reale Kosten und wissenschaftliche Nachweise begründet werden können, sind dieselben grundsätzlich nicht in der Lage, die langfristigen, exportierten, synergistischen, ästhetischen und anderen kaum meßbaren Schäden als Kosten zu „internalisieren". Und es sind ja diese kaum meßbaren, sehr bedrohlichen Schäden, die in Abbildung 36 den

Riesenabstand zwischen den Aufwendungen der Verursacher und den vermuteten Externkosten ausmachen.[16]

Erst wenn man Instrumente einsetzen kann, bei welchen eine normative Bewertung erlaubt ist, kann man hoffen, den Abstand entscheidend zu verringern. Die allgemeine Minimierungsstrategie über Grenzwerte scheidet dabei aber aus volkswirtschaftlichen Gründen als Lösung aus. Im Rahmen der volkswirtschaftlich als effizient eingeschätzten Instrumente scheinen dann nur zwei Instrumente übrigzubleiben, die sowohl grundsätzlich wirtschaftsverträglich sind als auch eine Bewertung der externen Kosten jenseits der wissenschaftlich nachvollziehbaren Schadenskosten erlauben:

1. Handelbare Emissionslizenzen. Hier kann der Staat die erlaubte Gesamtbelastung (z. B. an Abfall, Luftschadstoffen usw.), die sogenannte „Glocke", die der Wirtschaft übergestülpt wird, durch eine normative Wertentscheidung schrittweise sehr klein machen. Dann geht der Geldwert der Zertifikate steil in die Höhe, und der Anreiz zur Vermeidung der Belastung wird sehr groß. Belastende Verfahren und aus ihnen hervorgehende Erzeugnisse werden entsprechend teuer. Dieses Instrument hat Präsident Bush für seinen ehrgeizigen Plan einer Schadstoffhalbierung bis zum Jahr 2000 gewählt. Das Problem mit den wirtschaftstheoretisch äußerst eleganten Zertifikaten besteht darin, daß ein hoher Meß- und Kontrollaufwand nötig ist, der in weniger entwickelten Ländern unerreichbar ist. Ferner sind Zertifikate zwar für die klassischen Themen der Umweltpolitik, aber schwerlich für Energieverbrauch, Personenkilometer, Biovielfalt usw. vorstellbar.

2. Umweltsteuern. Deren Höhe kann der Staat bzw. das Parlament ebenfalls durch eine Wertentscheidung festsetzen. Ich vermute, daß sich Umweltsteuern in der EG und selbst in weniger entwickelten Ländern als das realistische Instrument zur Durchsetzung der „ökologischen Wahrheit" herausstellen wird. Das nächste Kapitel ist ihnen ausschließlich gewidmet.

Anmerkungen

[1] Alfred Marshall, Principles of Economics, London 1891.
[2] Arthur Pigou, The Economics of Welfare, London 1920.
[3] Lutz Wicke, Umweltökonomie, a. a. O.

[4] Lutz Wicke, Die ökologischen Milliarden. Das kostet die zerstörte Umwelt – so können wir sie retten, München 1986.

[5] Christian Leipert, Die heimlichen Kosten des Fortschritts. Wie Umweltzerstörung das Wirtschaftswachstum fördert, Frankfurt a. M. 1989, S. 126/127; vgl. ebenso B. Schäfer, Monetarisierung von Umweltschäden – Wozu und wie? Zur Analyse der Eignung von Schadenskostenberechnungen für verschiedene Zwecke der Umweltpolitik, in: C. Leipert/R. Zieschank (Hrsg.), Perspektiven der Wirtschafts- und Umweltberichterstattung, Berlin 1989.

[6] Ebd., S. 147, Zahlen für das Jahr 1987.

[7] Die Relation zum BSP ist nicht unproblematisch. Wie Leipert (a. a. O., S. 156 und u. a. in einer Fußnote S. 322) darstellt, sind manche Umweltschutzleistungen interne Betriebsleistungen, die im BSP nicht erfaßt werden. Wenn diese mitgerechnet werden, erreicht man die Größenordnung von 1,5%, sonst eine spürbar niedrigere Zahl. In der Wirtschaftswoche, 39, 22. September 1989, S. 12 ist z. B. eine Grafik mit einem Wert von etwa 1,1% des BSP enthalten.

[8] Ulrich Beck, Risikogesellschaft, Frankfurt a. M. 1986.

[9] H. Bonus, Marktwirtschaftliche Konzepte im Umweltschutz, Stuttgart 1984.

[10] Umweltgutachten des Sachverständigenrates für Umweltfragen 1978, Zif. 1715 ff.

[11] Umweltgutachten des Sachverständigenrates für Umweltfragen 1975, Zif. 565 ff.

[12] Vgl. Jean-Philippe Barde, The economic approach to the environment, in: OECD Observer, June/July 1989, S. 13–15; vgl. ebenso D. E. James, H. M. A. Jansen und J. B. Opschoor, Economic Approaches to Environmental Problems, Amsterdam 1978.

[13] Vgl. J. B. Opschoor und H. B. Vos (Free University of Amsterdam), The Application of Economic Instruments for Environmental Protection in OECD Member Countries, OECD Publications, Paris 1989.

[14] Umweltbundesamt (Hrsg.), Umweltfreundliche Beschaffung, Wiesbaden ²1989.

[15] Jochen Jesinghaus, a. a. O., S. 44.

[16] Vgl. dazu Hans Opschoor, Na ons geen zondvloed, Voorwaarden voor duurzaam milieugebruik, Kampen 1989.

11. Kapitel

UMWELTSTEUERN

Steuern oder Lenkungsabgaben?

Die im vorherigen Kapitel erwähnte OECD-Übersicht zeigt eine große Anzahl verschiedener umweltpolitischer Sonderabgaben und Gebühren in allen untersuchten Ländern, dagegen nur eine Steuer. Die Absicht der Sonderabgaben ist unter anderem die Lenkung in Richtung auf umweltverträgliches Verhalten. Im Idealfall einer Lenkungsabgabe strebt das Abgabenaufkommen gegen Null.[1] Dennoch ist meistens die Finanzierung irgendeiner der Umwelt zugute kommenden staatlichen Leistung ein ebenfalls unverkennbares Abgabenziel. Umweltpolitiker stehen fast immer unter dem Zwang, etwas sanieren zu müssen, und haben chronisch kein Geld dafür. So liegt für sie die Abgabe als Finanzierungsinstrument sehr nahe.

Steuern dagegen dienen traditionell der Erzielung fiskalischer Einnahmen. *Umwelt*steuern haben allerdings daneben noch eine Lenkungsabsicht. Wenn Umweltsteuern bloß *anstelle* anderer Steuern treten sollen, die Staatseinnahmen also *nicht* vermehren, dann haben sie *ausschließlich* eine Lenkungsabsicht. Das aus Umweltsteuern erzielte Staatseinkommen fließt jedenfalls nicht dem Umweltminister, sondern dem Finanzminister zu, der auch keinen Anlaß hat, den Umweltminister daraus bevorzugt zu bedienen: Das würde die Haushaltsautonomie des Parlaments beeinträchtigen. *Also haben Umweltpolitiker, die nach reichlicherer Finanzierung für ihre vielfältigen Aufgaben trachten, zunächst einmal gar kein Interesse an Umweltsteuern.*

Das dürfte der Hauptgrund dafür sein, daß Umweltsteuern so lange nicht eingeführt wurden. Denn wer, wenn nicht die Umweltpolitiker, sollte sich für sie einsetzen? Auf die Finanzpolitiker wird man auch nicht zählen können. Denn wie sollen diese sich mit Steuern befreunden, deren erklärtes Ziel es ist, ihre eigene Bemessungsgrundlage schrumpfen zu lassen?

Erst wenn man als Umweltpolitiker überzeugt ist, daß Umweltsteuern eine entscheidend größere Lenkungswirkung haben können als Sonderabgaben, wird man zu dem heroischen Verzicht auf die angenehme Einnahme aus den Abgaben bereit sein. Die Lenkungswirkung aber ist in erster Linie von der Höhe abhängig (vorausgesetzt, daß die Lenkungs*richtung* stimmt). Hier setzt nun die hauptsächliche Unterscheidung zwischen Steuern und Sonderabgaben an. Wie im vorherigen Kapitel begründet wurde, kann wegen der Zweckbindung der Mittel die Höhe der Sonderabgabe in der Regel nur sehr begrenzt bleiben (vgl. Abb. 39, S. 166). Die Begrenzung ergibt sich noch aus einem anderen, eher wirtschaftspolitischen Grund. Für die Wirtschaft bedeutet jede Sonderabgabe eine zusätzliche Belastung. Die Wirtschaft hat in der Regel große Bedenken gegen Instrumente, die das Entstehen eines zusätzlichen Beamtenapparats mit sich bringen. Es ist nicht damit zu rechnen, daß die Wirtschaft in irgendeinem Land Sonderabgaben in auch nur annähernd der Höhe der externen Umweltkosten akzeptieren kann. Auch der Finanzminister kann eigentlich das Wiederentstehen eines Sonderabgabendschungels mit ungezählten Zugriffsberechtigungen jenseits des normalen Haushalts nicht tolerieren.

Umweltsteuern können dagegen um mindestens eine Größenordnung höher angesetzt werden als die bisherigen Sonderabgaben. Selbst ein Faktor 100 gegenüber den heutigen Sonderabgaben ist rechtlich möglich und wirtschaftlich vertretbar. Bei einem zehn- bis hundertfach größeren Steuergewicht kann eine ungleich schnellere Umorientierung der gesamten Wirtschaft erwartet werden. Wenn die am Schluß des letzten Kapitels genannte Größenordnung der Umweltschäden in der Gegend von 5–10 Prozent des Bruttosozialprodukts richtig ist, dann sollte auch die jährliche Finanzmasse, die nach dem Grundgedanken des Verursacherprinzips den Verschmutzern als Steuer aufzubürden wäre, in einer ähnlichen Größenordnung zu suchen sein.

Wie kommt es aber zustande, daß man mit Steuern auf einmal einen solchen Sprung um mindestens eine Größenordnung machen kann, der bei Sonderabgaben nicht möglich war? Dies hat zwei Gründe:

1. Bei Steuern, anders als bei Sonderabgaben, wird der Satz, die Höhe,

politisch bestimmt. Er ist nicht an die Größenordnung der Kosten gebunden, die für Entsorgung oder Sanierung anfallen.

2. Da Umweltsteuern dem Finanzminister direkt zufließen, kann das Parlament beschließen, in exakt gleichem Umfang andere Steuern zu verringern, so daß die durchschnittliche Gesamtbelastung der Wirtschaft *nicht* zunimmt.

Die Entwicklung der Umweltsteueridee

Schon 1920 hat der britische Ökonom Arthur Pigou[2] vorgeschlagen, Steuern als Instrument der Lenkung der Wirtschaft in eine umweltverträgliche Richtung zu benutzen. Ferner entstand in der Diskussion der optimalen Nutzung knapper Ressourcen etwa bei Harold Hotelling[3] die Idee, daß der Staat künstlich auf den Preis einwirken müsse, um den optimalen Pfad zwischen Ressourcennutzung und deren langfristiger Verfügbarkeit zu erreichen. Auch K. William Kapps[4] Überlegungen zum Zurechnen der externen Effekte zum Verursacher laufen auf eine staatliche Einwirkung über den Preis hinaus. Und dieser ist über Steuern am einfachsten zu beeinflussen, sofern man nicht an eine staatliche Preis-Zwangswirtschaft denkt.

In jüngerer Zeit hat unter anderem Hans Christoph Binswanger[5] die Idee von Umweltsteuern aufgegriffen. Er verbindet sie in der Regel mit Absichten der Finanzierung größerer Programme zur Beschleunigung des ökologischen Strukturwandels. Dies ist ein öfter auftauchender Gedanke, mit dem sich der Begriff „ökologisches Beschäftigungsprogramm" verbindet.[6]

In den USA haben sich vor allem William Baumol und Wallace E. Oates[7] mit Umweltsteuern beschäftigt. Sie nehmen Bezug auf Arbeiten des amerikanischen Finanzwissenschaftlers Edgar Browning, der glaubt, daß *andere* Steuern, insbesondere die Besteuerung menschlicher Arbeit volkswirtschaftlich schädlich sind und daß die Schäden womöglich höher als das betreffende Steueraufkommen sind. Demgegenüber würden Umweltsteuern erstens einen positiven Effekt auf die Umwelt haben und zweitens die volkswirtschaftlich schädlichen Steuern teilweise ersetzen.[8] Sie würden damit der Volkswirtschaft geradezu nützen!

In der Energiediskussion nach Tschernobyl und dem Bekanntwerden des Treibhauseffekts habe ich 1987[9] eine *aufkommensneutrale* Energiebesteuerung vorgeschlagen und diesen Gedanken später auf Umweltsteuern allgemein ausgebaut.[10]

Der eigentliche Durchbruch in der öffentlichen Diskussion in Deutschland gelang Dieter Teufel,[11] der als Beitrag zur Steuerreformdiskussion im Bundestag eine *ökologische Steuerreform* vorschlug. Darin sagte er auch, daß das Aufkommen aus der Lohn- und Einkommenssteuer von 1960 bis 1987 um 2000% (!) gestiegen sei, während andere Steuern stagnierten bzw. nur die Inflationsrate mitmachten. Durch den absoluten und relativen Anstieg der Lohn- und Einkommenssteuer erhöhte sich auch ständig die Staatsquote, und der Faktor Arbeit verteuerte sich weit überproportional. Dieser Umstand hat mit Sicherheit dazu beigetragen, daß in der gleichen Zeit die Arbeitslosigkeit zu einem chronischen Problem wurde.

Vor D. Teufel hatte schon Hermann Laistner[12] sehr ähnliche Ideen geäußert, allerdings mit weniger Schaubildern, und sein lesenswertes Buch blieb weitgehend unbeachtet. Und in neuester Zeit haben Martin Jänicke, Hans Nutzinger u. a. das Gedankengut wissenschaftlich fortgeführt.[13]

Sehr bemerkenswert ist die Tatsache, daß nach den Grünen neuerdings auch die SPD auf das Konzept von Umweltsteuern, insbesondere Energiesteuern setzt. Damit besteht zum ersten Mal eine realpolitische Chance für eine Durchsetzung von Umweltsteuern. Die politische Diskussion ist aber nicht auf die genannten Parteien beschränkt. Auch in der CDU und neuerdings vor allem in der F.D.P. nimmt die Anhängerschaft einer marktkonformen Umweltpolitik unter Zuhilfenahme von Umweltsteuern zu.

Im folgenden Abschnitt skizziere ich meine eigenen Vorstellungen zu Umweltsteuern und diskutiere anschließend einige Einwände.[14]

Ein konkreter Vorschlag

Die Einführung von Umweltsteuern stelle ich mir so vor: Zehn bis dreißig Jahre lang wird jährlich eine Steuerlast in der Größenordnung von einem drittel bis zu einem ganzen Prozent des Bruttosozialproduktes *zusätzlich* auf Umweltbelastung erhoben. Die jährliche Steigerung könnte mit einem festen Prozentsatz, z. B. 5%, erfolgen.[15] Am Ende käme man etwa auf zehn Prozent des Bruttosozialproduktes und damit ein reichliches Drittel des gesamten Steueraufkommens. In dem Umfang des Umweltsteueraufkommens werden andere Steuern vermindert. *Welche* Steuern vermindert werden, hängt von den politischen Mehrheiten ab. Die Rechte wird am ehesten Gewerbe- und Körperschaftssteuern senken oder abschaffen, die Linke eher Mehrwert- und Lohnsteuer. Die Umweltsteuern selbst müßten rechts und links gleichermaßen akzeptabel sein. Der Widerstand hat nichts mit links oder rechts zu tun, sondern damit, ob man ein großer Umweltverschmutzer ist oder nicht. Chlorchemie, Luftverkehr, Straßenverkehr und Buntmetallherstellung erleiden Nachteile, Hochtechnologie, Intelligenzberufe, Bahnverkehr und Handwerk profitieren. Allerdings sind viele Intelligenz- und Handwerkerberufe mit den umweltbelastenderen Wirtschaftsbereichen eng verflochten. Also wird der Strukturwandel nicht lupenrein sein und noch manche Überraschungen bringen.

Was aber soll besteuert werden und wie? Nun, das wird wiederum *politisch* zu klären und auszuhandeln sein. Die Konkretisierung muß einem gewiß mehrjährigen Dialog zwischen Umweltschützern, Politik und Wirtschaft überlassen bleiben. Hier nur ein paar Kriterien und erste Vorschläge.

Kriterien:
Kriterien für Umweltsteuern:
1. Die Umweltsteuern müssen Faktoren belasten, bei denen ein *breiter Konsens* herrscht, daß sie die Umwelt belasten.
2. Umweltsteuern müssen *gerecht* sein. Wo sie zu sozialen Härten führen, müssen diese im gewissen Umfang kompensiert werden.
3. Die Umweltsteuern sollen mit *geringem Verwaltungsaufwand* einzuziehen sein.
4. Einführungstempo und Gesamthöhe der Umweltsteuern dürfen *nicht schockartig* wirken. Die Wirtschaft muß genügend Zeit zur Anpassung haben.
5. Die Umweltsteuern sollten *EG-weit* eingeführt werden und müssen in jedem Fall konform mit dem EWG-Vertrag sein.

Das Kriterium der EG-Harmonisierung sollte aber nicht überbewertet werden. Ein aufkommensneutraler nationaler Alleingang wäre ökonomisch ohne weiteres tragbar. Die Restriktion ist eher juristisch zu sehen.

Aus diesen Kriterien lassen sich die folgenden ersten Vorschläge entwickeln:

1. *Energie*:
   a) ansteigend auf 30 Pf/Kilowattstunde Atomstrom und Strom aus Verbrennungskraftwerken;
   b) ansteigend auf ca. 2 DM/l Treibstoff;
   c) ansteigend auf 80 Pf/kg fossiler Brennstoffe (Sonderregelung für Kraftwerke).

2. *Bodenversiegelung*: Neuversiegelung mit einer stark verkürzten Anlaufzeit zuerst sehr steil (damit man nicht aus Angst vor weiter ansteigenden Versiegelungssteuern rasch noch möglichst viel Grund zupflastert), dann langsam ansteigend auf DM 200,–/qm, Altversiegelung ansteigend auf jährlich DM 5,–/qm. Eine Sonderregelung für öffentliche Verkehrsflächen wäre denkbar, wenn auch hier ein fühlbarer Anreiz zur Flächenschonung verbleibt (vgl. Kapitel 6)

3. *Wasser*: ansteigend auf DM 20,–/m^3 Abwasser; bei Abwasser eines guten und leicht testbaren Reinheitsgrades DM 5,–/m^3 Wasserverbrauch. Auch eine Fortsetzung der Abwasserabgabe, ihre schrittweise Erhöhung auf ca. DM 300,– pro Schadeinheit und ihre Umwandlung in eine Steuer käme in Frage.

4. *Müll*: ansteigend auf DM 100,–/t unsortierter Hausmüll. Günstigere Konditionen für Vorsortierung. DM 1000,–/t Sondermüll.

5. *Luft*: ansteigend auf DM 2000,–/t SO_2, NO_x, CO, Chlorkohlenwasserstoffe, auf DM 30,–/t Methan.

6. Wenn sich eine breite Akzeptanz für die Idee von Umweltsteuern zeigt, können noch einige wenige weitere, den obigen fünf Kriterien gehorchende Steuern eingeführt werden, z. B. auf *Chlor* und andere *Halogene* (ansteigend auf DM 2000,– pro Tonne), *Nitrat* (ansteigend auf DM 500,– pro Tonne), *Schwermetalle* (z. B. ansteigend auf DM 200,–/kg Quecksilber und Kadmium, DM 20,–/kg Kupfer und Blei oder *Aluminium* (um auch den Import zu verteuern, nicht nur, über die Energiesteuer, die heimische Herstellung).

Wohlgemerkt: Diese Zahlen sind nicht als wissenschaftlich begründete Wahrheiten gemeint, sondern als Anhaltspunkt für die politische Diskussion.

Bei Steuern ist das immer so, daß es wissenschaftlich begründete Wahrheiten eigentlich nicht gibt. Ist etwa 3 % (Japan), 14 % (Deutschland) oder 25 % (Irland) der richtige, wissenschaftlich begründete Mehrwertsteuersatz? Wenn man politisch findet, es sei unfair, die energiebedingte Luftverschmutzung über die Faktoren Energie und Luft

doppelt zu besteuern, dann möge man auf die entsprechenden Luftver-
schmutzungssteuern verzichten – zumal die Messung hier etwas aufwen-
dig ist. Und wenn sich beim Müll zunächst die Einschätzung durchsetzt,
daß man es bei einer die Mülldeponie verteuernden Methansteuer be-
lassen soll, die man den Haushalten über die Gebühren weiterreichen
kann, dann gibt es eben keine Müllsteuer. Bis die Müllawine eines Tages
die Gegner der Müllsteuer in die Minderheit drängt.

Einige widerlegbare Einwände

Jeder neue Gedanke auf der politischen Bühne löst Einwände aus.
Das ist der Vorzug der Demokratie. Was sind die Haupteinwände gegen
Umweltsteuern? Neun hauptsächlich innen- und wirtschaftspolitische
Einwände finden sich in der öffentlichen Auseinandersetzung immer
wieder. Ich nenne und diskutiere sie nachstehend. Daneben gibt es
einen hauptsächlich europa- und außenpolitischen Einwand, dem der
übernächste Abschnitt gewidmet ist.
   1. Einwand: „Umweltsteuern sind überflüssig. "
   Im konventionellen Umweltschutz, wo es um Verbote oder um Grenzwerte für Schadstoffemission geht, hat der Einwand eine gewisse Berechtigung, zumindest in reichen und administrativ hoch entwickelten
Ländern mit einem funktionierenden Ordnungsrecht. Aber bei Flächen-
verbrauch, Energieverbrauch, Wasserverbrauch, Müll und bei den
Treibhausgasen CO_2 und Methan ist die Grenzwertpolitik – wie im
Teil II des Buches ausgeführt – eine stumpfe Waffe. Auch die Umweltverträglichkeitsprüfung (UVP) richtet hier wenig aus. Und in den
meisten Ländern der Welt einschließlich einiger EG-Länder scheint die
Durchsetzung von Grenzwerten und Umweltverträglichkeitsprüfungen
die Kräfte des Staates zu übersteigen.
   Bleibt natürlich die Frage, ob Umweltsteuern dort leichter durchsetzbar sind und ob sie wirksam sind. Indirekte Steuern (und Umweltsteuern
sind natürlich indirekt) sind generell administrativer leichter durchsetzbar
als direkte Steuern. Das macht sie in Mittelmeerländern, wo die Hinter-
ziehung direkter Steuern ein chronisches Problem ist, so beliebt. Die Wirk-
samkeit von Steuern, die ein mehr als zehnfach höheres quantitatives
Gewicht haben als die heutigen Abgaben, muß man unabhängig vom
Gesellschaftssystem oder Entwicklungsstand als sehr hoch einschätzen.

2. Einwand: Umweltsteuern vergrößern nicht den Haushalt des Umweltministers.

Diese Aussage trifft zu. Aber sie ist kein *Einwand*: Die staatlichen Ausgaben des Umweltministers bedürfen keiner Privilegierung gegenüber anderen Haushaltstiteln. Wenn der gesellschaftliche Konsens bzw. die parlamentarischen Mehrheiten im Laufe der Zeit zu einer Aufstokkung des Umweltetats führen – um so besser. Es ist aber auch denkbar, daß die starke Steuerungswirkung der Umweltsteuern schließlich zu Schadensvermeidungsreaktionen in einem solchen Umfang führen, das der Haushalt des Umweltministers *ohne Schaden für die Umwelt* klein bleiben oder sogar schrumpfen kann.

3. Einwand: Lenkungsabgaben und Bonus-Malus-Systeme lenken genauer als Umweltsteuern.

Antwort: Auch diese Aussage trifft zu, aber auch sie ist kein Einwand.

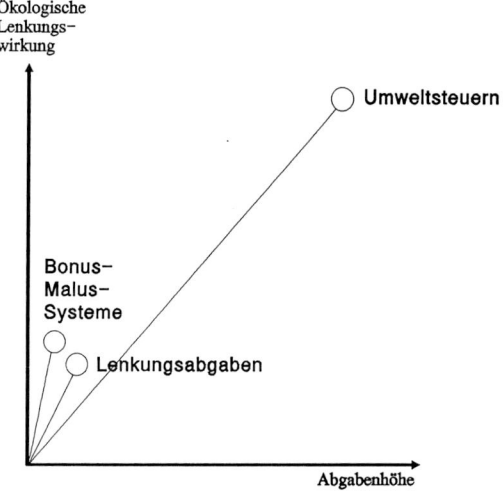

Abb. 39: Die ökologische Lenkungswirkung von Umwelt-Abgabeinstrumenten. Die Lenkungswirkung ist nach oben aufgetragen. Die Lenkungsgenauigkeit (die spezifische Lenkungswirkung pro DM Abgabenhöhe) ist durch die Steigung der Verbindungsgeraden zwischen dem Nullpunkt und dem betreffenden Instrument symbolisiert; sie wird bei Bonus-Malus-Systemen am höchsten, bei Umweltsteuern am geringsten eingeschätzt. Dennoch kann die Lenkungs*wucht* von Umweltsteuern die der anderen Abgabeninstrumente wesentlich übertreffen, wenn sie aufkommensneutral erhoben werden und darum eine vielfach größere Höhe erreichen können als Lenkungsabgaben.

Denn *erstens* sollte man Umweltsteuern nicht als Alternative zu Lenkungsabgaben, sondern als sich gegenseitig ergänzend ansehen. *Zweitens* muß man nicht nur die Lenkungsgüte, sondern auch den Verwaltungsaufwand bewerten (und da sollte man sich daran erinnern, daß bei der Abwasserabgabe zeitweise der Aufwand höher als das Aufkommen war!). *Drittens* geht es nicht nur um die Lenkungsgenauigkeit, sondern auch um die Lenkungs*wucht*. Abbildung 39 zeigt diesen Zusammenhang vereinfacht.

Viertens muß man die Umweltsteuern nicht nur mit Lenkungsabgaben und Bonus-Malus-Systemen vergleichen, sondern auch mit denjenigen Steuern, die sie verdrängen. Und bezüglich der ökologischen Lenkungswirkung sehen Umweltsteuern natürlich im Vergleich zu Einkommens-, Körperschafts- oder Mehrwertsteuern exzellent aus, während Lenkungsabgaben fiskalisch gar nichts verdrängen. Bonus-Malus-Systeme sind in dieser Hinsicht besser, denn der Bonus entspricht ja einem staatlichen Steuerverzicht – und sogar einem mit einer zusätzlichen ökologischen Lenkungswirkung. Aber auch dieses System dürfte sehr verwaltungsaufwendig (und womöglich korruptionsanfällig) sein. Also ist es nicht in allen Ländern praktikabel.

4. *Einwand: „Umweltsteuern sind unmoralisch oder ungerecht."*

Unmoralisch wäre es, sehr gefährliche Stoffe wie DDT oder FCKWs bloß zu besteuern, statt sie zu verbieten oder scharf zu begrenzen. Aber Energie-, Flächen- oder Müllsteuern sind nicht unmoralischer als Tabaksteuern oder Müllgebühren. Als „ungerecht" gelten indirekte Steuern allgemein, weil sie arm und reich gleichermaßen treffen. Hans Apel[16] spricht von den 17 Millionen Rentnern, Sozialhilfeempfängern, Arbeitslosen und Studenten, die keine Lohnsteuer zahlen, aber von einer Energiesteuer belastet würden. Grundsätzlich lassen sich die durchschnittlich gemessenen Lebenshaltungsverteuerungen durch gleich große Anhebungen von Renten, Sozialhilfe, Arbeitslosengeld und BAföG-Sätzen kompensieren. Sozialpolitik soll man mit den Mitteln der Sozialpolitik machen und nicht durch unterlassene Umweltpolitik. Eben dies hat die SPD in ihren neueren Vorschlägen zum Programm erhoben. Auch den von Hans Apel genannten Fernpendlern kann man durchaus helfen, z. B. durch ein für einen bestimmten Zeitraum garantiertes verkehrsmittelunabhängiges Kilometergeld. Sie haben dann Zeit, näher an die Arbeitsstelle zu ziehen oder auf Busse und Bahnen umzusteigen; und der ländliche Nahverkehr kann sich indessen auf die neue Nachfrage einstellen.

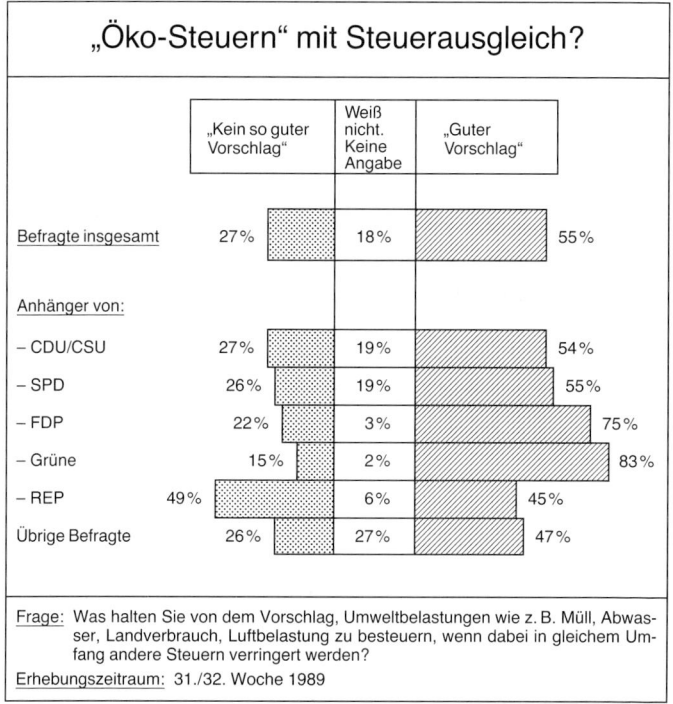

„Öko-Steuern" mit Steuerausgleich?

	„Kein so guter Vorschlag"	Weiß nicht. Keine Angabe	„Guter Vorschlag"
Befragte insgesamt	27%	18%	55%
Anhänger von:			
– CDU/CSU	27%	19%	54%
– SPD	26%	19%	55%
– FDP	22%	3%	75%
– Grüne	15%	2%	83%
– REP	49%	6%	45%
Übrige Befragte	26%	27%	47%

Frage: Was halten Sie von dem Vorschlag, Umweltbelastungen wie z. B. Müll, Abwasser, Landverbrauch, Luftbelastung zu besteuern, wenn dabei in gleichem Umfang andere Steuern verringert werden?
Erhebungszeitraum: 31./32. Woche 1989

Abb. 40: Die Bevölkerung empfindet nach einer im August 1989 erfolgten Befragung die Einführung von Umweltsteuern als richtigen Weg. Befürchtungen, Umweltsteuern seien unpopulär, scheinen also grundlos zu sein. (Quelle: infas, Sept. 1989.)

Die hohe öffentliche Zustimung zu Umweltsteuern (vgl. Abb. 40) scheint im übrigen zu bestätigen, daß die Bevölkerung Umweltsteuern kaum als ungerecht empfindet.

5. Einwand: „Umweltsteuern belasten die Wirtschaft und sind daher in der genannten Höhe politisch nicht durchsetzbar."

Eingangs wurde bereits gesagt, daß Umweltsteuern, wie ich sie mir vorstelle, die durchschnittliche Steuerlast nicht erhöhen. Aber es gibt branchenspezifische Härten. Die Umstrukturierung in Richtung Umweltverträglichkeit ist langfristig völlig unausweichlich, auch im Ausland. Also sollte ein frühzeitiges Signal zur entsprechenden Umstrukturierung – die natürlich etwas kostet – nicht als „Belastung" begriffen werden. Da im übrigen der Faktor Arbeit steuerlich entlastet und damit

relativ billiger wird, könnte sogar eine leichte Verbesserung der Be-
schäftigungssituation, mit entsprechender Entlastung des Staates und
indirekt der Wirtschaft, eintreten; allerdings hängt die Beschäftigungs-
lage noch von vielen anderen Faktoren ab. Schließlich sprechen die Argumente von W. Oates dafür, daß der „Schaden" von Umweltsteuern
geringer als der von Einkommenssteuern ist, so daß womöglich die
Wirtschaft als Ganzes tatsächlich von Umweltsteuern positiv profitiert.

Schwierig wird der realpolitisch gemeinte Einwand zu widerlegen
sein, Umweltsteuern seien zwar in der Theorie belastungsneutral, aber
in der Praxis würde der Finanzminister ständig unter solchem Aus-
gabendruck stehen, daß die Entlastung am Ende viel geringer ausfallen
als die neuen Steuern. Der Einwand ist durchaus realistisch. Die Staats-
verschuldung ist über die letzten Jahre steil angewachsen, weil der Aus-
gabendruck in der Tat enorm war. Aber das alles geschah ohne Umweltsteuer. Es wäre also nicht ganz fair, dieses Phänomen in einen spezifisch
gegen Umweltsteuern gerichteten Einwand umzumünzen. Höchstens
die im Rahmen der Klimadiskussion machtvoll auf uns zukommende
Verpflichtung, einen Tropenwälder- oder Klimafonds zu gründen und
finanziell auszustatten, wird als umweltspezifische Zusatzlast wirken
(vgl. Kapitel 14). Aber auch dies geschieht unabhängig davon, ob sich
Umweltsteuern politisch durchsetzen oder nicht.

6. Einwand: „Umweltsteuern verebben."

Der Zweck der Umweltsteuern soll ja der sparsamere Umgang mit
Naturgütern sein. Wenn dieser Zweck erreicht wird, vermindert sich
also das Aufkommen. Das kann der Finanzminister nicht wollen. Die
Antwort hierauf ist dreifach: Erstens sollen die Umweltsteuersätze ja
über viele Jahre anwachsen. Also wird in dieser Periode selbst bei sehr
erfolgreichem Sparen das Aufkommen ständig wachsen. Zweitens sind
die von mir genannten Faktoren Energie-, Land-, Wasserverbrauch und
Abfall von einer Art, daß sie nicht auf Null zurückgehen. Und drittens
bleibt es dem Staat unbenommen, später entstehende Deckungslücken
wieder mit herkömmlichen Steuern zu decken.

*7. Einwand: „Steuern sollen nicht lenken, sondern ergiebig und ge-
recht sein."*

Dieses ist eine normative Aussage, die in der Tradition der Finanzwis-
senschaft steht. Vielleicht rührt sie daher, daß Steuern ursprünglich von
den ungeliebten Mächtigen erfunden und eingetrieben wurden. Keiner
wäre damals auf die Idee gekommen, Steuern sollten etwas anderes als

ergiebig sein. Später kam der Gesichtspunkt der Gerechtigkeit hinzu. Heute aber spielt bei jeder Steuerdebatte der gewünschte oder ungewünschte Lenkungseffekt eine ebenso große Rolle. Der Lenkungseffekt der Mineralölsteuer wird allgemein gutgeheißen, die Lenkungseffekte der Quellensteuer, die Anlegergeld ins Ausland gelenkt hätte, und der Lohn- und Einkommenssteuer, die den Faktor Arbeit verteuert, werden allgemein beklagt. Wenn eine Umweltsteuer einen anerkannt positiven Lenkungseffekt hat, sollte man sie doch nicht deshalb ablehnen.

8. *Einwand: Umweltsteuern sind als Einnahme- oder Umverteilungsinstrument, nicht als Lenkungsinstrument gedacht.*

Dieser dem 6. Einwand genau entgegengesetzte Einwand wird neuerdings von Industrieseite gegen die SPD-Vorschläge erhoben. Dabei wird aber erstens übersehen, daß aufkommensneutrale Steuern definitionsgemäß keine Einnahme darstellen, zweitens, daß eine Umverteilung hauptsächlich von energieintensiven zu energiesparenden Sektoren zustande kommt, also *doch* eine Lenkung. Der achte Einwand ist unseriös und wird eine rhetorische Eintagsfliege bleiben.

9. *Einwand: Umweltsteuern sind „Erdrosselungssteuern".*

Steuern, die so hoch sind, daß sie den betreffenden Faktor völlig aus dem Markt verdrängen, kann man als „Erdrosselungssteuern" bezeichnen; sie sind verfassungswidrig. Da aber keine der in diesem Buch vorgeschlagenen Steuern dies beabsichtigt oder bewirkt, geht der Einwand hier ins Leere.

Was bewirken Umweltsteuern?

Keiner dieser neun Einwände scheint die Umweltsteueridee insgesamt zu Fall zu bringen. Aber fast jeder enthält eine wertvolle Warnung vor bestimmten Fehlern bei der Ausgestaltung. Nehmen wir einmal an, daß es dem demokratischen Willensbildungsprozeß gelingt, alle diese Fehler zu vermeiden und die Kostenstruktur der Wirtschaft mit Hilfe von Umweltsteuern tatsächlich in dem oben skizzierten Sinne, also im Sinne eines radikal verstandenen Verursacherprinzips, zu verschieben. Was wären dann die Wirkungen?

„Langsam, aber sicher" wird sich die Wirtschaft umstellen. Die Details sind nicht prognostizierbar. Aber ein paar Aussagen können schon heute riskiert werden:

– Bei den genannten Sätzen für fossile und nukleare Energie würden
Sonnen-, Wind-, Wasser- und Biomassenenergie wirtschaftlich lohnen-
der. Kraft-Wärme-Kopplung würde zur Selbstverständlichkeit, ebenso
die schwedischen Gebäudestandards, die Sparglühbirne und die energieeffiziente Haushaltsmaschine (vgl. Kapitel 5). Die Bahn und der
öffentliche Nahverkehr müßten viele Milliarden investieren, um die
steigende Nachfrage beim Personen- und Gütertransport absorbieren
zu können; die beschlossenen europäischen Hochgeschwindigkeitszüge
würden im Segment von 200–1500 km marktbeherrschend und würden
hohe Gewinne einfahren. Ein leistungsfähiges Güterverkehrssystem
mit der Bahn und mit schnellen Terminals würde zur geschäftlichen Notwendigkeit in der EG (vgl. Kapitel 6).

– Bei Neuversiegelungssteuern von 200,– DM/qm würde es billiger,
alte Industriegrundstücke zu sanieren, als draußen vor der Stadt die
letzten Wiesen zu ruinieren. Die Verdichtung in den Städten würde wieder zunehmen, zum Vorteil für den öffentlichen Personennahverkehr
und das Fahrrad (vgl. Kapitel 13). Allerdings werden flankierende Maßnahmen zur Behebung der Wohnungsnot (z. B. starke Anreize zum Umbau und Ausbau von Wohnungen zur Ermöglichung der Aufnahme von
Wohnungssuchenden) nötig.

– Bei deutlich erhöhten Wasser- und Abwassersteuern würden Wasser-
spartechniken, Brauchwasserrecycling, Abwasserreinigung an der
Quelle zur betriebswirtschaftlichen Selbstverständlichkeit (sie sind es
zum Teil schon heute). In der Folge würde der bedrohliche Trend der
Grundwasserabsenkung gestoppt. Vorausgesetzt, daß auch die landwirtschaftsbedingte Belastung zurückgeht, würden unsere Binnengewässer
noch einmal einen großen Schritt in Richtung auf eine ökologische
Gesundung tun.

– Viele existierende Umweltvorschriften würden überflüssig, weil der
Markt ihre Einhaltung dann von selbst besorgt.

– Wissenschaft und Technik, Handwerk und Kommunikationsberufe
sowie Dienstleistungen allgemein würden expandieren, bestimmte
Grundstoff- und Schwerindustrien und der Lastwagenverkehr würden
schrumpfen, manche ganz emigrieren. Letzteres ist natürlich erdpoli-
tisch noch kein Fortschritt.

Die Einführung von Umweltsteuern hätte auf der Ebene der Betriebe die interessante Folge, daß das Aufstellen von „Ökobilanzen",
welche heute von Umweltschützerseite gerne als staatliche Vorschrift

gefordert wird, auch ohne staatlichen Zwang zu einer betriebswirtschaftlichen Notwendigkeit würde.

Alles in allem würde durch die schwergewichtige Umsteuerung ein
sehr großer Schritt auf das verlangte „neue Wohlstandsmodell" zu
getan.

Aber man soll hierüber nicht die anderen umweltpolitischen Möglichkeiten vergessen. So werden z. B. Haftungsrecht, Informationspflich-
ten, Grenzwerte, Gebäudestandards, Treibstoffeffizienzstandards oder
Sicherheitsvorschriften nur im Ausnahmefall entbehrlich. In manchen
Fällen sind die althergebrachten Instrumente auch effizienter und sozial
gerechter als Umweltsteuern.

Umweltsteuern in der EG?

Was für die nationale Diskussion gilt, ist prinzipiell auch für die
gesamte EG richtig. Aber Umweltsteuern sind in der europäischen Diskussion nicht älter als in der deutschen. Also gibt es sie noch nicht in der
Praxis. Vor 1993 tut sich natürlich auch nichts, was auf eine grundsätzliche ökologische Finanzreform hinauslaufen würde. Und ab 1993 ist ein
nationaler Alleingang mit jeglichen indirekten Steuern rechtlich unzu-
lässig (Artikel 99 EWGV).

Aber die europäische Diskussion über Umweltsteuern ist angelaufen.
Und es spricht sich gegenwärtig in den Mittelmeerländern herum, daß
gerade hier die Umwelt-Ordnungsrechtpolitik dringend durch ökonomische Instrumente ergänzt werden muß. In neueren Umfragen rangiert
Italien im Umweltbewußtsein an der Spitze. Auch in Griechenland, Portugal und England ändert sich vieles.[17] Speziell eine CO_2-Steuer findet
zunehmend auch bei bisherigen Bremsern der Umweltpolitik, zum
Beispiel Premierministerin Thatcher, Anklang.[18]

Solange man noch nicht alle Zwölf auf der gleichen Wellenlänge hat,
kann man immer noch zeitweise mit der zweitbesten Lösung, mit nationalen Umweltsonderabgaben arbeiten, die keiner Harmonisierung bedürfen. Wenn nur der klare politische Wille da ist, diese nicht zu einer
höheren Gesamtbelastung der Wirtschaft werden zu lassen, sondern anderweitige Steuern zu senken, dann kann man die volkswirtschaftlichen
Vorteile von Umweltsteuern fast ungeschmälert genießen. Aber bei
Sonderabgaben ist das Konstanthalten der Staatsquote ein größerer

politischer Kraftakt als bei Steuern. Und, wie zu Beginn des Kapitels begründet, Sonderabgaben bleiben quantitativ immer in einem bescheidenen Rahmen.

Immerhin kann eine zum Umweltschutz entschlossene Bundesrepublik bei den Verhandlungen in der EG über die Steuerharmonisierung darauf dringen, daß diese stets nach dem ökologisch akzeptabelsten Wert ausgerichtet wird. So könnten etwa die Benzinsteuern auf dem italienischen Satz und die Dieselsteuer auf dem irischen Satz harmonisiert werden; dabei könnte der fiskalische Gewinn weitgehend durch Verminderung der Kraftfahrzeugsteuer an die Autofahrer zurückgegeben werden.[19]

Entscheidend für die EG-weite Durchsetzung ist aber wohl die Erkenntnis, daß gerade die ökonomisch schwächeren EG-Länder durch Umweltsteuern zwei Fliegen mit einer Klappe schlagen: Sie sichern fiskalische Einnahmen, die bei direkten Steuern nur schwer zu sichern sind, und sie schaffen den Schritt zu einer effektiven Umweltpolitik ohne auf das schwer zu handhabende und ungeliebte Instrument der Emissionsgrenzwerte zurückgreifen zu müssen. Allerdings wird man nicht gerade mit Emissionssteuern anfangen, die naturgemäß die gleichen Kontrollprobleme mit sich bringen wie Emmissionsgrenzwerte, sondern mit Ressourcensteuern.

Für die Bundesrepublik und andere hochindustrialisierten EG-Länder hätte dieses den großen Vorteil, daß die kostenträchtigen Umweltvorschriften leichter harmonisiert würden, als es bei den von uns für nötig gehaltenen Emissionsgrenzwerten der Fall sein kann. Umweltsteuern haben mit Immissionsgrenzwerten gemeinsam, daß sie bei niedriger Industriedichte relativ gering sind, so daß sie in einem von großen wirtschaftlichen Unterschieden gekennzeichneten Wirtschaftsraum harmonisierungsfähig erscheinen – ohne den unerwünschten Effekt eines Anreizes zur Hochschornsteinpolitik.

Allerdings wird es noch einiger politischer Überzeugungsarbeit bedürfen, um speziell Frankreich mit seiner verschuldeten Atomindustrie und seiner Neigung zur aggressiven Energieverkaufspolitik auf einen ökologisch dauerhaften Pfad zu lenken.

Für Entwicklungsländer könnten Umweltsteuern von besonderer Bedeutung sein. Bei ihnen ist das Problem der Steuerhinterziehung meist noch ausgeprägter als im europäischen Mittelmeerraum, und die Umweltgesetze sind völlig unterentwickelt – und wären auch gar nicht durchsetzbar. Eine Umweltsteuer hätte also auch hier einen doppelten Vorteil, wenn sie nicht zum Ausgangspunkt für finanzpolitische Disziplinlosigkeit oder aber zu einer speziellen Besteuerung der Armen ohne Kompensation führt. In jedem Fall würde der weltweit unvermeidliche Weg zu einem neuen Wohlstandsmodell durch Umweltsteuern in Entwicklungsländern wesentlich leichter gangbar. Für eine weitere Diskussion der außenpolitischen Fragen vgl. Kapitel 14.

Anmerkungen

¹ So Karl Heinrich Hansmeyer, der „Vater der Abwasserabgabe". Bei der Abwasserabgabe könnte theoretisch ein Zurückgehen auf Null eintreten, und in diesem Falle wäre dann auch die Finanzierung staatlicher Reinigungsmaßnahmen hinfällig. In den meisten Fällen ist aber ein Zurückgehen auf Null nicht einmal theoretisch möglich.

² Arthur Pigou, The Economics of Welfare, London 1920.

³ Harold Hotelling, The Economics of Exhaustible Resources, in: Journal of Political Economy 39 (1931) (deutsche Übersetzung in: Umwelt und wirtschaftliche Entwicklung, Horst Siebert [Hrsg.], Darmstadt 1979).

⁴ K. William Kapp, Soziale Kosten der Marktwirtschaft (1950), Freiburg i. Br. 1979.

⁵ Hans Christoph Binswanger et al., Arbeit ohne Umweltzerstörung – Strategien für eine neue Wirtschaftspolitik (1983), Frankfurt a. M. 1988, darin S. 244–249; Energieabgabe als Beitrag zur Rentenfinanzierung.

⁶ Z. B. Rudolf Hickel/Jean Priewe, Finanzpolitik für Arbeit und Umwelt, Köln 1989.

⁷ William J. Baumol/Wallace E. Oates, The theory of environmental policy. Externalities, Public Outlays, and Quality of Life, Englewood Cliffs 1975; dies., Economics, Environmental Policy, and the Quality of Life, Englewood Cliffs 1979.

⁸ In seinem Artikel ›Should pollution be taxed?‹ (in: Economic Impact, Washington D. C. 1988/4) bezieht sich Wallace E. Oates auf die Thesen von Edgar Browning.

⁹ Z. B. in meinem Vortrag ›Umweltschutz als europäische Aufgabe‹ bei der Jahrestagung der Gesellschaft für Energiewissenschaft und -politik am 26. 10. 1987 in Bonn.

¹⁰ Ernst U. von Weizsäcker, Ökologische Steuerreform, in: Umwelt 4 (1988), S. 114; ders., Plädoyer für eine ökologische Steuerreform, in: Scheidewege 18 (1988/89), S. 197–203; ders., Steuern für die Umwelt, in: Spiegel, 22. August 1988, S. 86/87.

[11] Vgl. Dieter Teufel, Ökosteuern als marktwirtschaftliches Instrument im Umweltschutz, Umwelt- und Prognose-Institut Heidelberg e. V., UPI-Bericht Nr. 9, 1988.

[12] Hermann Laistner, Ökologische Marktwirtschaft, München 1986.

[13] Vgl. Hans G. Nutzinger/Angelika Zahrnt, Einleitung: Umweltsteuern und -abgaben in der Diskussion; Eckehard Bergmann/Dieter Ewringmann, Öko-Steuern: Entwicklung, Ansatzpunkte und Bewertung; beide in: Hans G. Nutzinger/Angelika Zahrnt (Hrsg.), Öko-Steuern, Umweltsteuern und -abgaben in der Diskussion, Karlsruhe 1989.

[14] Der Text der folgenden Seiten wurde teilweise abgedruckt als Artikel „Mit Steuern steuern", in: Wirtschaftswoche, Nr. 7, 10. Februar 1989.

[15] Harald Müller-Witt/Frank Springmann, Ökologischer Umbau des Steuersystems, Schriftenreihe des Instituts für ökologische Wirtschaftsberatung (IÖW) Berlin, 21/88.

[16] Vgl. Hans Apel, Falscher Weg zum Ziel, in: Wirtschaftswoche, 18. November 1988.

[17] Nach ›Eurobarometer‹ vom Juli 1988 wird nach der Vollendung des Binnenmarktes in 10 von 12 Mitgliedsländern der Umweltschutz als höchste Priorität der Europäischen Gemeinschaft angesehen, und in den zwei übrigen Ländern, Griechenland und Großbritannien, als das zweitwichtigste (vgl. Frankfurter Rundschau vom 27. Juli 1988). In Italien hat Umweltminister Ruffolo Umweltabgaben und -steuern vorgeschlagen. Der neue britische Umweltminister C. Patten hat den für sein Haus hergestellten Bericht ›Blueprint for a green economy‹ von David Pearce und Mitarbeitern vom London Environmental Economics Centre, Earthscan Publication, London 1989, mit viel Lob bedacht. Pearce schlägt Umweltsteuern und andere ökonomische Instrumente vor.

[18] Vgl. A tax to keep cool, in: The Economist, May 13, 1989.

[19] European Varibilization of Motoring Costs, Studie des Center for Energy Conservation and Environmental Technology, Delft/Holland, January 1989.

12. Kapitel

WIRTSCHAFTSVERTRÄGLICHE UMWELTPOLITIK – UMWELT-VERTRÄGLICHE WIRTSCHAFT

Wozu überhaupt Wirtschaftsverträglichkeit?

Entstanden ist die Umweltbewegung im Streit mit der Wirtschaft, manche würden sagen im „Krieg gegen die Profitgier" der Wirtschaft. Die Wirtschaft wurde und wird häufig noch als die übergroße gesellschaftliche Macht angesehen, von der die Umweltzerstörung ausgeht. Im Jahrhundert der Ökonomie ist auch „die Wirtschaft" zum alles dominierenden Faktor unserer Gesellschaft geworden. Auch haben sich manche Wirtschaftsführer lange genug sehr töricht benommen und versucht, jedem Umweltschützer ein „Zurück in die Steinzeit"-Etikett aufzukleben. Das ist bei uns gottlob vorbei.

Die Wirtschaft, vor allem die chemische Industrie, fühlt sich geradezu in die Defensive gedrängt. Die Presse, das Umweltministerium und die Umweltschutzverbände werden oft als großer, schwer begreiflicher Machtfaktor in unserer Gesellschaft angesehen. Es ist eigenartig, wie spiegelbildlich häufig die Machtsituation eingeschätzt wird: Beiderseits sieht man sich selbst in bezug auf den Wirtschaft-Umwelt-Konflikt als weitgehend gefährdet oder ohnmächtig und den Gegenüber als mächtig, gefährlich und vielleicht auch böswillig an.[1]

Jenseits dieser beiderseits überzogenen Wahrnehmungen ist aber ein Umstand nicht zu leugnen: Der Umweltschutz-Kostendruck auf der Wirtschaft ist unausweichlich und groß geworden und wird eher noch weiter zunehmen. Vor allem wenn sich die im vorherigen Kapitel vorgetragene ökologische Steuerreform durchsetzt, wird bei vielen Firmen, nicht zuletzt in der Chemiebranche, der Kostendruck so stark zunehmen, daß manche in die Verlustzone geraten und vielleicht aufgeben müßten. Das ist für sich genommen noch keine Tragödie. Es geschieht

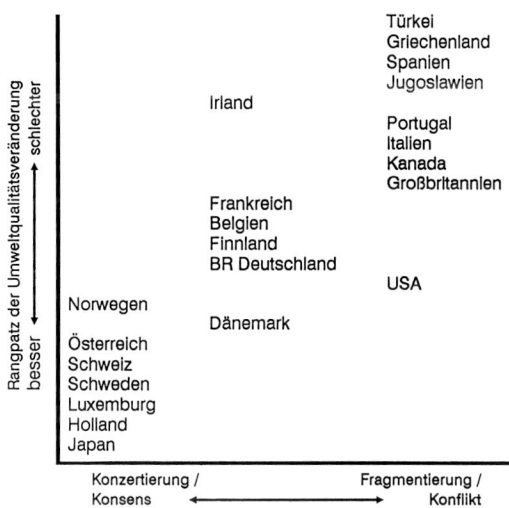

Abb. 41: In der Frühzeit der Umweltbewegung war der Konflikt unerläßlich. Sobald aber prinzipiell das Problem erkannt ist, hilft es der Umwelt normalerweise mehr, wenn die Gemeinsamkeit gesucht wird, wie der Vergleich verschiedener Länder zeigt. (Bild von Manfred A. Schmidt, Forschungsstelle Umweltpolitik an der FU Berlin, 1986.[2])

auch ohne Umweltschutz häufig genug etwa im Zuge des technologischen Strukturwandels oder bei Veränderungen der internationalen Wettbewerbssituation. Was die Wirtschaft und mit ihr die Arbeitnehmerschaft und der Staat nicht gut aushalten kann, ist ein krisenartiges Anschwellen der Betriebsaufgaben. Tritt dies ein, so wird Alarm gerufen. Wenn dann die Umweltpolitik als Ursache angesehen wird, wird rasch der Ruf nach einer Kehrtwendung laut, und setzt sich der Ruf durch, dann kann es zu einer anhaltenden umweltpolitischen Stagnation kommen. Dies können wir uns ökologisch am allerwenigsten leisten.

Um der breiten politischen Akzeptanz und um der Kontinuität der Umweltpolitik willen ist ein hohes Maß an *Wirtschaftsverträglichkeit* nötig. Allerdings muß der Wirtschaft und der Öffentlichkeit klar gesagt werden, daß Wirtschaftsverträglichkeit etwas ganz anderes ist als das Erhalten überlebter Strukturen. Es ist beinahe das Gegenteil.

Es gibt auch die Erfahrung, daß Länder, in denen politische Auseinandersetzungen vorwiegend durch Konsenssuche gelöst werden, ökologisch besser fahren als solche, in denen Konflikte hochgespielt werden. Den Zusammenhang zeigt Abbildung 41. Wenn nun, unter dem Eindruck der globalen Umweltkrise, das Tempo der Umweltpolitik noch einmal deutlich verschärft werden muß, dann werden die Wirtschaftsverträglichkeit und Konsenssuche zu einem zentralen Handlungsprinzip. Es muß im Rahmen der Umweltpolitik offen angesprochen und sogar in den Reihen der Umweltschützer offensiv vertreten werden. Sonst ist das Scheitern oder eine verheerende Verzögerung vorprogrammiert.

Worin besteht Wirtschaftsverträglichkeit?

Wenn Wirtschaftsverträglichkeit *nicht* das Erhalten überlebter Strukturen ist, was ist sie dann? Vielleicht können die folgenden fünf Kriterien als erste Annäherung an die Definition einer wirtschaftsverträglichen Umweltpolitik dienen:

1. Das wichtigste Kriterium der Wirtschaftsverträglichkeit besteht darin, daß alle wichtigen Änderungen des Handlungsrahmens *mit der Wirtschaft vorab besprochen* werden. Bei einem Vorwärtsgalopp, wie er in diesem Buch empfohlen wird, darf bei der Wirtschaft zu keiner Zeit das Gefühl entstehen, ihre Belange fänden kein Gehör oder würden leichtfertig irgendwelchen Bevölkerungsstimmungen oder Ideologien geopfert. Das ist einer der Kerngedanken des „Kooperationsprinzips", des dritten Grundsatzes der deutschen Umweltpolitik seit ihren Anfängen. Die Entwicklung eines „neuen Wohlstandsmodells" verlangt oder bewirkt eine galoppierende Strukturveränderung, die unvermeidlich zu Insolvenzen und Konkursen bei den nicht anpassungsfähigen Betrieben führt. Aber das kann und wird „die Wirtschaft" akzeptieren, wenn sie die Richtung und die Geschwindigkeit des Galopps und die eingesetzten Instrumente mitbestimmt und wenn der Handlungsrahmen in der Bevölkerung und beim Kunden das Vertrauen erzeugt, daß umweltbelastendes Verhalten bestraft und umweltfreundliches belohnt wird. Dann kommt es nämlich nicht mehr so leicht zu den für die Wirtschaft erschreckenden Reaktionen des Marktes auf irgendwelche vergleichsweise unproblematischen Produkte.

2. Der Staat soll sich auf das *Festsetzen des Handlungsrahmens* beschränken und nicht in die Handlungen im einzelnen eingreifen. Bei

Fehlhandlungen sind in der Regel die Gerichte zuständig, nicht der Umweltminister.

3. Die Umweltpolitik muß soweit wie möglich *international harmonisiert* werden. Die Regierung soll sich nicht nur intensiv, sondern auch intelligent um die Harmonisierung bemühen. Die Andersartigkeit anderer Länder sollte genutzt und nicht beklagt werden. Auch die Beziehungen der Wirtschaft zu Firmen, Verbänden und Meinungsführern im Ausland kann vermehrt für das Anliegen einer harmonisierten Beschleunigung des Umweltschutzes genutzt werden. Ein gewisses Vorauseilen eines Landes ist indessen noch kein Schaden für dieses. Wenn es sicher ist, daß die anderen hinterherkommen, wird das Vorauseilen, solange die Distanz nicht zu groß wird, sogar zum Vorteil. Es ist der Vorteil des Pioniers.

4. Die Umweltpolitik muß prinzipiell *langfristig und berechenbar* sein. Natürlich muß die Politik offenbleiben für neue Erkenntnisse, die eine plötzliche Beschleunigung der Gangart erfordern (Beispiel Ozonloch, Treibhauseffekt, Waldsterben, Meereseutrophierung). Aber prinzipiell sollen Ziele mit einem Zeithorizont von 10–30 Jahren definiert werden, was ungefähr dem Zeithorizont von Investitionsentscheidungen entspricht. Dies ist ein vor allem von der japanischen Umweltpolitik erfolgreich verwirklichtes Prinzip. Kontraproduktiv ist im Kontrast dazu die Formel vom „Stand der Technik", nach welchem man Emissionen reduzieren soll. Dieses frühe, so einleuchtende Prinzip der Umweltpolitik führt zu struktureller Kurzatmigkeit und oft genug zum Desinteresse der Betriebe am umwelttechnischen Fortschritt.

5. Die Umweltpolitik muß sich dem Kriterium der *volkswirtschaftlichen Effizienz* unterwerfen. Eine Maßnahme ist doppelt so „effizient" wie eine andere, wenn man durch sie doppelt soviel Umweltschutz fürs gleiche Geld erhält (wobei es für die volkswirtschaftliche Effizienz unerheblich ist, *wer* das Geld aufwenden muß). Nun sagt Holger Bonus, daß zwischen zwei verschiedenen Instrumenten mit gleicher Zielsetzung mindestens ein Unterschied von einem Faktor 2 bestehen kann.[3] Dieses muß ein äußerst gewichtiges Argument zum Ausrangieren des weniger effizienten Instruments sein. Solange Umweltpolitik noch ein vergleichsweise kleines Unternehmen war, konnte man sich die geringe Effizienz noch leisten. Unter den wesentlich ehrgeizigeren Zielen, wie sie in diesem Buch vertreten werden, wird man das nicht mehr können.

Natürlich freut sich die Wirtschaft besonders, wenn diese Kriterien

---

Kriterien der Wirtschaftsverträglichkeit

1. **Vorab miteinander reden**

2. **Nur Handlungsrahmen festlegen**

3. **International harmonisieren**

4. **Langfristig und berechenbar bleiben**

5. **Effiziente Instrumente einsetzen**

---

eingehalten werden, *ohne* daß irgendeine Verschärfung der Gangart eintritt. Andersherum: Das Einhalten dieser Kriterien ist noch kein Beweis für gute Umweltpolitik. Aber *wenn* die Gangart wesentlich verschärft werden sollte, dann tut die Umweltpolitik gut daran, alle fünf Kriterien zu befolgen.

Umweltverträgliche Wirtschaft

Das Ziel der wirtschaftsverträglichen Umweltpolitik ist die umweltverträgliche Wirtschaft. In der Sprache des Einleitungskapitels geht es darum, aus einer Wirtschaft, die ein ganzes Jahrhundert geprägt, um nicht zu sagen unterjocht hat, in eine dem Jahrhundert der Umwelt gemäße Rolle zu verweisen.

Durch zwanzig Jahre Umweltpolitik und eine immer wacher werdende umweltbewußte Kundschaft hat sich die Industrie bereits in erheblichem Umfang umgestellt. Der weltweit bekannteste Fall war wohl der amerikanische Büromaschinen- und Büroutensilien-Konzern 3M in Minneapolis. 3M verkündete eines Tages: „Vermeidung von Umweltverschmutzung zahlt sich aus (Pollution Prevention Pays)" als „neue 3P-Politik". Bis dahin hieß 3P immer bloß das Polluter Pays Principle, das war das, was wir als Verursacherprinzip bezeichnen. Tatsächlich hat 3M durch eine konsequente Politik der Verschmutzungsvermeidung und der Chemikalienwiederverwendung innerhalb von 10 Jahren 300

Millionen Dollar eingespart. Die tatsächlichen Gewinne durch diese Sauberkeitspolitik lagen höher, da der Konzern in der Publikumsgunst sichtlich stieg.

Als „grünen Kapitalismus" bezeichnen John Elkington und Tom Burke (der Vorsitzende der britischen „Grünen Allianz") die gegenwärtige Bewegung auf eine umweltverträgliche Erwerbswirtschaft zu.[4] Und Georg Winter beschreibt das umweltbewußte Unternehmen und stellt 20 Checklisten auf, vom allgemeinen Management bis zum Fuhrpark, an denen der Unternehmer oder Abteilungsleiter die Umweltverträglichkeit seiner Handlungen abprüfen kann.[5] Auch die von der Internationalen Handelskammer in drei Sprachen herausgegebene Broschüre Environmental Auditing (Paris 1989), die eine Aufforderung zu einer umweltbezogenen Buchführung enthält, kann als Signal eines Bewußtseinswandels bei der Industrie gedeutet werden.

Werbung für umweltfreundliche Produkte ist wegen des immer bewußter werdenden Käuferverhaltens längst eine Selbstverständlichkeit geworden. Stellenweise ist das Vereinnahmen des Begriffs der Umweltfreundlichkeit für Firmen- oder Verbandsziele irreführend, so z. B. die Werbung für den „sauberen" Strom, das „saubere" Auto oder das „umweltfreundliche" Waschmittel. Hier kann es sich allenfalls um Vergleichsbehauptungen handeln, und auch diese sind problematisch. Ein Höhepunkt der Publikumsirreführung war die Aufforderung des ADAC an Bundesverkehrsminister Dr. Zimmermann, *„aus Umweltschutzgründen"* für den Bau von Umgehungsstraßen mehr Mittel zur Verfügung zu stellen.[6]

Zwischen 3M's Pollution Prevention Pays und dem ADAC-Appell liegen Welten. Die Umweltverträglichkeit der Wirtschaft muß an den tatsächlichen Handlungen, nicht an den Werbesprüchen gemessen werden. Gut ist es hierfür, wenn Verbraucheraufklärung und Warentest überprüfbare Informationen über die Umweltbelastung bei Herstellung, Vertrieb, Gebrauch und Entsorgung von Waren liefern.[7]

Die bei weitem wirkungsvollste Information ist und bleibt dennoch der Preis. *Wenn umweltbelastend hergestellte, konservierte, transportierte, verpackte oder zu entsorgende Waren spürbar teurer sind als solche mit minimaler Umweltbelastung, dann kann der Kunde auch Analphabet sein und wird dennoch die der Umwelt zuträglichere Kaufentscheidung treffen.* Wenn alle wesentlichen Faktoren bei Herstellung, Vertrieb und Entsorgung von Waren einen ihrer Umweltbelastung entsprechenden

Abb. 42: Die unabhängige deutsche Jury Umweltzeichen vergibt den Blauen Umweltengel.

Zusatzpreis aufgebrummt bekommen, dann zeigen sich diese Belastungsfaktoren im Preis der Ware. Sie tun das desto besser, je geschäftstüchtiger Hersteller und Händler sind. Wohlgemerkt: Es geht hier *nicht* um Produktsteuern, die mit Recht kritisiert werden, sondern um die im vorherigen Kapitel erläuterten Faktorbesteuerungen, die aber später auch in den Preisen und Produkten und Dienstleistungen sichtbar werden. Die „umweltverträgliche Wirtschaft" ist geradezu die logische Folge eines umweltpolitischen Rahmens, der dafür sorgt, daß die „Preise die ökologische Wahrheit sagen".

Solange dieser gesamtwirtschaftlich wünschenswerte Rahmen nicht hergestellt ist, muß die Steuerung der Wirtschaft anders geschehen. Ein breites Repertoire an Möglichkeiten steht hierfür schon heute zur Verfügung, z. B.

– Umweltverträglichkeitsprüfungen vor jeder Betriebserweiterung und -neueinrichtung, für Großprojekte (auch des Staates) EG-weit verpflichtend;[8]
– Ökologische Buchführung, nicht mehr nur eine Forderung von Umweltschützern, sondern, wie oben erwähnt, mittlerweile auch der Internationalen Handelskammer;[9]
– Verantwortliches Handeln der Firmenleitung (z. B. nach den Winterschen Checklisten);
– Managerfortbildung (z. B. durch Sensitivitätstraining im Sinne Frederic Vesters);

- Verleihen des „Blauen Engels" an umweltfreundliche Produkte;
- Ökologische Verbraucherberatung;
- Umwelterziehung in Schulen und Hochschulen (auch für Verfahrensingenieure, Bauingenieure u. a.!);
- Forschungsförderung für umweltverträgliche Technologien: durch den Staat, die Wirtschaft oder Stiftungen (vgl. Kapitel 15);
- Proteste und Boykott gegen Produkte, Firmen oder ganze Länder.

Mit jeder solchen Einzelhandlung wird das schwerfällige Schiff der Wirtschaft wieder ein kleines Stück in Richtung auf das Jahrhundert der Umwelt gezogen.

Strukturwandel

Neben solchen *Maßnahmen* kann aber auch die schiere langfristige *Überlegung* von Managern zu Entscheidungen für die Umweltverträglichkeit führen. Die wichtigste Überlegung ist mit dem Stichwort des *Strukturwandels* gekennzeichnet. Jeder Betrieb hat das natürliche Bestreben, auf der „Sonnenaufgangsseite" zu sein. Und der Staat hat ein Interesse daran, möglichst große Teile der Wirtschaft eben dort zu haben und möglichst wenig „Sonnenuntergangsindustrien" durchschleppen zu müssen. Ein ganz wesentlicher Teil der ökologischen Realpolitik bzw. der Erdpolitik wird also darin bestehen, die Wirtschaftsführer und die Staaten der Welt zu dem Bewußtsein hinzuführen, daß umweltzerstörende Gewerbe im Sonnenuntergangsbereich operieren.

Lothar Späth[10] hat in der Hochtechnologie einen Trend zur Umweltverträglichkeit, zur „Renaturierung" ausgemacht. Seither ist in Wirtschaftskreisen die Zuversicht gewachsen, daß der durch die Umweltsituation gebieterisch verlangte Strukturwandel mit moderner Technologie und mit Wachstum Hand in Hand gehen könne und nicht etwa Krise und Trübsinn zu bedeuten brauche.

Martin Jänicke und Mitarbeiter[11] haben die Frage des umweltverträglichen Strukturwandels in verschiedenen Industrieländern empirisch untersucht. Dabei kamen sie zu dem Ergebnis, daß in der Tat in den wohlhabenden Ländern in den Jahren seit 1970 trotz einer drastischen Steigerung des Wohlstands Energie-, Zement- und Rohstahlverbrauch und Gütertransport pro Kopf – die wichtigsten leicht meßbaren Indikatoren für umweltbelastendes Wirtschaften – abgenommen haben

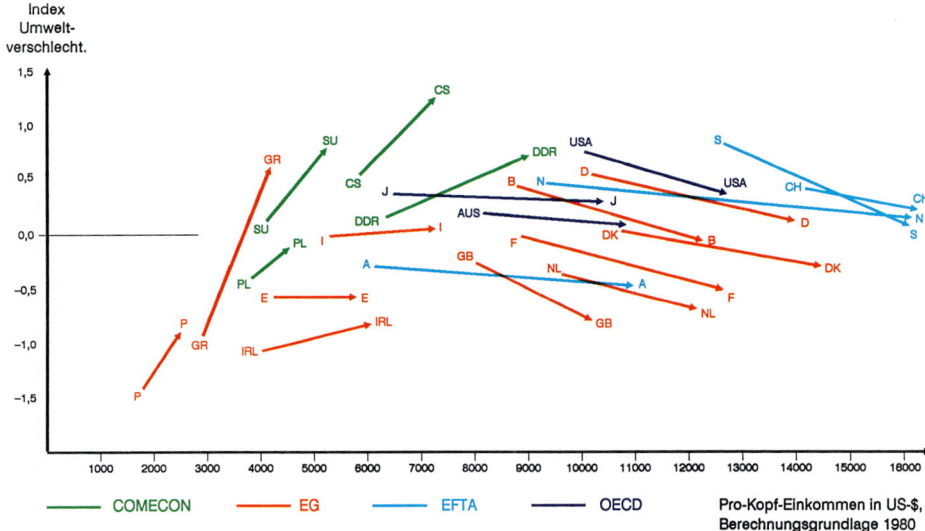

Abb. 43: Martin Jänicke et al. haben die leicht zu erhebenden Faktoren Ze-
mentverbrauch, Energieverbrauch, Rohstahlverbrauch und Straßen-Güter-
transport zu einem Index für Umweltbelastungen zusammengefaßt und diesen
gegen die Pro-Kopf-Wohlstandsentwicklung von 1970 bis 1985 aufgetragen. Je
höher die Pfeile zeigen, desto höher die Umweltbelastung. Das Bild zeigt, wie
insbesondere die technisch modernen EFTA-Länder und einzelne EG-Länder
eine Abnahme der genannten Belastungsfaktoren bei starker Zunahme des
Wohlstandes erreicht haben, während Griechenland und die COMECON-Län-
der starke Belastungszunahmen bei geringem Wachstum haben.

(vgl. Abb. 43). Viele andere Länder erlebten dagegen in dieser Zeit
noch den klassischen Anstieg der Belastungsfaktoren mit der Wohl-
standsentwicklung.

Sehr ähnlich würde die Entwicklung aussehen, wenn anstelle der genannten Indikatoren die klassischen Verschmutzungsmeßgrößen in Luft
und Wasser aufgeführt würden.

Es wäre mit Sicherheit falsch, anzunehmen, daß „der Fortschritt" *von
selbst* zu mehr Umweltverträglichkeit führt. Der starke Anstieg der Belastungsfaktoren in den osteuropäischen Ländern – trotz eines unbe-
streitbaren technischen Fortschritts auch dort – hat zweifellos damit zu
tun, daß dort die Energie und andere Belastungsfaktoren aus ideologi-
schen Gründen künstlich billig gehalten wurden. Umgekehrt kann eine

aktive Umweltpolitik sowie eine künstliche Verteuerung der Ressourcen eine wesentliche Beschleunigung und Verstärkung des ökologisch wünschenswerten Strukturwandels bewirken. Bei Produktionen, deren Umweltbelastung heute im Preis gar nicht sichtbar wird, z. B. die Biotopzerschneidung durch Straßenbau, ist nach der Logik des Marktes durchaus nicht anzunehmen, daß sich ein allfälliger Strukturwandel positiv für die Umwelt auswirkt. Hier ist es um der Erfüllung von Lothar Späths optimistischen Annahmen willen unerläßlich, ein starkes, zusätzliches Preissignal zu setzen. Das gilt natürlich vordringlich für diejenigen Länder, die am oberen Rand der Abbildung 43 sind.

Im Sinne einer dauerhaften Erdpolitik ist allerdings die von Jänicke und Mitarbeitern aufgestellte Kurve noch unbefriedigend. Pro-Kopf-Verbräuche an Land, Wasser, Holz oder anderen Rohstoffen, die sich nicht auf fünf bis zehn Milliarden Menschen übertragen lassen, erscheinen in den Bildern noch nicht. Und Artenschwund, Klima- und Bodengefährdung, Chemikalien und gentechnische Risiken kommen im Bild ebensowenig vor. Würden auch sie berücksichtigt, dann wäre die günstige Abwärtsneigung in den Pfeilen der Bundesrepublik und anderer Länder alsbald hinfällig. Dann würde die Entwicklung der letzten 15 Jahre auch in diesen Ländern als weitere Verschlechterung zu Buche schlagen.

Auch wenn wir heute von der „Renaturierung" noch weit entfernt sind, so haben doch die bisherigen Befunde etwas sehr Positives. Sie vermitteln die Zuversicht, *daß* es Pfade aus der übermäßigen Naturnutzung heraus gibt: weg von den umständlichen, ressourcenverschlingenden und umweltbelastenden Industrien und Technologien in eine strukturell umweltfreundliche Zukunft.

Klare Richtung statt Bocksprünge

Ist erst einmal ein großer Teil der Bevölkerung davon überzeugt, daß die Wirtschaftsentwicklung in den nächsten Jahrzehnten nur noch in Richtung mehr Umweltverträglichkeit gehen kann, dann bekommt die Wirtschaft etwas geschenkt, was sie längere Zeit entbehrt hat, nämlich einen klaren Richtungssinn für den „Fortschritt".

Lange Zeit war der Fortschritt durch den technischen Fortschritt gegeben. Als James Watt die Dampfmaschine erfand, war diese ein unbezweifelbarer Fortschritt. Diese und nahezu jede andere technische Neuentwicklung danach traf auf Bedarf. *Die Technik war das langsamste Schiff im Konvoi des Fortschritts, also wurde in ihr der Fortschritt selbst gesehen.* Für so konträre Geister wie David Ricardo und Karl Marx war der technische Fortschritt einfach gut. Bloß ein paar Konservative hatten ihre Zweifel.

Weil die Technik so gut angesehen war, genoß sie immer mehr Förderung und entwickelte sich immer rascher. *Schließlich überholte sie den Konvoi.* Spätestens mit der Ankunft von Fernsehen und Atomenergie hätte dieses klarwerden müssen. Aber was war jetzt das langsamste Schiff? Ich denke, es ist inzwischen der sichere und *verantwortliche Umgang* mit den jährlich tausend neuen technischen Möglichkeiten.

Das war aber noch nicht klar, als Fernsehen und Atomenergie eintrafen. Diese und andere zeitgenössische Techniken konnten sich noch 20 Jahre lang ungehemmt ausbreiten, bis sich die Einsicht langsam durchsetzte, daß wir eigentlich längst mehr technische Möglichkeiten hatten, als wir sinnvollerweise anwenden und bewältigen konnten. Für diejenigen, die den überraschenden neuen Zustand noch nicht wahrnehmen oder begreifen konnten, sah diese Einsicht aus wie „mangelhafte Technikakzeptanz". In vielen Ländern, die noch großen Mangel an wirtschaftlichem Wohlstand leiden – sowie eigenartigerweise bis vor kurzem in Japan –, herrscht heute noch die Vorstellung vor, die Technik (gleichgültig welche) *sei* der Fortschritt. In den meisten Industrieländern dagegen ist ein Zustand relativer Richtungs- und Orientierungslosigkeit eingekehrt.

In diesem Zustand gibt es nicht nur verbreitet nagende Zweifel am Sinn des Fortschritts („Sinnkrise"), sondern häufig auch abrupte Panikreaktionen und regulatorische Bocksprünge, die eher der Tageslogik als der Logik des Jahrzehnts entsprechen. Für die Wirtschaft ist das kein vertrauenerweckender Zustand. Momentan wird die Orientierungslosigkeit ein wenig von der Orientierung auf den europäischen Binnenmarkt übertüncht, aber es ist abzusehen, daß diese völlig dem Jahrhundert der Ökonomie zugehörige Orientierung ihre Faszination einbüßt, sobald die ökologische und soziale Seite des Binnenmarktes allseits ins Bewußtsein tritt.

Wenn nun aber von Holland, Dänemark und der Bundesrepublik ausgehend und die Mehrheit der EG-Länder erfassend ein Konsens entsteht, daß in den nächsten Jahrzehnten das Streben nach einem neuen umweltverträglichen Wohlstandsmodell die Richtung bestimmt, dann ist ein Ende der Orientierungslosigkeit in Sicht. Sofern dieses neue Wohlstandsmodell Platz für Unternehmertum, Investitionen, Gewinne und moderne Technik hat, bedeutet die neue Orientierung für die Wirtschaft Licht am Ende des Tunnels der Orientierungslosigkeit.

Ich zweifle nicht daran, daß ein neues umweltverträgliches Wohlstandsmodell erreichbar ist und für eine neue Unternehmergeneration unermeßlich große Chancen enthält. Dies ist eine *mittelfristige*, realpolitische Aussage. Langfristig halte ich eine noch wesentlich tiefergehende kulturelle Transformation für denkbar, bei welcher das, was wir heute als umweltverträgliches Wohlstandsmodell bezeichnen, auf einmal als immer noch recht problematische Übergangslösung erscheint. Aber die ganz lange Perspektive ist nicht Gegenstand dieses Buches. Sie wird erst in Kapitel 18 noch einmal aufgenommen.

Anmerkungen

[1] Vgl. z. B. Ernst Ulrich von Weizsäcker (Hrsg.), Waschen und Gewässerschutz. Ein Konflikt kommt zur Sprache, Karlsruhe 1986, insbesondere S. 4–13 und 94–98.

[2] Aus: Martin Jänicke, Ökolog. und ökonom. Wandlungsmuster im internationalen Vergleich, in: H. H. Hartwich (Hrsg.), Macht und Ohnmacht politischer Institutionen, Opladen 1989.

[3] Holger Bonus, Emissionsrechte als Mittel der Privatisierung öffentlicher Ressourcen aus der Umwelt, in: H. Gutzel (Hrsg.), Umweltpolitik und Wettbewerb, Baden-Baden 1981.

[4] John Elkington/Tom Burke, Umweltkrise als Chance, Zürich und Wiesbaden 1989; die englische Ausgabe erschien 1987 unter dem Titel: The Green Capitalists.

[5] Georg Winter, Das umweltbewußte Unternehmen, München 1987.

[6] Vgl. General-Anzeiger, Bonn, vom 6. 5. 1989.

[7] Die Stiftung Warentest, Berlin, unternimmt eben dies seit 1985.

[8] Vgl. z. B. Jürgen Cupei, Umweltverträglichkeitsprüfung (UVP), Köln, Berlin, Bonn, München 1986.

[9] ICC (International Chamber of Commerce), Environmental Auditing, Paris 1989.

[10] Lothar Späth, Wende in die Zukunft. Die Bundesrepublik auf dem Weg in die Informationsgesellschaft, Reinbek 1985.

[11] Martin Jänicke, Harald Mönch, Thomas Ranneberg, Udo E. Simonis, Structural Change and Environmental Impact. Empirical evidence on thirty-one countries in East and West, Intereconomics 24, 24–34 (1989).

13. Kapitel

STADT UND LAND

Stadt-Land-Krise

Lewis Mumford, einer der Vordenker der Umweltbewegung, entwik-
kelte seine technik- und kulturkritischen Gedanken schon in den dreißiger Jahren. 1938 erschien sein Buch über die Kultur der Städte,[1]
welches ihn auf die Titelseite von ›Time‹ brachte, eine ganz ungewöhn-
liche Auszeichnung für einen Buchautor. Gut zwanzig Jahre später
veröffentlichte er sein größeres zweites Werk über die Stadt in der
Geschichte.[2] Finster ist seine Diagnose über die Stadt und ihre
Entwicklung.

Schon in seinem Frühwerk unterscheidet er sechs Stadien im Leben
einer Stadt,[3] von ihren dörflichen Anfängen bis zu einem grausigen
Ende, welches er mit Nekropolis bezeichnet, in welcher die Gebäude
verfallen und der Vandalismus blüht.

Mumfords extreme Sichtweise könnte für denjenigen Leser ein hilf-
reicher Schock sein, der in einer mehr oder weniger idyllischen, gut
funktionierenden deutschen Stadt lebt und gar nicht auf die Idee käme,
in der Stadt etwas Beängstigendes zu sehen. Tatsache ist, daß die Mehrzahl der Menschen, die heute in Städten leben, dort ärmlich, schmutzig
und gefährdet leben. Und es ist überhaupt nicht ausgemacht, ob sich
unsere Idylle, unser urbaner Wohlstand ausbreiten kann oder ob in Wirklichkeit die Slums das Wesensmerkmal zukünftiger Städte sein werden.
Rein rechnerisch spricht alles für die letztere, schreckliche Alternative.
Wenn sich im nächsten Jahrhundert die Bevölkerung noch ein weiteres
Mal verdoppelt und die meisten dieser zusätzlichen fünf Milliarden
Menschen in den Städten wohnen werden, dann wird es an die hundert
Städte geben müssen, die so groß sind wie heute Mexico City (zwanzig

Abb. 44: Ist das die Zukunft der Stadt? (H. J. Burkhard, Bilderberg, Hamburg.)

Millionen Einwohner), oder tausend Städte, die so groß wie Neapel (zwei Millionen Einwohner) sind. Und es scheint vorläufig kaum Hoffnung zu geben, daß diese Stadtgiganten sich aus der tiefen Armut der Massen, aus dem Versorgungs- und Verkehrschaos und aus dem hygienischen Dauernotstand in absehbarer Zeit befreien können. Die slumfreien europäischen „Großstädte" wie Florenz, Orléans, Brünn, Göteborg oder Karlsruhe nehmen sich dagegen wie Museumsstücke aus. Und wer garantiert, daß sie auf längere Sicht „slumfrei" bleiben? Zumindest liegt in dieser Frage ein außerordentliches innen- und außenpolitisches Konfliktpotential, wie die Polarisierung am Thema „Asylanten" und „Wirtschaftsflüchtlinge" schon heute zeigt.

Seien wir also vorsichtig, wenn wir uns unter „Stadt" etwas viel rosigeres vorstellen als Lewis Mumford.

Aber warum zieht es denn in den Entwicklungsländern so viele Menschen in die unwirtlichen Städte? Ganz einfach, weil das „flache Land" in den meisten Fällen noch unwirtlicher ist. Das Land gehört den Armen nicht, oder die Familie ist zu groß, um von einem Fleckchen Land ernährt zu werden. Das Land wird als langweilig empfunden: kein

Kino, wenig Fernsehen, „nichts los". Das Land bietet fast keine Bil-
dungs-, Berufs- und Fortkommensmöglichkeiten.

Die wirtschaftliche Macht, der verteilbare Wohlstand und die kulturellen Ereignisse konzentrieren sich allemal in der Stadt. Und der Über-
fluß, den Handel und Industrie selbst in den ärmsten Ländern erzeugen, ernährt eben doch Millionen von halbwegs gut verdienenden
Arbeitern und Angestellten, und er quillt oder tröpfelt aus den Quartie-
ren der Besitzenden in die weniger wohlhabenden Bezirke bis in die
äußersten Slums. Wirklich arbeitslos sind dort ganz wenige. Ein fahr-
bares Bratöfchen, Botendienste für Firmen, Staat und reiche Familien,
Putzen und Reparieren bringen etwas Geld, und das Lebensnotwendige
wird in fleißiger Eigenarbeit verrichtet. Die „Slumsanierung" ist in den
meisten Städten der Dritten Welt das Schlimmste, was den Armen
passieren kann, denn sie zerstört zumeist ihre neugewonnene, einigermaßen stabile Subsistenz am Rande der Modernität.[4]

Für die Armen ist die Stadt ein wenig überlebensfreundlicher als der
ländliche Raum. Für die Begüterten ist sie die Quelle des Reichtums, des
Fortschritts und der politischen Macht. Die Ballungsräume sind trotz aller
Slums die eigentlichen Gewinner in der Entwicklung vom Jahrhundert
der Nationalstaaten (in welchem die Hauptstädte ihren Aufschwung
nahmen) zum Jahrhundert der Ökonomie, in welchem die Verdichtung
zu einem großen Vorteil wurde. Wer hätte das vor 50 Jahren, als man
noch vom „Volk ohne Raum" sprach, gedacht: *Nicht* die rohstoffreichen,
fruchtbaren, großflächigen Länder und Landstriche der Welt wie Brasilien, Argentinien, Kanada, Kongo oder Sibirien waren wirtschaftlich erfolgreich, sondern die rohstoffarmen, übervölkerten Länder und Gegen-
den wie Japan, Hongkong, Singapur, Holland, Schweiz, die deutschen
Ballungsräume, Moskau, London, Paris, die Poebene, Ost- und West-
küste der USA; innerhalb Brasiliens sind São Paulo und Rio de Janeiro
reich geworden, innerhalb Kanadas Toronto und Montreal.

Aber was ist das für ein wirtschaftlicher Erfolg, der die Städte reich
werden und die einst reich geglaubten weiten Länder verarmen läßt? Es
ist weitgehend der Erfolg von erfolgreichen *Parasiten*. Das Wasser, die
Luft, die Nahrungsmittel, der Platz für Abfälle, der Raum für Erholung, die Rohstoffe, die biologische Vielfalt, all das erzeugt das Land
für die Stadt, die sich daran gütlich tut. *Und bezahlt wird fast nichts von
diesen Leistungen.* Für die Nahrungsmittel zahlt die Stadt, gewiß, aber
jeder Bauer (hier wie in der Dritten Welt) weiß, wie verzweifelt wenig

vom Endverbraucherpreis (und in Europa von den Subventionsgeldern) wirklich auf dem Bauernhof ankommt. Für das Wasser zahlt der Städter, aber bloß zur Deckung der Kosten der – städtischen – Wasserwerke. Für die Luft zahlt der Städter gar nichts. Die Ballungsräume verschmutzen sie und kommen sich schon ganz umweltbewußt vor, wenn sie die Verschmutzung ein bißchen reduzieren. *Regeneriert* wird die Luft, wenn überhaupt, auf dem Land. Genetische Ressourcen holt die städtische Industrie aus den Wäldern und Landstrichen der Welt ins Labor und verkauft sie nachher als teures Saatgut wieder ans Land. Für die Erholung und die Schönheit der Natur zahlt der Städter nur gerade so viel, wie der kommerzialisierte Fremdenverkehr auf dem Markt durchsetzen kann. Und das ist nicht eben viel.

Die offizielle Ökonomie sieht das anders. Für sie ist es ein faires Geben und Nehmen. Die Stadt liefert dem Land preiswerte Industriegüter, Maschinen, Straßen, Fernsehen, Schulen, Verwaltung und zahlt die Löhne und Gehälter vieler Beschäftigter auf dem Lande. Aber diese Leistungen haben den Niedergang des ländlichen Selbstbewußtseins und Lebensgefühls nicht aufhalten können. Und einige Leistungen haben ihn geradezu beschleunigt: Wird die Verkehrsinfrastruktur ausgebaut – und zwar weltweit –, dann gelangen die Lebensmittel viel müheloser in die Stadt, was zunächst gut für das Land ist. Aber alsbald können sich die Lebensmittel aus aller Herren Länder auf den Märkten der Städte gegenseitig Konkurrenz machen. Es wird aussichtslos für die Landwirtschaft, hohe Knappheitspreise zu verlangen. Ein Preisverfall ist die Folge, der theoretisch erst aufhört, wenn der Boden anfängt, erschöpft zu sein. Natürlich hat das keiner gewollt, und es war der ländliche Raum selber, der nach den Straßen verlangt hat. – Oder man hat jahrzehntelang Milliardensummen in die Flurbereinigung gesteckt – mit der Folge erhöhter Arbeitsproduktivität, Ausdünnung der Landbevölkerung und ökologischer Verarmung. Und die Produktionsmittel für die flurbereinigte Landwirtschaft werden weitgehend in den Städten hergestellt: Landmaschinen, Chemikalien, Verpackung und Fahrzeuge. Wieder ein prima Geschäft für die Stadt.

Die großräumige Arbeitsteilung, die uns schon in Kapitel 8 als großes Problem für die Dritte Welt insgesamt begegnet war, ist auch eine Gefahr für den ländlichen Raum. Und die Krise der Städte, die Lewis Mumford so finster beschrieben hat, ist zugleich eine Krise des ländlichen Raums. Nennen wir sie die *Stadt-Land-Krise.*

Es ist mir nicht möglich, in diesem Buch irgendwelche Antworten auf das bedrohlicher werdende ökologische und soziale Problem der Drittweltmetropolen anzubieten. Vielleicht nützt es diesen aber indirekt, wenn wir in Europa uns darum bemühen, das Leben auf dem Lande wieder anziehender zu machen, und wenn wir gleichzeitig eine „ökologische Stadtsanierung" anpacken. Dieser Herausforderung sind die nächsten Abschnitte gewidmet.

Der Parasit muß bezahlen

Wie geht man realpolitisch mit der Stadt-Land-Krise um? Das Prinzip der Arbeitsteilung ist nicht rückgängig zu machen. Stadt und Land stünden ungleich schlechter da, wenn die Rationalität der Industrie und der modernen Landwirtschaft geopfert würde.

Aber im Sinne der radikalen Anwendung des Verursacherprinzips (Kapitel 10) müßte die Stadt für die laufend dem Land zugefügten ökologischen Schäden sowie für die ökologischen Regenerationsleistungen des Landes bezahlen.[5] *Bevor* man sich aber auf den sicherlich kontroversen Vorschlag von Kompensationszahlungen einläßt, muß gefragt werden, wieweit die „ökologische Steuerreform" (Kapitel 11) bereits beiträgt, die Stadt-Land-Krise zu entschärfen, oder ob sie sie womöglich verschärft.

Ohne eine sorgfältige Studie der vielfältigen Auswirkungen von Umweltsteuern auf die Wirtschaft, auf die Lebenshaltungskosten und auf die Landwirtschaft kann die Frage nicht wirklich beantwortet werden. Hier nur ein paar plausible Hinweise:

a) Die Treibstoffverteuerung und die Aufhebung der Steuervorteile für Dieselkraftstoffe verteuert die landwirtschaftliche Produktion und die Lebenshaltung auf dem Lande;

b) Die Verteuerung des Transports wirkt der oben genannten Tendenz entgegen, die Lebensmittel jederzeit überall gegenseitig in Konkurrenz treten zu lassen;

c) Die Verminderung der Schadstoffe aus Industrie, Wohnbereichen und Verkehr verringert die Belastung der Böden;

d) Die Besteuerung von Bodenüberbauung, Energie und Emissionen führt zu Nachteilen der Stallhaltung gegenüber der Freilandhaltung und zu Nachteilen der chemieintensiven Landwirtschaft gegenüber dem ökologischen Landbau;

e) Die Verteuerung von fossilen Brennstoffen öffnet Marktchancen für Biosprit, Holz und andere nachwachsende Rohstoffe (die allerdings ihrerseits ein Umweltproblem darstellen, vgl. Kapitel 9);

f) Die Verteuerung des Ferntourismus sowie die Verminderung des Chemikalien- und Maschineneinsatzes machen den ländlichen Raum als Erholungsgebiet wieder attraktiver.

Alles in allem ist anzunehmen, daß die heute übliche chemieintensive Landwirtschaft durch Umweltsteuern wirtschaftlich unter noch größeren Druck käme. Ökologische Landwirtschaft hätte dagegen bessere Chancen. Mit einer generellen Erhöhung der Lebensmittelpreise ist zu rechnen (die gegenüber Importen von ökologisch problematisch hergestellten Agrarprodukten verteidigt werden müßte). Die damit verbundenen höheren Erlöse pro Dezitonne bedeuten aber nicht notwendig höhere Hektarerlöse. Unterm Strich würden vermutlich höhere Belastungen des ländlichen Raumes durch Umweltsteuern bleiben, da Entlastungen in anderen Steuerbereichen der Landwirtschaft, die schon heute deutliche Steuervorteile genießt, kaum mehr möglich sind.

Dieses vermutete Ergebnis sollte dazu führen, daß man nun ernsthaft darangeht, den ländlichen Raum für seine Regenerationsleistungen zu bezahlen. Sieht man es so, dann wird sogar der umstrittene „Wasserpfennig"[6] ordnungspolitisch vertretbar. Er wäre nur anders als heute zu definieren und zu begründen. Statt das Wasser als kostenlos und den Verzicht auf Düngung als kompensationspflichtig anzusehen, müßte man das *gute*, nicht belastete Wasser als Rohstoff mit einem Preis versehen. Dieser wäre nach einem Flächenschlüssel den Landeignern oder -pächtern im Einzugsgebiet zu zahlen. Dann darf es legitimerweise und ohne spezielle Kompensation eine staatlich verordnete Düngungsbegrenzung geben (damit nicht die Düngung von *einem* Hof die Wasserqualität im ganzen Gebiet beeinträchtigt).

Bei der Luftregeneration könnte die Sauerstoffproduktion als Maßstab gewählt werden. Dies wäre ein Anreiz zum Walderhalt und zur Aufforstung, was insbesondere für Grundbesitzer in Mittelmeerländern, die heute im Verdacht stehen, Waldbrände aus ökonomischen Gründen absichtlich auszulösen, von Bedeutung sein könnte. Wenn zusätzlich der Rohstoffpreis für Wasser – insbesondere in trockenen Monaten – hoch genug angesetzt würde, dann könnten Waldbesitz und Aufforstung in den Mittelmeerländern zu einem sehr lukrativen Geschäft werden (da Waldböden das Wasser entscheidend besser halten als kahle Böden).

Sonderprämien für Artenvielfalt, Naturschutz oder Abwechslungsreichtum der Landschaft müßten verhindern, daß forstliche Monokulturen lukrativer sind als ökologisch gesunde Mischwälder mit Lichtungen und stehenden Gewässern.

Die Bezahlung von Naturschutzprämien aus dem Aufkommen einer Landversiegelungssteuer, die damit zur Naturschutzabgabe würde, erscheint durchaus logisch. Dies ist der Vorschlag des Bundesumweltministers Töpfer. Man muß allerdings mit denjenigen, die die Prämie auszuzahlen hätten, in der Bundesrepublik also den Bundesländern, vorab über die Aufbringung des Geldes sprechen.

Solche Zahlungen tragen dazu bei, daß der Preis des Lebens in der Stadt der ökologischen Wahrheit näherkommt. Es ist anzunehmen, daß mancher private Luxus oder Komfort zu Lasten der Natur zurückgefahren wird. Die damit verbundenen Einschränkungen könnten dadurch kompensiert werden, daß der Lebensraum Stadt wieder einladender wird.

Die Privatisierung der Lebensqualität in den eigenen vier Wänden und auf den eigenen vier Rädern sowie durch hohe Verbrauchs- und Wegwerfraten und der parallellaufende Verfall des öffentlichen Raums war sowohl ökologisch wie sozial eine Fehlentwicklung. Die Umweltpolitik darf sich nicht nur auf Abfälle, Abwasser, Abluft, Lärm und Altlasten beschränken, sondern sie muß sich auch um die Lebensqualität im Lebensraum Stadt kümmern. Sie kann damit beitragen, die genannte Fehlentwicklung zu korrigieren. In erster Linie gefragt ist hier die kommunale Umweltpolitik.

Kommunale Umweltpolitik

Der Verfall des öffentlichen Raums lieferte die ersten Anzeichen der Umweltkrise. Der lokale Kampf um Alleebäume, gegen neue Straßenschneisen, gegen Mülldeponien oder gegen die Ansiedlung von Kraftwerken oder Industrieanlagen, das war der Beginn von Bürgerinitiativen im Umweltschutz. Anfangs herrschte noch das Sankt-Florians-Prinzip vor („Oh heiliger Sankt Florian, verschon' mein Haus, zünd' andre an"), auf englisch NIMBY (not in my backyard). Als sich aber die Bürgerinitiativen immer häufiger überörtlich trafen, um regional und national Einfluß auf die Entscheidungen zu nehmen, kamen sie zwangsläufig selbst zu Forderungen für größere Räume. Nun hieß die Losung meistens „Weder hier noch anderswo" oder auch „Global denken, lokal handeln".

Lokal handeln ist aber natürlich viel mehr als lokal protestieren. Die ehedem noch selbstverständliche Konfrontation der Umweltschützer mit den kommunalen oder regionalen Planern ist heute vielfach aufgehoben oder hat zumindest ihr Gesicht sehr verändert. In Dänemark, Holland, Luxemburg und der Bundesrepublik werden die Kommunalverwaltungen oft von Personen dominiert, die selbst noch vor zehn oder zwanzig Jahren auf der anderen Seite standen. Ironischerweise sind einige der großen Streitpunkte heute Investitionen für den Umweltschutz, so etwa Müllverbrennungsanlagen oder Güterumschlagplätze für die Bahn.

Es gibt kaum mehr eine Frage der Kommunalpolitik, die nicht nach Umweltgesichtspunkten entschieden oder mitentschieden würde. Industrieansiedlung, Straßenführung, öffentlicher Nahverkehr, Energieversorgung und natürlich Müllentsorgung, Kanalisation und städtisches Grün, alle diese klassischen Themen der Kommunalpolitik werden heute sowohl vom Bürger wie von der Stadtverwaltung als umweltpolitisch bedeutsam (negativ oder positiv) eingeschätzt.

In Japan spielten Anfang der siebziger Jahre die Gemeinden die neben den Gerichten vielleicht wichtigste Rolle bei der Umstellung der Industrie auf eine umweltverträgliche Produktionsweise. Sie verlangten gebieterisch „freiwillige" Selbstverpflichtungen der heimischen Industrie, die Emissionen drastisch und nachprüfbar zu verringern. Und kaum eine Gemeinde verließ die Solidargemeinschaft und bot den Verschmutzern Nachlässe bei diesen Bedingungen an. Allerdings waren die Reduktionsziele je nach lokalem Belastungsgrad verschieden ehrgeizig definiert.[7] 1989 hat Japan das Thema Stadt und Umwelt wiederentdeckt. Das jährliche Weißbuch zur Lage der Umwelt in Japan ist in diesem Jahr dem Thema „Unterwegs nach Ecopolis – der Stadt, in welcher der Mensch in Harmonie mit der Natur lebt" gewidmet.

In Dänemark, Holland, Schweden, der Schweiz und der Bundesrepublik hat seit den frühen achtziger Jahren eine neue Welle der „Ökologisierung der Kommunalpolitik" eingesetzt. In Dänemark lag der Schwerpunkt vor allem bei der Energieversorgung. Die Ablehnung von Kernkraftwerken und die Verfügbarkeit von Windkraft führten dazu, daß in einer rasch wachsenden Zahl von Gemeinden eine Elektrizitäts-

selbstversorgung angestrebt wurde, wobei das Schwergewicht der Maßnahmen beim Energiesparen lag. In Schweden wurde eines der wichtigsten Instrumente der Energiepolitik auf nationaler Ebene beschlossen,
nämlich sehr ehrgeizige Wärmedämmungsvorschriften beim Hausbau.

Kommunale Energieversorgung

In der Bundesrepublik spielt das Freiburg-Darmstädter *Öko-Institut*
eine hervorragende Rolle bei der „Ökologisierung der Kommunalpolitik". Nach der Publikation des ersten Bandes über eine ›Energie-
Wende‹ (1980),[8] in welchem Gedanken über den Umstieg auf wesentlich geringeren Energieverbrauch und auf erneuerbare Energiequellen
ausgebreitet wurden, erschien dann 1985[9] ›Die Energiewende ist möglich‹, ein Anleitungsbuch vor allem zur „Rekommunalisierung" der
Energieversorgung. Nach dem Vorlauf einiger Städte wie Rottweil,
Saarbrücken und Flensburg wurde es klar, daß unsere Städte – z. B.
durch Nutzung der Kraft-Wärme-Kopplung vor allem mit kleineren
Blockheizkraftwerken und durch sparfreundliche Tarife – viel Energie
einsparen konnten, wenn sie nur die Energieversorgung in eigene Regie
nehmen konnten. In den meisten anderen Städten stehen dem langfristige Konzessionsverträge mit den großen Energieversorgungsunter-
nehmen (EVU) entgegen. Viele dieser Verträge können allerdings in
den neunziger Jahren gekündigt werden, so daß mit einer Welle der
Rückführung der Energieversorgung in städtische Hand gerechnet
wird. Hierbei wird übrigens von seiten der Städte gerne verdrängt, daß
die Versorgung ländlicher Gebiete teurer als die der Städte ist, so daß
das Ausklinken der Städte zu einem zusätzlichen Stadt-Land-Ungleich-
gewicht führen kann.

Die Konzessionsverträge basieren auf dem Energiewirtschaftsgesetz
von 1935, welches die Energieversorgung sicherstellen sollte und den
EVU hierfür weitgehende geschäftliche Privilegien gab. Das EVU
braucht Betreiber kleiner Energieanlagen (z. B. wind- oder wasserge-
triebene Anlagen) nicht (für den Restbedarf) zu versorgen, wenn dies
für das EVU wirtschaftlich nicht zumutbar ist (§ 3 Abs. 3 EwirtschG).
Diese Zumutbarkeit wurde durch die 5. Durchführungsverordnung
vom 21. Oktober 1940 dahingehend präzisiert, daß die Versorgungsver-
pflichtung nur besteht, wenn der Abnehmer seinen gesamten Energie-

bedarf für Haushaltszwecke (bis auf Wärme) vom EVU decken läßt.[10] Damit war besiegelt, daß die Selbstversorger aus Sorge vor lokalen Stromausfällen ihre Eigenversorung weitgehend einstellten und nur noch vom EVU-Netz Strom bezogen. Die Einspeisung ihrer Eigenenergie in das EVU-Netz wird durch schäbige Bezahlung unattraktiv gemacht. Und schließlich durften die EVU nach dem Energiewirtschaftsgesetz praktisch ihre gesamten stehenden Kosten über die *Grundgebühr* abdecken, so daß der Arbeitspreis niedrig und der Gesamtpreis hoch ist. Dieser für die Kleinverbraucher ungünstige und den hohen Verbrauch begünstigende Mißstand soll nun – auf starken öffentlichen Druck – noch in der laufenden Legislaturperiode endlich korrigiert werden. Eine attraktive Einspeiseregelung, die vor allem für den ländlichen Raum nötig wäre, steht allerdings noch aus.

Müll, Wasser, Verkehr, Architektur, Gewerbe

Auf zahlreichen anderen umweltpolitischen Gebieten besteht kommunalpolitischer Handlungsbedarf. Es ist im Rahmen dieses Buches nicht möglich, alle Gebiete auch nur annähernd vollständig zu erfassen. Aber mit Nachdruck möchte ich sagen: Die ökologische Realpolitik spielt sich zum großen Teil auf der kommunalen Ebene ab. Und dennoch werde ich zum Schluß des Kapitels sagen: Der *Rahmen* muß geändert werden, damit nicht die Gemeinden wie bisher all die ökologischen Unterlassungssünden des modernen Industriezentrums auszubaden haben.

Beim *Müll* geht es darum, daß das Deponieren, derzeit noch die bei weitem häufigste „Entsorgung", Altlasten für morgen erzeugt, das Verbrennen auf wachsende Widerstände stößt und das Rezyklieren und Vermeiden noch in den Kinderschuhen steckt. Bei Umweltschützern ist die Strategie populär, alle Abfallentsorgungswege der Wegwerfgesellschaft nach Kräften zu blockieren und so den Problemdruck zu erhöhen, bis schließlich die Vermeidung von Abfällen in Gang kommt. So schön diese Strategie intellektuell ist, so unvernünftig ist sie in ihren kurzfristigen Wirkungen. Blockiert wird in erster Linie die Neueinrichtung von Entsorgungswegen, von denen anzunehmen ist, daß sie zumindest die Umweltschäden der alten nicht wiederholen. Die populärste Zielscheibe sind Müllverbrennungsanlagen (MVA). Diese sind bei Anwendung moderner Verfahren nicht bedenklicher als andere industrielle Großbetriebe. Den minimalen Dioxinemissionen, die vor allem bei der amerikanischen Umweltbehörde EPA als Besorgnisgrund gelten, ist eine Gesundheitsbeeinträchtigung nicht nachgewiesen worden (im Gegensatz zu vielen anderen Risiken vom Passivrauchen bis zu den natürlichen Aflatoxinen in altgewordenen Lebensmitteln); und das Restdioxin läßt sich auch noch abfangen[11]. Deponien oder Müllexport, die kurzfristigen Alternativen zur MVA, sind ökologisch bedenklicher.

Allerdings ist die Müllverbrennung alles andere als ideal. *Natürlich* muß die Vermeidung und Verwertung von Abfall obenanstehen, wie es auch in dem rechtlich vorbildlichen deutschen Abfallgesetz steht. Vermeiden und Verwerten ist übrigens auch in den meisten Fällen energetisch günstiger als Verbrennen. Bloß: Mit Appellen werden Vermeidung und Verwertung nicht herbeigeführt. Und es wird auch schwierig, dem Problem im Rahmen herkömmlicher Ordnungspolitik beizukommen. Man muß sich auf § 14 AbfG stützen und für einzelne Abfalltypen Verordnungen über die obligatorische Wiederverwertung oder Vermeidung erlassen, ein aufwendiger, konfliktreicher und die technologische Innovation nicht sonderlich begünstigender Weg.

Beim *Abwasser* stehen nach dem praktisch flächendeckenden Anschluß der Gemeinden an Klärwerke mit drei Reinigungsstufen keine großen Entscheidungen und Konflikte an. Die Abwasserabgabe ist 1989 erhöht worden. Die Finanzierung der Kläranlagen ist auf längere Sicht gesichert. Beim *Trinkwasser* steht vielerorts die Frage an, ob man mit den strengen EG-Werten zurechtkommt, ob man lokale Brunnen wegen zu hoher Nitrat- und Pestizidwerte schließt oder ob man eine Aktivkohlefilter-Reinigung anstrebt, solange man der Nicht-Punkt-Quellen-Verschmutzung nicht Herr wird. Wie in Kapitel 2 ausgeführt, halte ich die EG-Grenzwerte für Trinkwasser für in einzelnen Fällen unnötig scharf. Ich sehe die Schließung kleiner Brunnen (und die alleine trifft es) mit sehr gemischten Gefühlen an. Wenn sich das Nitrat- und Pestizidproblem durch eine Ökologisierung der Landwirtschaft eines Tages gelöst hat, ist der Brunnen dann kaum mehr zu aktivieren. Und wieder ist ein Nachteil des ländlichen Raumes dauerhaft festgeschrieben.

Großer Handlungsspielraum besteht beim *Verkehr*. Für die Lebensqualität des „öffentlichen Raums" in den Städten ist der Verkehr der Angelpunkt. Fußgängerzonen waren ein wichtiger Schritt, auch für die Entwicklung des Bewußtseins. Aber das ist erst ein Anfang. Die Bürger

von Zürich haben in einer Serie von Volksabstimmungen erst Stadtautobahnen und später auch U-Bahnen abgelehnt. Warum sollen die Fuß-
gänger, die sauber sind und etwas sehen wollen, unter die Erde und die
schmutzigen Autos über die Erde? Das war eine der zugkräftigsten
Parolen. Schließlich hat man ein attraktives S-Bahn-, Straßenbahn- und
Bussystem ausgebaut, und alle sind's zufrieden.

Eine Art Umwälzung müßte sich in der *Architektur* vollziehen. Auf
diese hat die Gemeinde aber nur indirekten Einfluß. Durch Bausat-
zung, Planung, Wettbewerbe, Öffentlichkeitsarbeit, Denkmalschutz
und durch öffentliche Bauaufträge kann die Stadt an ihrem architekto-
nischen Bild arbeiten. Häuser, die sich energiemäßig praktisch selbst
versorgen, sind auch in unseren Breiten möglich. Fassadenbegrünung,
Gewächshausvorbauten, Mischnutzung zwischen Gewerbe und Wohn-
gebieten, ökologische Kriterien für Vorgärten und Kleingärten, all das
sind Zielsetzungen, die der ökologisch engagierte Kommunalpolitiker
verfolgen kann.[12]

Wie sich die Stadt zu ihrem Gewerbe stellt, ist in den sechziger Jahren das große Thema gewesen. Damals ging es um Grundstücke, Erschließung und allerlei Privilegien, die Industrie, Handel und Kleinge-
werbe von den Städten heraushandeln konnten; sie waren schließlich die
Hauptsteuerzahler. Würde die Gewerbesteuer abgeschafft und durch
Umweltsteuern ersetzt, würde sich das Verhältnis der Städte zu ihren
Gewerben sicherlich verändern, nicht notwendigerweise zum Schlech-
teren. Eine hohe Versiegelungssteuer, deren Aufkommen eventuell den
Gemeinden anstelle der Gewerbesteuer zufließen könnte (soweit es
nicht für Naturschutzprämien verwendet würde), könnte den Städten
eine ganz neue Chance der Sanierung alter, eventuell chemisch belaste-
ter Standorte bieten: Für die Industrie könnte es billiger werden, die
Sanierung selbst zu übernehmen, als irgendwo auf der Wiese zu bauen
und sehr hohe Versiegelungssteuern dafür zu bezahlen. Eine bundes-
oder europaeinheitliche Versiegelungssteuer hätte auch den Vorteil,
daß verschiedene Gemeinden sich nicht so leicht gegenseitig unterbieten können: Der Neubau am anderen Ort wäre in jedem Fall die teuer-
ste Lösung.

Den Rahmen verändern

Bei Energie, Müll, Wasser und Flächenbedarf haben wir gesehen, daß der Handlungs*bedarf* auf kommunaler Ebene groß ist und die Wirkungsmöglichkeiten relativ bescheiden sind. Wenn aber auf nationaler oder europäischer Ebene der Rahmen deutlich verändert wird, dann vergrößert sich der Spielraum dramatisch. Die Umsetzung der EG-Richtlinie über die Umweltverträglichkeitsprüfung wird den Spielraum deutlich vergrößern.

Noch wirksamer dürfte die „ökologische Steuerreform" sein. Viele Abfallprobleme würden verringert oder gelöst, wenn sich das Rezyklieren finanziell lohnt. Große Mengen Papier, Kunststoff, Metalle und Glas könnten aus dem Abfall verschwinden. Auch Energie-, Wasser-, Verkehrsprobleme würden leichter lösbar.[13] Wie von selbst würde das städtische Gemeinwesen in eine neue Richtung gelenkt, die heute in einigen Städten mit großem politischem Kraftaufwand als „ökologischer Stadtumbau" proklamiert wird.

Auch die nötige *technologische Innovation* für die umweltfreundliche Stadt muß angestrebt werden, und auch sie wird sich zum größten Teil an dem orientieren, was wirtschaftlich profitabel oder machbar ist. Wenn Verschmutzen und Landverbrauchen sehr teuer werden und menschliche Arbeit und Gewerbeaktivität billiger, dann sind die idealen Voraussetzungen für eine technische Revolution des Städtebaus bzw. -umbaus, der Infrastruktur und der städtischen Dienstleistungen gegeben.

Für das Stadt-Land-Verhältnis könnten sich die Rahmenveränderungen ebenfalls segensreich auswirken. Wenn Transport, Energie, Wasser, Landverbrauch, hohe Chemikalieneinsätze und Luftverschmutzung wesentlich teurer werden, wird die Erzeugung oder Zubereitung von Energie, Wasser und Nahrungsmitteln verstärkt aufs Land zurückkehren. Die Belastung des Landes mit Schadstoffen aus den Städten dürfte abnehmen, und die erzielbaren Erzeugerpreise für Nahrungsmittel könnten relativ steigen.

Man soll sich solche Entwicklungen nicht als Automatismus, nicht rasch und nicht idyllisch vorstellen. Es geht hier zunächst nur um eine vorsichtige Tendenzaussage.

Anmerkungen

[1] Lewis Mumford, The Culture of Cities, Harcourt, New York 1938.

[2] Lewis Mumford, The City in History, Harcourt, New York 1961.

[3] Siehe auch Grover Foley, Mumford on the City, in: The Ecologist 19/3 (1989), S. 104–110.

[4] Vgl. Paul Harrison, Hunger und Armut, Reinbek 1982; insbesondere das Kapitel: Das gelobte Land: Wolkenkratzer und Wellblechhütten, S. 121–138.

[5] Näher darauf eingegangen bin ich in meiner Rede ›New technologies and frame conditions for an ecological city‹, gehalten auf der 15. Sitzung der Group on Urban Affairs (OECD), 17.–19. Mai 1989 in Paris.

[6] Vgl. zum Beispiel H. Bonus, Eine Lanze für den „Wasserpfennig", in: Wirtschaftsdienst IX (1986), S. 431 ff.

[7] S. Tsuru/H. Weidner, a. a. O.

[8] F. Krause et al., Energie-Wende, Wachstum und Wohlstand ohne Erdöl und Uran. Eine Publikation des Öko-Instituts Freiburg/Br., Frankfurt a. M. 1980.

[9] P. Hennicke et al., Die Energiewende ist möglich. Eine Publikation des Öko-Instituts Freiburg/Br., Frankfurt a. M. 1985; vgl. auch neuestens: Cornelius Noack, D. von Ehrenstein, J. Franke (Hrsg.), Energie für die Stadt der Zukunft, Marburg 1989.

[10] Das sanfte Energie-Handbuch, Reinbek 1980, S. 181–183.

[11] Vgl. „Die Kombi-Falle", in: Umweltschutz. Das österreichische Magazin für Ökologie, Wirtschaft und Umwelttechnik, Wien, 9/89, S. 23.

[12] Per Krusche et al., Ökologisches Bauen (Umweltbundesamt), Wiesbaden und Berlin 1982.

[13] In diese Richtung argumentieren etwa Kenneth J. Button und David W. Pearce in ihrem Buch: Improving the urban environment: how to adjust national and local government policy for sustainable urban growth, Oxford u. a. 1989.

14. Kapitel

UMWELT-AUSSENPOLITIK

Eine neue Herausforderung an die Außenpolitik

Umwelt- und Ressourcenkonflikte haben in der Beziehung zwischen den Völkern seit jeher eine Rolle gespielt. Kriege wurden geführt und Diplomaten wurden bemüht, wenn es um „Kornkammern" oder Jagd und Fischereirechte ging. Und am Ende mancher Kriege hinterließ der Sieger „verbrannte Erde", er ruinierte die Umwelt.

Ein neues Gesicht hat demgegenüber die heutige Umwelt-Außenpolitik. Hier geht es vor allem um die grenzüberschreitende Umweltverschmutzung, um den Schutz internationaler Gewässer, um die Harmonisierung der umweltbedingten Wettbewerbsbedingungen und neuerdings um das Klima. Mehr und mehr setzt sich die Erkenntnis durch, daß die klassische Form nationaler Souveränität, die schon durch Militärblöcke und Wirtschaftsverflechtung eingeschränkt ist, auch durch die Internationalität der Umweltprobleme ausgehöhlt wird.

In der EG mußten die Mitgliedstaaten seit 1973 schrittweise immer mehr umweltpolitische Souveränität an die Gemeinschaft abgeben (vgl. Kapitel 3). Anfangs, von 1973–1987, geschah dies zumeist im Rahmen der Wirtschaftslogik, wenn nämlich Umweltrichtlinien auf den Wettbewerbsharmonisierungs-Artikel 100 EWGV gestützt wurden. Seit dem Inkrafttreten der Einheitlichen Europäischen Akte im Juli 1987 kann die Gemeinschaft auch um der Umwelt selbst willen die Initiative ergreifen. Dabei kann es nun sogar so weit kommen, daß ein Land in einer Mehrheitsabstimmung überstimmt wird und dennoch zur Umsetzung der beschlossenen Regeln verpflichtet ist. Abweichungen von der europäischen Norm sind nur nach oben erlaubt, die EG-Norm ist ein Mindeststandard.[1]

Seit Ende der siebziger Jahre versucht man, über die EG hinaus, die grenzüberschreitenden weiträumigen Luftverschmutzungen vertraglich in den Griff zu bekommen. Die Arena war die ECE, die Ökonomische Kommission für Europa der Vereinten Nationen mit Sitz in Genf. Anfangs tat sich die Bundesrepublik Deutschland übrigens schwer, sich von einem internationalen Vertrag vorschreiben zu lassen, bis wann sie wieviel Schwefeldioxidemissionen vermindern solle. Erst nach dem Bekanntwerden des Waldsterbens wurde die deutsche Haltung auf einmal wesentlich positiver und aktiver. Schließlich kam 1982 das Genfer Abkommen über die grenzüberschreitenden weiträumigen Luftverschmutzungen zustande, welches 1983 durch das Protokoll von Helsinki über eine 30%ige SO_2-Reduktion bis 1993 („30-Prozent-Club") konkretisiert wurde. 1988 kam das Protokoll von Sofia hinzu, welches ein Einfrieren der Stickoxidemissionen bis 1994 auf dem Stand von 1987 vorsieht; 17 Zeichnerstaaten haben sich darüber hinaus zu einer 30%igen Verminderung bereit erklärt. Jedoch blieb der Beitritt zu den Protokollen selbst für die Nationen freiwillig, die das Abkommen selbst ratifiziert haben. Und einige Länder, insbesondere Großbritannien, Spanien und Polen, die in großem Umfang zur Luftverschmutzung beitragen, sind selbst dem Helsinkiprotokoll noch immer nicht beigetreten.[2]

Die in den Kapiteln 4 und 8 genannten globalen ökologischen Herausforderungen lassen die diplomatischen Probleme noch einmal um eine Größenordnung schwieriger werden. Eine neue Dimension der Nord-Süd-Auseinandersetzung steht ins Haus. Die Industrieländer haben den größten Anteil an der historisch bereits eingetretenen Auffüllung der Atmosphäre mit Treibhausgasen in den letzten 150 Jahren (bei CO_2 rund 90%) und mit FCKWs (rund 98%) gehabt. Auch heute noch produzieren sie über 70% des vom Menschen freigesetzten Kohlendioxids und über 95% der FCKWs.[3] Die Entwicklungsländer, die wir heute zur Schonung der letzten Regenwälder auffordern, kennen diese Relationen und sehen nicht ein, warum sie auf irgend etwas verzichten sollten, was ihnen in ihrer zum Teil verzweifelten Wirtschaftslage Vorteile bringen könnte. China, das heute bereits immerhin etwa 13% der weltweiten CO_2-Emissionen verursacht, plant, die Kohleverbrennung kräftig auszubauen. In irgendeiner Weise werden wir den Entwicklungsländern ihre Kooperationsbereitschaft „abkaufen" müssen, aber wir haben noch gar keine brauchbare Erfahrung, wie das geschehen könnte.

Die diplomatische Situation zwischen dem Westen und dem Osten ist

von anderer Art. In bezug auf die Emissionen steht der Osten dem Westen kaum nach. Beim Energieverbrauch und der Umweltverschmutzung pro Einheit geschaffener Wirtschaftswerte steht der Osten sogar
deutlich schlechter da als der Westen.[4] In der allgemeinen Technologieentwicklung nimmt der Osten eine Mittelstellung zwischen West und
Süd ein, aber bei Umwelttechnologien klafft ein besonders großes Loch
im Osten. Der Ost-West-Umweltdiskussion überlagert und übergeord-
net sind die Fragen von Abrüstung und Vertrauen oder Aufrüstung und
Mißtrauen. So bleibt die umweltpolitische Zusammenarbeit von der
noch immer sehr störanfälligen Vertrauensbasis zwischen West und Ost
abhängig. Andererseits eignet sich die Umweltpolitik vorzüglich als
Vehikel für die Ausbildung und Stabilisierung des Vertrauens (vgl. den
Abschnitt „Abrüstung und Umwelt", S. 213 ff.).

Welt-Umweltbewußtsein – Phase I

Allenthalben sieht man jetzt die Bilder des „Blauen Planeten", vom
Weltall aus aufgenommen.

Auch Satellitenbilder von großflächigen Urwaldbränden haben die

Abb. 45: Der Blaue Planet, die Eine Erde – ein Bild, das sich in unser aller Bewußtsein eingeprägt hat, seit es Satellitenbilder gibt. (Bild: Archiv Engelhardt.)

Runde gemacht. Das Bewußtsein der „Einen Erde", von Barbara Ward (Lady Jackson), von René Dubos, vom Club von Rom, von der Nord-Süd-Kommission und von Maurice Strong und Mostafa Tolba seit langem gefordert, fängt an, eine Realität zu sein. Nennen wir es das Welt-Umweltbewußtsein. Im Sinne der Erdpolitik könnte man auch „Erdbewußtsein" sagen – wenn dieses Wort nicht noch mehr als das Wort Erdpolitik ungute Assoziationen in Richtung „Blut und Boden" wecken würde.

George Bush, Michail Gorbatschow, Margret Thatcher, François Mitterrand, Helmut Kohl nutzen das neue Welt-Umweltbewußtsein und versuchen, es nach Kräften zu fördern. Beim Weltwirtschaftsgipfel 1988 (Toronto) kamen die Tropenwälder durch den Bundeskanzler auf die Tagesordnung. 1989 in Paris waren Klima und Umwelt ein zentraler Tagesordnungspunkt. 1990 in Washington soll es nachgerade ein Weltumweltgipfel der reichen Sieben werden. Die Erdpolitik hat angefangen, auch bei den Mächtigen eine Realität zu werden.

Im Regierungsauftrag der für die Klimadebatte wichtigsten Länder der Erde ist 1988 das Intergovernmental Panel on Climate Change (IPCC) gebildet worden, welches bis Herbst 1990 die wissenschaftlichen, ökonomischen und politischen Grundlagen für eine Weltklimakonvention legen soll.[5]

Bevor wir uns dieser durchaus realpolitischen Entwicklung zuwenden, soll ein Blick auf die *Stimmungslage und das Bewußtsein* im Nord-Süd-Dialog deutlich machen, wie weit wir noch von einer erdpolitischen *Gemeinsamkeit* zwischen Nord und Süd entfernt sind.

Die Entwicklungsländer haben verstanden, daß ihre eigene Umwelt bedroht ist und daß es langfristig äußerst unvernünftig wäre, der Zerstörung ihren Lauf zu lassen. Sie sehen aber die Weltwirtschaftsbeziehungen, ihre eigene technologische Rückständigkeit und ihre wirtschaftliche Armut als Hauptgrund für die Umweltkrise an. „Armut ist der größte Umweltfeind" ist eine tausendmal wiederholte Formel, und als Beleg wird die Holzsammlerin in Dürrezonen oder die mangelnde Kanalisation in Kalkutta angeführt.

Die Formel von Stockholm „Erst Entwicklung, dann Umweltschutz" beherrscht weiterhin das Denken in den Hauptstädten der Dritten Welt. Die „Dauerhafte Entwicklung" (sustainable development) des Brundtland-Berichts ist ein Formelkompromiß, der nach Auffassung der Entwicklungsländer nicht die geringste Einschränkungswirkung

Abb. 46: „Armut ist der größte Umweltfeind" ist eine tausendmal wiederholte Formel. Holzsammlerinnen illustrieren die Aussage. (Bild: R. Radtke, Bonn.)

bezüglich heutiger Entwicklungsprojekte hat. Und wir im Norden bestätigen diese Auffassung auch indirekt, indem wir behaupten, wir bräuchten Wirtschaftswachstum, um uns den Umweltschutz leisten zu können.

Nun sehen die Entwicklungsländer, wieviel Aufregung und Alarm die Vernichtung der Tropenwälder im Norden auslöst. Für manche Politiker im Süden ist das ein unangebrachtes Getöse derer, die die Hauptschuldigen an der Armut, also der Umweltzerstörung sind, ein Getöse, das die Dritte Welt gar nichts anzugehen braucht. Für die etwas weiterdenkenden Politiker ist es eine einmalige Chance, endlich etwas an den unheilvollen Nord-Süd-Wirtschaftsbeziehungen zu verändern und den Norden zur automatischen Zahlung von großen Summen zu veranlassen. Indem die Umweltkrise als *Folge* der Armutskrise oder der Schuldenkrise dargestellt wird, wird sie unversehens zu einem Druckmittel auf den Norden, und so werden die in den siebziger Jahren entwickelten Ideen einer Neuen Weltwirtschaftsordnung wiederentdeckt, wie z. B. die Stabilisierung der Rohstoffpreise, automatische Zahlungen des Nordens an den

Süden proportional der Wirtschaftskraft und die Schaffung von Fonds unter UNO-Aufsicht (also mit einer Mehrheit der Entwicklungsländer).

Das praktische Ergebnis der damaligen Ideen war aber *kein* neuer Fonds, sondern eine verstärkte Aktivität des Internationalen Währungsfonds (IWF) und der Weltbank mit ihrem Niedrigzinsarm IDA (International Development Agency). Die Weltbank achtet darauf, daß in den Nehmerländern die *Bedingungen* dafür geschaffen werden, daß das Geld „weiterarbeitet" und nicht einfach konsumiert wird.

Eben diese *„Konditionalität"* von IWF und Weltbankgeldern, die oft genug zu gewaltigen Preiserhöhungen für Grundnahrungsmittel und zu sozialen Aufständen geführt hat, ist vielen Entwicklungsländern in böser Erinnerung. Wenn es jetzt um Geld für die Schonung der Natur geht, wollen diese Entwicklungsländer nicht eine Neuauflage der Weltbankbedingungen. Sie möchten auch mehr als den Erlaß von Schulden, die sie doch nicht tilgen können. Denn mit erlassenen Schulden kann man sich nichts kaufen. Sie möchten neues Geld (fresh money) und ohne Konditionen und einen neuen Fonds, über den sie selbst verfügen können.

Genau das hat der Norden in der Vergangenheit wieder und wieder abgelehnt. Jede neue internationale Behörde ist für Politik und Wirtschaft im Norden ein Greuel. Wenn der Norden unter dem Eindruck der Welt-Umwelt diesmal nicht verhindern kann, daß ein neuer Fonds eingerichtet wird, will er wenigstens eine strikte *„grüne Konditionalität"* durchsetzen. Jeder Dollar, jede Mark Schuldenerlaß oder neues Geld soll ein Stück Natur retten. Hand aufs Herz, welcher Leser im Norden fände das nicht richtig?

Und doch ist es exakt diese „grüne Konditionalität", die das ganze Geld dem Süden vergällen würde. Nicht unbedingt, weil man dort vor-

	Diagnose	Therapie
Sichtweise des Südens	**Umweltkrise ist Folge der Armut**	**Wachstum, Entschuldung ohne Konditionen; kostenloser Technologietransfer**
Sichtweise des Nordens	**Umweltkrise ist Folge der Überbevölkerung und des Mangels an Technik**	**Geburtenkontrolle; „grüne Konditionalität" bei Entschuldung; Umwelttechnologietransfer**

Mögliches Konferenzergebnis bei einem Welt-Umweltbewußtsein der Phase I:

1. Es wird ein Rahmenabkommen für eine Weltklimakonvention unterzeichnet.

2. Die Konvention erhält drei Zusatzprotokolle: eines über CO_2 und vielleicht andere Treibhausgase, mit einem Emissions-Reduktionsziel von 20 Prozent bis zum Jahr 2010[6]; eines über den Schutz der Tropenwälder; und eines über einen Finanzierungsmechanismus.[7]

3. Im Rahmen des dritten Protokolls wird ein Weltklimafonds geschaffen, durch eine CO_2-Abgabe von 10 DM pro Tonne CO_2 in den OECD-Ländern gespeist, mit geringfügigen zusätzlichen Beiträgen in nichtkonvertiblen Währungen durch die RGW-Staaten. Aus dem Fonds werden bezahlt: FCKW-Ersatztechnologien für Entwicklungsländer; Technologiehilfen für Sonnenenergie, Energieeffizienz (einschließlich energieeffiziente Kohlekraftwerke) und Atomenergie für Entwicklungsländer, Holzplantagen und Prämien für Urwald-Nationalparks.

4. Die IDA-Mittel bei der Weltbank werden um 2 Milliarden Dollar aufgestockt, und die Umweltverträglichkeitsprüfung (UVP) bei allen Weltbankkrediten wird verschärft.

hätte, die Natur weiter zu ruinieren, sondern weil man sich nicht von denen, die man als Verursacher der Schuldenkrise, des Rüstungswahnsinns, der armutsbedingten Umweltkrise und der ruinösen Welthandelsbeziehungen ansieht, keine Konditionen, keine Eingriffe in die inneren Angelegenheiten gefallen lassen möchte.

Der Norden sieht auch die Gründe für die Umweltkrise des Südens ganz anders. Nicht die Armut, sondern die Bevölkerungsvermehrung steht hier am Anfang der Analyse. Und der Welthandel wird vom Norden eher als Teil der Lösung, nicht als Teil des Problems angesehen.

Das heutige Welt-Umweltbewußtsein ist also dadurch gekennzeichnet, daß bei aller verbalen Übereinstimmung über die Umweltkrise noch Ozeane die Positionen des Südens und des Nordens trennen. Daher möchte ich es als das Welt-Umweltbewußtsein „Phase I" bezeichnen, in der sicheren Erwartung, daß eine „Phase II" folgen wird.

Doch soll man nicht meinen, es könnten in dieser Phase I keine Verhandlungen stattfinden oder sie würden zu keinem Ergebnis führen. Es ist bewundernswert, wie die herkömmliche Diplomatie es immer wieder geschafft hat, auch unüberbrückbar erscheinende Gegensätze mit tragfähigen Kompromissen auszugleichen und dieses auch ohne großartigen Bewußtseinswandel. Hauptsache dabei ist, daß beide Seiten das Gesicht wahren können, mit Rücksicht auf die Öffentlichkeit daheim.

Im Rahmen solcher herkömmlicher Außenpolitik ließe sich nun ein Verhandlungsverlauf beim IPCC und anschließenden Konferenzen vorstellen, welcher rechtzeitig bis zum 20. Jahrestag der Stockholmer Konferenz, also bis Sommer 1992, ungefähr folgendes Ergebnis hervorbringt (siehe S. 209).

Die internationale Klimadiplomatie könnte auf ein derartiges Verhandlungsergebnis als Einstieg in die Erdpolitik stolz sein. Daß wir das Ergebnis angesichts der im Einleitungskapitel genannten Umweltkrise für gänzlich unzureichend halten müssen, daß die UVP wenig ausrichtet und daß die Überwachung des Abkommens sehr schwierig sein wird, ist nicht die Schuld der Diplomaten, die im Rahmen der ihnen erlaubten Mittel gewiß das Maximum herausgeholt haben werden.

Welt-Umweltbewußtsein – Phase II

Bis 1992 werden viele Millionen weiterer Menschen im Norden von dem Bewußtsein erfüllt sein, daß wesentlich Dramatischeres geschehen muß, um der Welt-Umweltkrise Herr zu werden. Und im Süden breitet sich die Erkenntnis rasch aus, daß die Naturzerstörung nicht nur Folge, sondern auch *Ursache* von Not und Armut ist, daß es also im vitalen eigenen Interesse ist, die Umwelt zu schonen. Für Millionen im Norden wie im Süden wird das soeben skizzenhaft vorausgesagte Verhandlungsergebnis der Klimadiplomatie völlig unbefriedigend sein. Eine Phase II des Welt-Umweltbewußtseins würde eingeläutet. Statt darüber zu meditieren, wie dieses Bewußtsein aussieht, wollen wir uns überlegen, was es auf der Ebene der Außenpolitik ausrichten würde. Zur Veranschaulichung konstruieren wir uns ein *anderes* Verhandlungsergebnis, welches in einer Phase II des Welt-Umweltbewußtseins erzielbar sein sollte (siehe S. 211 f.).

Ein solches Klima-Umweltpaket würde den Namen Erdpolitik wirklich verdienen. Obwohl es heute (in Phase I) noch keine „Realpolitik"

Mögliches Konferenzergebnis bei einem Welt-Umweltbewußtsein der Phase II:

1. Eine Welt-Umweltkonvention wird verabschiedet und von allen wichtigen Ländern ratifiziert.

2. Die Konvention enthält unter anderem folgende Bestimmungen:

a) Eine in 10 Jahren auf 100 DM/Tonne CO_2 ansteigende CO_2-Abgabe in *allen* Ländern (einschließlich Entwicklungsländern). Zusätzlich eine Abgabe von 5 DM/Tonne geschätzter CO_2-Emissionen aus der Vergangenheit; die Industrieländer müßten diese Abgabe also im wesentlichen alleine entrichten.

b) Eine nach dem Treibhausäquivalent berechnete Abgabe auf die Produktion anderer Treibhausgase einschließlich der noch wirksamen Emissionen aus der Vergangenheit.

c) Eine CO_2-Absorptionsprämie von 10 DM/Tonne CO_2 (geschätzt) auf dem Land (als Anreiz, Wald zu erhalten und kahle Gebiete aufzuforsten).

d) Eine Artenvielfaltsprämie, die so hoch ist, daß artenreicher Urwald lukrativer wird als Eukalyptusmonokulturen oder andere Biomasseplantagen.

e) Ein generelles und international kontrolliertes Brandrodungsverbot. Zuwiderhandlung führt je nach Schwere zum Verlust von hohen Anteilen der Prämien nach c) und d).

f) eine Atomstromabgabe in allen Ländern, damit nicht der Ausbau der Kernenergie als Hauptresultat der Treibhauspolitik übrigbleibt.

3. Das finanzielle Aufkommen der Treibhaus- und der Atomstromabgaben wird grundsätzlich zu 20 % als Beitrag zu einem Klimafonds verwendet. 80 % verbleibt im Lande (durch anderweitige Steuersenkung, vgl. Kap. 11). Bei den am wenigsten entwickelten Ländern (LLDC) verbleibt 100 % des Aufkommens im Lande. Das Geld aus dem Fonds wird zunächst für die Prämien nach 2.c) und 2.d) verwendet. Vom verbleibenden Rest wird je ein Drittel verteilt

– an UNEP;

– an die Weltbank oder UNDP für einen revolvierenden Fonds

Fortsetzung Konferenzergebnis Phase II

für zinslose Umweltinvestitionskredite sowie für Kompensationszahlungen an Firmen im Norden, die ihr Know-how für umwelt- und klimaschonende Technologien (außer Kernenergie) zur Verfügung stellen;

– an UNFPA (United Nations Fund for Population Activities). Damit soll UNFPA auch in die Lage versetzt werden, Regierungen beim Aufbau von Rentenfonds oder Arbeitslosenfonds zu helfen, soweit dies als entscheidend für die Senkung der Geburtenrate angesehen wird.

Der Fonds soll rechtlich so gestaltet werden, daß Privatleute dem Fonds unbegrenzt steuerfreie Spenden und Erbschaftsvermächtnisse übertragen können.

4. Bilaterale Schuldenerlaßverträge in Höhe von mindestens der Hälfte der gegenwärtigen Gesamtverschuldung mit „grüner Konditionalität" werden abgeschlossen.

5. Drastische nationale Umsteuerungsmaßnahmen gegen Landverbrauch, Wasserverbrauch, Mineralienverbrauch und Umweltverschmutzung in allen OECD-, RGW- und neuindustrialisierten Staaten. Ziel: ein „neues Wohlstandsmodell".

6. Sämtliche über 10 Millionen Dollar hinausgehenden Nord-Süd-Wirtschaftsaktionen (Kredite, Entwicklungsprojekte, Investitionen, Firmenkäufe, Handelsvereinbarungen) werden daraufhin überprüft, ob sie zur Zerstörung der Umwelt, zum Raubbau, zur Biotopgefährdung beitragen. Die Überprüfung wird durch eine von UNEP eingerichtete Nord-Süd-paritätische Kommission durchgeführt. Ohne Zustimmung der Kommission darf das Projekt nicht in Angriff genommen werden.

---

ist, hat es einen wichtigen Demonstrationszweck. Es soll zeigen, daß die von uns dringend gewünschten harten Maßnahmen (Brandrodungsverbot, Abgaben auch auf CO_2-Emissionen aus den Entwicklungsländern, grüne Konditionalität beim Schuldenerlaß) wohl dann durchsetzbar werden, wenn wir durch Taten und großzügige Finanzhilfe demonstrieren, daß wir es mit der Erdpolitik auch bei uns zu Hause ernst meinen. Haben wir diese ökologische Glaubwürdigkeit hergestellt, werden uns die Gesprächspartner im Süden auf einmal mit anderen Augen ansehen.

Dann verwandelt sich die „grüne Konditionalität" aus einem spätkolonialistischen Herrschaftsinstrument in eine rationale Gesprächsgrundlage.

Unsere eigene Verhaltensänderung wird auch aus einem weiteren Grunde wichtig für den Verhandlungserfolg: Das „neue Wohlstandsmodell", welches wir mit den drastischen Umsteuerungsmaßnahmen anzielen, ist für die Entwicklungsländer strukturell leichter erreichbar als das nordamerikanische Verschwendungsmodell. Denn das neue Wohlstandsmodell ist weniger kapital- und ressourcenintensiv, es baut die in den Entwicklungsländern noch weitverbreitete Eigenarbeit produktiv aus, statt sie weiter zu zerstören (vgl. Kapitel 17), und es ist weniger abhängig von einem starken, gut funktionierenden Zentralstaat.

Abrüstung und Umwelt

Zurück zur Jetztzeit und zu den Problemstellungen der Realpolitik.

Von seiten der Dritten Welt wird immer wieder auf die gigantischen Rüstungsausgaben des Westens wie des Ostens hingewiesen. An Geld für Entwicklung würde es nicht fehlen, sobald endlich abgerüstet würde. Das ist sicher prinzipiell richtig. Aber es gibt keinen Automatismus zwischen Abrüstung und Entwicklungshilfe, und im übrigen sind die Länder der Dritten Welt selbst mit vielen Milliarden Mark jährlich an den Militärausgaben der Welt beteiligt. Dennoch: eine spürbare Abrüstung von West und Ost würde sowohl ökonomisch wie psychologisch das Klima für die Entwicklungshilfe bedeutend verbessern.[8]

Wichtiger für die ökologische Realpolitik ist der Zusammenhang zwischen Abrüstung und Umwelt. Das Worldwatch Institute, Washington, schätzt, daß es bis zur Jahrtausendwende rund 770 Milliarden Dollar kosten würde, umweltweit den Trend zur globalen Umweltzerstörung zu brechen.[9] Das entspricht ungefähr den weltweiten Militärausgaben eines Jahres. In einer eindrucksvollen Tabelle vergleicht das Institut militärische und ökologische Kosten. Tabelle 1 (S. 214) ist ein Auszug daraus.

Diese Art Gegenüberstellung sollte im Bewußtsein eines jeden sein, der über Militärhaushalte mitentscheidet.

Für die Ost-West-Umweltbeziehungen wäre die Abrüstung von ganz

Tabelle 1: Vergleich von Rüstungs- und Umweltprogrammen

Kosten	Militärprogramm	Umweltprogramm
$ 100 Mrd.	Trident-II-U-Boot- und F18-Düsenjäger-Programm	Sanierung der 10000 schlimmsten Giftmüllaltlasten in den USA
$ 30 Mrd.	2 Wochen Weltmilitärausgaben	Jahreskosten für Wasser und sanitäre Einrichtungen lt. UNO-Debatte
DM 20 Mrd.	Deutsche militärische Ausrüstungs- und F+E-Ausgaben 1985	Geschätzte Kosten für das Nordseeprogramm
$ 6,5 Mrd.	3 Tage Weltmilitärausgaben	5 Jahre Kosten des Tropenwald-Aktionsplanes
$ 50 Mio.	2 Monate äthiopische Militärausgaben	Jahreskosten des vorgeschlagenen UNO-Planes zum Aufhalten der Wüsten in Äthiopien

besonderer Bedeutung. Was in den Staaten des Rats für Gegenseitige Wirtschaftshilfe (RGW, COMECON) besonders schmerzlich fehlt, sind Geld und Ingenieure für den Umweltschutz. Die Abrüstung könnte beides freisetzen, Geld relativ leicht, Ingenieure und Produktionskapazitäten mit einiger Mühe und mit westlicher Hilfe. Darüber hinaus würde die Bereitschaft des Westens, einige Maßnahmen zur Sanierung von Schmutzquellen im Osten, die den Westen belasten (Elbe, Ostseeflüsse, Dreckschleudern nahe Berlins und Bayerns), zu finanzieren, erheblich vergrößert, wenn sich ein allgemeines Entspannungs- und Abrüstungsklima durchsetzt.

Der Osten wünscht die Einbeziehung des Themas Abrüstung in die Ost-West-Umweltgespräche. Der Westen hält traditionell nichts von solchen Koppelungen. Es gibt aber gute Gründe, in diesem Falle auf die Koppelung einzugehen. Sie enthält die Chance, daß der Westen dem Osten hilft, die „Konversion" von Ingenieuren und Fabriken aus dem militärischen in den ökologischen Bereich zu beschleunigen und so effektiv wie möglich zu gestalten. Angesichts des hohen Bedarfs an Umweltschutz würde das auch den Abzug von Ressourcen aus dem militärischen Bereich heraus zu einer Einbahnstraße machen; die Sorge vor einer plötzlichen Rückkehr der Kräfte in den Militärsektor wäre uns dann weitgehend genommen. Und damit wären die Voraussetzungen voraussichtlich wesentlich verbessert, daß auch im Westen in größerem Umfang Mittel für den Umweltschutz, einschließlich ökologischer Entwicklungshilfe freigesetzt werden.

Ein Bestandteil des westlichen Ratschlages an die osteuropäischen Staaten könnte sein, die in der EG rechtsverbindlich gültigen Umweltkriterien einschließlich der Sanktions- und Kontrollmöglichkeiten in allen RGW-Staaten einzuführen. Damit würden mehrere Fliegen mit einer Klappe geschlagen:

- Die Umweltsituation im Osten verbessert sich entscheidend;
- Der Osten gewöhnt sich an die Funktionsweise der EG;
- Exporte des Ostens in den Westen (die eigentliche Engpaßbremse der Ost-West-Wirtschaftsbeziehungen) könnten erleichtert werden, da Verbraucher und Handelsketten im Westen zunehmend Wert auf umweltfreundliche und nicht nur giftfreie Waren legen;
- Die Märkte für westliche Umwelttechnologien werden größer;
- Die wettbewerbsmäßig wünschenswerte Harmonisierung der wirtschaftlichen Rahmenbedingungen macht einen spürbaren Schritt vorwärts.

In ähnlichem Sinne könnten die in Kapitel 10 und 11 genannten Gedanken (umfassendes Verursacherprinzip und ökologische Steuerreform), soweit sie im Westen verwirklicht werden, zur Nachahmung im Osten empfohlen werden. Es wäre für dortige Verhältnisse ein dramatischer Schritt in Richtung auf Preise, „die die ökologische Wahrheit sagen". Viele Gespräche mit Politikern und Umweltschützern im Osten haben mich gelehrt, daß die Folgenlosigkeit der Umweltgesetzesverletzung sowie die grotesk niedrigen Preise für Energie und andere umweltrelevante Faktoren die Hauptursachen für den tristen Zustand der Umwelt sind.

Souveränitätsverzichte und Erdpolitik

Halten wir fest, daß die neuen globalökologischen Herausforderungen für alle drei hier unterschiedenen Weltteile eine „Einmischung in die inneren Angelegenheiten" fast unausweichlich machen:
- der Süden muß sich eine Abänderung seiner Entwicklungsstrategie in Richtung Ressourcenschonung gefallen lassen;

– der Westen muß sich auf neue Weltwirtschaftsbeziehungen sowie im Inneren auf ein neues Wohlstandsmodell einlassen, um sich die Glaubwürdigkeit seiner Nord-Süd-Umweltpolitik zu erhalten;
– der Osten muß sich Ratschläge des Westens zur Rüstungskonversion in Richtung Umweltschutz und zur Durchsetzung des Verursacherprinzips gefallen lassen.

Alle drei „Einmischungen" sind nur unter schwerem inneren und äußeren Druck realpolitisch möglich. Es könnte zum legitimen Mittel der Umweltpolitik sowie der Umwelt-Außenpolitik werden, diesen Druck zu erzeugen.

Wir Westeuropäer haben das Jahrhundert der Nationalstaaten um der Wirtschaft (und um der künftigen Kriegsvermeidung) willen hinter uns gelassen. Für uns ist der Schritt zum Souveränitätsverzicht um der Umwelt willen nicht mehr so groß wie für die jüngeren Nationen, die mit der Souveränität noch das Abschütteln des Kolonialismus verbinden. Die Rolle Westeuropas sollte folglich nicht in erster Linie das Ausüben von Druck auf die empfindlichen Entwicklungsländer, sondern das Vorleben eines weiteren Abbaus der Souveränitätsideologie sein. Im Rahmen einer radikal verstandenen europäischen (über die EG hinausreichenden) Umweltpolitik taucht unvermeidlich die Einsicht auf, daß die „Nationen" ökologisch ziemlich beliebige Flecken auf der europäischen Landkarte sind. Für Franzosen, deren Gewässerschutz viel konsequenter als in Deutschland nach «Bassins», nach Einzugsgebieten, organisiert ist, sind Rhône, Rhein, Mosel oder Maas mit ihren Einzugsbecken ökologische Einheiten (was sie allerdings nicht am Nutzen dieser Flüsse für den Schmutzexport hindert). Für uns Deutsche ist seit dem Waldsterben der europäische Luftraum eine ökologische Einheit. Und das Wattenmeer, dieses biologisch einzigartige Ökosystem, ist für Holländer, Deutsche und Dänen durch Giftauswürfe aus mindestens zehn Ländern, teilweise im Oberlauf der Flüsse, gefährdet. Kurz, für uns Europäer ist der Souveränitätsverzicht auch um der Umwelt willen eigentlich längst zur Selbstverständlichkeit geworden, und durch die verbindlichen EG-Richtlinien und die Ergänzung des EWG-Vertrages um ein Umweltkapitel (vgl. Kapitel 3) hat dieses Bewußtsein auch eine staatsrechtliche Form gefunden.

Der Entschluß, sich nun um der *Welt*umwelt willen rasch auf ein neues Wohlstandsmodell zuzubewegen, wird auch der EG immer noch schwerfallen. Aber unter dem Druck der Klimadiskussion könnte er

sehr wohl im Rahmen eines fünften Umweltaktionsprogramms der EG
gefaßt werden.

Ein fünftes Umweltaktionsprogramm der EG

Das vierte Umweltaktionsprogramm der EG soll bis 1992 abgearbei-
tet sein. Spätestens bis dann müßte ein neues Programm aufgelegt werden, will man sich nicht danach auf tagespolitisches Hinterherlaufen beschränken. Das neue Programm könnte neben einem konsequenten
Ausbau der bisherigen Umweltpolitik folgende neue Schwerpunkte
haben:

(1) Einbeziehung der Verbrauchsverminderung von Energie, Land,
    Wasser, Mineralien sowie der Abfallverminderung in die EG-Um-
    weltpolitik;
(2) radikalere Durchsetzung des Verursacherprinzips im Sinne der Kapi-
    tel 10 und 11;
(3) Förderung von Technologien für das „neue Wohlstandsmodell" (vgl.
    Kapitel 15).

In allen drei Hinsichten kann die Bundesrepublik die Initiative ergreifen.

Begleitend hierzu, teilweise schon vorher, sollte die EG

(1) die Verhandlungen mit den EFTA-Ländern fortsetzen, mit der Ziel-
    setzung einer gegenseitigen Angleichung der Umweltpolitik, wobei
    man sich nach dem jeweils höchsten Standard orientiert (der in aller
    Regel in den skandinavischen EFTA-Ländern anzutreffen ist);
(2) Verhandlungen mit dem RGW-Sekretariat und den einzelnen RGW-
    Staaten aufnehmen, mit der Zielsetzung einer Angleichung der ost-
    europäischen Umweltstandards an die der EG sowie einer zuneh-
    mend gemeinsamen Ressourcenschonungspolitik. Die EG sollte
    hierfür nennenswerte Mittel vorsehen;
(3) die nächste Auflage des Lomé-Vertrags unter dem Gesichtspunkt be-
    treiben, daß jede Naturzerstörung von EG-Seite finanziell unattrak-
    tiv gemacht und dafür der Export von umweltverträglich hergestell-
    ten Produkten in die EG gefördert wird. Auch die Unterstützung
    bevölkerungspolitischer Maßnahmen für die AKP-Länder sollte ver-
    stärkt angeboten werden.

Die Zielsetzung der künftigen Lomé-Abkommen sollte den oben unter dem Stichwort „Phase II" skizzierten Verhandlungszielen möglichst nahekommen.

Außenpolitik wird Innenpolitik

Die erdpolitische Umorientierung hat der Außenpolitik Aufgaben aufgedrängt, die sie nicht gewohnt ist. Ich habe versucht zu zeigen, daß eine Umwelt-Außenpolitik, die in den gewohnten Bahnen der Außenpolitik bleibt, gemessen an den Herausforderungen der Krise nicht weit genug führt. Erst wenn die Außenpolitik anfängt, sich zu Hause und bei den Verhandlungspartnern in die „inneren Angelegenheiten" einzumischen, hat sie Aussichten, zu weittragenden Erfolgen zu führen. Sie muß sich daher auf einmal eines Mittels bedienen, das bisher unter ihrer Würde war: Sie muß Bataillone für die notwendigen Veränderungen im Inneren – des eigenen Landes wie der anderen Länder – suchen, damit sie draußen mehr als triviale Erfolge erringen kann. Greenpeace als Verbündeter des Auswärtigen Amts – wo hat man schon so etwas gehört? Aber zu den Bataillonen gehören nicht nur Umweltschutzaktivisten. Letztlich ist es die ganze Gesellschaft. Und jeder in der Gesellschaft, ob Wissenschaftler, Wirtschaftsführer, Arbeitnehmer, Verbraucher, Kirchenvertreter, Handwerker oder Angestellter hat seinen Einfluß im Inneren, und fast jeder hat seine persönlichen oder beruflichen Kontakte mit dem Ausland. Wir alle sind also Mitspieler beim Entstehen einer Umwelt-Außenpolitik, die den Namen Erdpolitik verdient.

Anmerkungen

[1] Gesellschaft für Umweltrecht, Dokumentation zur 9. wissenschaftlichen Fachtagung der Gesellschaft für Umweltrecht e. V., Berlin, 8. und 9. November 1985, Berlin 1986.

[2] Convention on Long-Range Transboundary Air Pollution‹ vom 13. November 1979, in: UNEP/GC/Information/11/Rev. 1, S. 168.

[3] Deutscher Bundestag (Hrsg.), Schutz der Erdatmosphäre: Eine internationale Herausforderung, Zwischenbericht der Enquete-Kommission des 11. Deutschen Bundestages: Vorsorge zum Schutz der Erdatmosphäre, Bonn 1988, S. 174 ff. und S. 486.

[4] Jirí Sláma, Umweltprobleme in Osteuropa im internationalen Vergleich, München 1987.

[5] Vgl. Brundtland-Bericht, a. a. O., S. 78–91.

[6] Dies entspräche der Forderung, die die Toronto-Konferenz im Juni 1988 allerdings bis zum Jahr 2005 erhoben hat; vgl. WMO/UNEP, The Changing Atmosphere. Implications for global security, WMO/OMM, Nr. 710, Geneva 1988.

[7] FAO/WRI/IBRD/UNDP, The Tropical Forestry Action Plan, June 1987. Der von den Sonderorganisationen der Vereinten Nationen, dem World Resources Institute und der Weltbank vorgelegte Plan sieht lediglich 8 % des Aufkommens für Schutz- und Erhaltungsmaßnahmen vor.

[8] Vgl. z. B. Environmental Security, A Report contributing to the Concept of comprehensive International Security, Report from a conference in Moscow, 28 November – 1 December 1988, co-sponsored by the USSR Academy of Sciences (Moscow), the International Peace Research Institute in Oslo, the United Nations Environmental Programme (Nairobi) and the Ecoforum for Peace (Sofia), A publication of the PRIO/UNEP Programme on Military Activities and the Human Environment, 1989.

[9] Worldwatch Institute, State of the World 1989, New York und London 1989, S. 150–151.

TEIL IV
EIN NEUES WOHLSTANDSMODELL
IST GEFORDERT

Wir verlassen die Realpolitik und wenden uns der Vision zu. Ohne eine Vorstellung davon, wie es anders sein könnte und wie man sich die Welt wünscht, bleibt die Realpolitik im Ausführen der täglichen Notwendigkeit stecken. Ohne Vision wären die Realpolitiker Bismarck, de Gaulle oder Kennedy unbedeutend geblieben. Das neue Jahrhundert, das Jahrhundert der Umwelt, verlangt eine neue, eine überzeugende, eine erdpolitische Vision.

Diese aufzubauen wird das Werk einer ganzen Generation von Menschen sein. In einem einzelnen Buch kann man wohl nicht mehr leisten, als einige der notwendigen Themen anzusprechen, die das neue Jahrhundert beherrschen werden.

Der vierte Buchteil ist diesem Ziel gewidmet. Er beginnt im direkten Anschluß an die Jetztzeit, mit der durchaus noch realpolitisch eingefärbten *Technologiedebatte*. Kriterien für die Technikentwicklung im Jahrhundert der Umwelt sollen entworfen werden.

Die Technik fußt auf *Wissenschaft*. Die Wissenschaft ist eine zentrale Triebkraft für die Weltveränderung und damit auch für die Zerstörungswirkungen, die mit der Weltveränderung einhergehen. Wir können im Rahmen der Erdpolitik der Frage nach der Verantwortung des Wissenschaftlers nicht ausweichen. Und diese führt uns auf Krisenerscheinungen im Selbstverständnis der Wissenschaft.

Arbeit ist ein zentraler Begriff des ökonomischen Jahrhunderts. Wie wird er sich im Jahrhundert der Umwelt bewähren oder verändern? Die einseitige Fixierung auf die Erwerbsarbeit muß wohl überwunden werden. Auch hier ist eine neue Vision gefragt. Tastende Versuche hierzu enthält das Kapitel 17.

Und schließlich geht es um eine neue Wahrnehmung des *Wohlstands* und um das schon im ersten Kapitel beschworene *neue Wohlstandsmodell*. Es muß mit einer neuen *Kultur* einhergehen, auch mit einer neuen politischen Kultur. Mit vorsichtigen Spekulationen darüber, wie sich die Kultur des 21. Jahrhunderts von der heutigen unterscheiden könnte, endet das Buch.

TECHNOLOGIEN
FÜR DEN NEUEN WOHLSTAND

Wachstumsbranche Umwelttechnik

Die Technik war lange Zeit Hauptgegner der Umweltbewegung. Atomkraft, Straßenverkehr, Chemieindustrie, Luftverkehr, technisierte Landwirtschaft und Gentechnik sind wohl die wichtigsten Symbole für das, was die Umweltbewegung bekämpft. Ingenieure umgekehrt tendieren dazu, in den Umweltschützern in erster Linie Technik- oder Fortschrittsfeinde zu sehen. Solange die Technik im wesentlichen ein Mittel war, die Natur vermehrt auszubeuten oder menschlichen Komfort zu Lasten unwiederbringlicher Rohstoffe oder zu Lasten der Umwelt herzustellen, war diese Frontstellung durchaus gerechtfertigt.

Aber da hat sich einiges geändert. In dem Maße, wie Umweltgesetze den Handlungsrahmen der Wirtschaft mitbestimmten, wurde die Technik auch in den Dienst des Umweltschutzes gestellt. Mit Umwelttechnik kann man auch Geld verdienen, Umweltschutz zahlt sich aus (pollution prevention pays), das waren ungewohnte Erkenntnisse der siebziger Jahre. Seither hat auch der Streit zwischen Umweltschützern und Technikern ein neues Gesicht angenommen. Für Ingenieure ist der Umweltschutz in erster Linie eine staatliche – und innerlich akzeptierte – Verpflichtung, nicht mehr eine dumpfe Bedrohung durch wildgewordene Maschinenstürmer. Und für eine wachsende Zahl von Umweltschützern, teilweise technisch bestens ausgebildet, ist die Technik ein Mittel zum Zweck des Umweltschutzes geworden.[1]

Zwanzig Jahre Umweltpolitik haben zumindest in der Bundesrepublik den Umweltschutz zu einer Branche des technischen Fortschritts und des industriellen Wachstums gemacht. Die Abwassertechnologie ist heute so weit, daß gereinigte kommunale und industrielle Abwässer keinen Schaden für die Gewässer mehr darzustellen brauchen. Der Rhein verläßt das hochindustrialisierte Bundesland Nordrhein-Westfalen nördlich von Wesel in einem gesünderen Zustand, als er es südlich von Bonn betritt! Bodensee und Zürichsee, vor fünfzehn Jahren von Algen und Giften schwer gefährdet, sind durch Ringkanäle und Klärwerke so gut wie saniert. Die größten Sorgen machen am Rhein und den genannten Seen noch die Nährstoffeinträge aus der Landwirtschaft und die organischen Mikroverunreinigungen.

Der Chemieriese Bayer-Leverkusen leitet den größten Teil seiner Abwässer durch ein Klärwerk mit einer neuen Technologie, der „Turmbiologie", an dessen Ende das Wasser durch Aquarien mit Zierfischen geleitet werden kann – eine geschickte, lebendige Demonstration der Funktionstüchtigkeit des Klärwerks.

Die Entschwefelung und Entstickung von Abluft aus großen Verbrennungsanlagen ist technisch kein Problem mehr. Allerdings sind die Kosten so hoch, daß allein für die Großkraftwerke der Bundesrepublik an

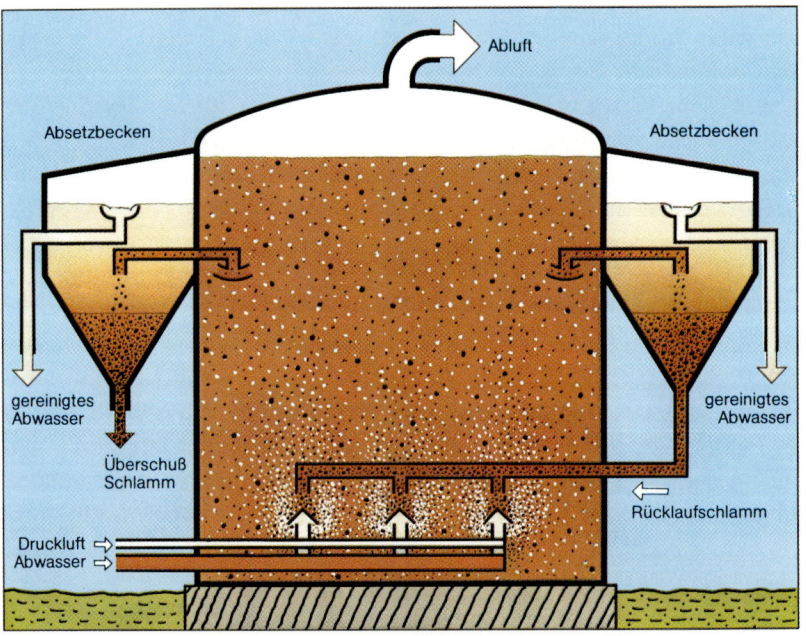

Abb. 47: Klärtechnik. Turmbiologie: schematische Darstellung des Aufbaus. (Verband der Chemischen Industrie [Hrsg.], Chemie und Umwelt: Wasser, S. 44.)

die 30 Milliarden Mark an Investitionen auf uns zukommen. Zur Beruhigung: Das Geld bleibt unserer Wirtschaft weitgehend erhalten und hilft, die Umweltbranche weiter wachsen zu lassen, da die Bundesrepublik Deutschland eine führende Stellung in diesen Technologien hat. Die Stellung wäre noch besser, hätte man nicht in den siebziger Jahren das Feld weitgehend den Japanern überlassen, die heute vor allem bei der Entstickung einige wesentliche und lukrative Patente besitzen. Abfalltechnologien, die über die geordnete Deponierung hinausgehen, stehen erst am Anfang, weil der Problemdruck erst in jüngster Zeit groß genug geworden ist. Die Abfallverbrennung hat bedeutende Fortschritte gemacht und ist bei Anwendung neuester Technik so gut wie gefahrlos. Das Verbrennen von Müll ist aber unter dem Gesichtspunkt der Ressourcenschonung höchstens die zweitbeste Lösung, und es darf nicht als bequemer Ausweg für den Wohlstandsmüll mißbraucht werden.[2]

Auch in einigen der Bereiche, die in Teil II dieses Buches als von der Umweltpolitik noch kaum berührt bezeichnet wurden, sind durch technischen Fortschritt wesentliche Entlastungen entstanden. So hat etwa Japan – nicht zuletzt aufgrund hoher Energiepreise – seine Energieintensität (in Megajoule pro konstantem Dollar des Bruttosozialprodukts) zwischen 1973 und 1985 von 18,9 auf 13,1 um 31 % verringert, während Kanada – mit niedrigen Energiepreisen – nur eine Verbesserung von 38,3 auf 36,0 geschafft hat[3] und damit noch einen fast dreimal so hohen Energieeinsatz für einen Dollar seines Bruttosozialprodukts benötigt als Japan. Wie jeder weiß, hat der japanische Weg der Beschränkung des Energieverbrauchs durch künstliche Energieverteuerung die Technologieentwicklung gefördert und nicht gehemmt. Die intelligenzintensive Industrie erlebte ein beispielloses Wachstum zu Lasten der Grundstoff- und Schwerindustrie, und die Schienenwege wurden ausgebaut, während sie in Kanada weiter verfielen.

Täuschen wir uns aber nicht. Die erfreuliche Entwicklung der bisherigen Umwelttechnologie hat auch Schattenseiten:

Erstens sind Umweltschutzausgaben in aller Regel „defensive" Ausgaben (vgl. S. 146). Im Gegensatz etwa zur Metallverarbeitung produziert Umweltschutz nicht Wohlstandsgüter, sondern er vermindert lediglich deren Schadwirkungen. Von den genannten Erfolgen ist lediglich die Erhöhung der Energieproduktivität, wie sie von Japan berichtet wurde, im klassischen Sinne produktiv.

Zweitens ist die Art von Umweltschutz, die wir in den letzten 20 Jahren betrieben haben, für die meisten Länder der Welt in dieser Form unerschwinglich.

Drittens hat die Industrie vielfach den bequemen Ausweg gehabt, ihre umweltbelastenden Produktionen aus den Industrieländern in Entwicklungsländer zu verlagern (vgl. den nachstehenden Abschnitt).

Viertens handelt es sich bislang noch vorwiegend um einen oberflächlich kursierenden, noch nicht um einen heilenden oder gar präventiven Umweltschutz.

Manche Techniken der ersten Jahre Umweltschutz haben sogar die Umweltsituation objektiv verschlechtert, so die hohen Schornsteine, die lediglich die lokale Umwelt entlastet, die vormals schwach belasteten Rückzugsgebiete der Natur aber schweren Schädigungen ausgesetzt haben. Und viele Technologien haben neue, z. T. noch ungelöste Probleme mit sich gebracht. Die Kläranlagen produzieren riesige Mengen Klärschlämme, die wegen ihrer Belastung mit Metallen und anderen Giften nur noch beschränkt in der Landwirtschaft ausgebracht werden können. Die Rückstände der Müllverbrennung sind in der Regel Sondermüll, ebenso wie die gebrauchten Staubfilter in den Luftreinigungsanlagen.

Für die Umwelt ist offensichtlich nicht genug gewonnen, wenn die Wachstumsbranche Umweltschutz im bisherigen Sinne weiter wächst. Vielmehr muß sie sich qualitativ verbessern und internationalisieren. Erneut müssen national und international die nötigen staatlichen Signale gegeben werden. Es ist empirisch erwiesen und theoretisch zu erwarten, daß die Technik erst dann in die umweltverträgliche Richtung geht, wenn der Markt es gebietet oder wenn eine Marktentwicklung in dieser Richtung vorausgesagt werden kann. Und der Markt reflektiert die Ressourcenverknappung und die Umweltverschmutzung immer viel zu spät. Bevor wir die Frage geeigneter Signale wiederaufnehmen, wollen wir uns dem obengenannten Problem der Verlagerung von Schmutztechnologien in andere Erdteile stellen.

Wohin mit den Schmutztechnologien?

Japans Erfolg mit der Erhöhung der Energieproduktivität und der sauberen Produktion wurde zu einem nicht unwesentlichen Teil dadurch erkauft, daß schmutz- und energieintensive Fabrikationen in Entwicklungsländer ausgelagert wurden. Die brasilianische, philippinische, indonesische und malaysische Natur tragen einen großen Teil der ökologischen Last Japans (vgl. Kapitel 8). Auch Europa exportiert einen großen und immer noch wachsenden Teil seiner ökologischen Probleme.

Muß das sein? Wird man auf Dauer schmutzige und energieintensive Produktionen haben, die man höchstens außer Landes schicken kann, wenn man das eigene Land schonen will? Ja und Nein. Das Nein heißt, daß man auch *verzichten*, die Schmutztechnologie *ersetzen* oder sie nach Kräften *umweltverträglich* machen kann. Das Ja heißt, daß in einigen Fällen diese drei Strategien nur begrenzten Erfolg haben können und daß sich eine räumliche Verlagerung *unter Umweltgesichtspunkten* empfiehlt. Ein Beispiel: Die Aluminiumherstellung aus Bauxit wird auf immer energieintensiv bleiben. Keine Prozeßinnovation wird daran etwas ändern. Um diesem Problem ökologisch verantwortlich zu begegnen, gibt es nach dem Gesagten vier Antworten:

(1) Verzichten;

(2) Ersetzen von Aluminium in einigen Gebrauchszusammenhängen durch Papier, Glas oder Kunststoff, auch durch Holz, welches durch bestimmte Verleimungen hohe Festigkeit erhalten kann; hier ist darauf zu achten, daß der Ersatzstoff nicht seinerseits umweltschädigend gewonnen wird;

(3) Rezyklieren von Aluminium soweit es geht (aber für bestimmte Beanspruchungen benötigt man jungfräuliches Metall, das rezyklierte ist häufig zu spröde);

(4) schließlich Verlagerung der Herstellung des Aluminiums an Orte, wo die Energie mit minimaler Umweltbelastung gewonnen werden kann. Dies ist z. B. der Fall bei der Wasserkraft in Norwegen, Kanada, Grönland (dort noch kaum genutzt) sowie an einigen anderen Stellen der Erde, mit reichlich Gefälle, reichlich Regen und einer einigermaßen robusten Umwelt. Die relativ flachen und ökologisch empfindlichen Amazonasurwälder dagegen erfüllen das Kriterium nicht.

Aluminium ist nur ein Beispiel. Auch bei anderen umweltbelastenden Produkten und Produktionsmethoden gibt es im wesentlichen die gleichen vier Antworten. Verzichten, Ersetzen, Saubermachen oder Verlagern unter Umweltgesichtspunkten. Das Problem mit dem Verlagern ist natürlich, daß es meistens mit ganz anderen Motiven geschieht und lange bevor die Strategie des Ersetzens und der umweltverträglichen Produktion zu Hause ausgereizt sind. Dies ist ein zentrales Problem der Erdpolitik. Die Aufgabe lautet offensichtlich, in allen Ländern der Erde gleichwertige ökologische Anforderungen zu erzwingen, damit die Verlagerung nach ökologischen Kriterien und nicht nach dem Gesichtspunkt des geringsten politischen Widerstandes geschieht. Solange dies nicht der Fall ist, kann der Druck zur technologischen Innovation nicht hinreichend ansteigen. Das Ausland dient als Ventil.

Die Lösung dieser Aufgabe wird erheblich erschwert, wenn die unbestreitbare Tatsache, daß man Schmutztechnologien noch im Ausland unterbringen kann, als *Vorwand* benutzt wird, zu Hause nichts oder zu wenig zu tun. Man versetze sich in die Lage des Umweltministers in einem Entwicklungsland, der nun endlich entschlossen gegen die Verschmutzer vorgehen will. Wenn ihm diese Verschmutzer entgegnen können, nicht einmal in Europa seien die Vorschriften streng – wie soll er sich dann politisch durchsetzen? Anders gesagt: *Vorangehen beim Umweltschutz macht das Nachziehen der Entwicklungsländer überhaupt erst möglich.*

Im übrigen könnte das UNO-Umweltprogramm UNEP versuchen, Barrieren gegen den Export von schmutzigen Technologien aufzubauen, in Analogie zum Baseler Abkommen von 1989, welches den Export von Giftmüll ins Ausland beschränkt und regelt.

Das wichtigste aber ist, daß Entwicklungsländer (und RGW-Länder) ihrerseits den Mut zu einer modernen Umweltpolitik finden. Um des Gesichtspunkts der Wirtschaftsverträglichkeit willen kann hiermit nicht eine Neuauflage unserer verwaltungsaufwendigen und selbst in den EG-Mittelmeerländern nicht funktionierenden Grenzwertpolitik gemeint sein. Vielmehr müssen ökonomische Instrumente im Vordergrund stehen, die unter dem Gesichtspunkt der Innovationsfreundlichkeit, der volkswirtschaftlichen Effizienz, des geringen Verwaltungsaufwandes und der Sozialverträglichkeit ausgewählt werden. Mit einiger Wahrscheinlichkeit wird unter diesen Kriterien die ökologische Steuerreform eine herausragende Rolle spielen, weil sie fast keine Emissionsmessungen voraussetzt. So scheint sich zu zeigen, daß auch das Bemühen um eine weltweite Verminderung des Schmutzexports etwas mit der Durchsetzung wirtschaftsverträglicher umweltpolitischer Instrumente zu tun hat.

Wir verlassen jetzt aber zunächst einmal die Durchsetzungsfrage und wenden uns dem Enwurf einer längerfristigen Perspektive zu.

Sieben Kriterien für die Technologieentwicklung

Nehmen wir an, daß der Zwang zu einem neuen umwelt- und ressourcenschonenden Wohlstandsmodell im nächsten Jahrhundert zur beherrschenden Rahmenbedingung für die Technologieentwicklung wird. Dann steht uns eine Transformation der Technologie bevor, die noch wesentlich tiefer geht als das, was wir in den ersten 20 Jahren Umwelttechnik erlebt haben. Versuchsweise stelle ich für diese technologische Transformation eine Anzahl von Kriterien auf.

Ich vermute, daß sich die Technologie im Jahrhundert der Umwelt hauptsächlich an folgenden Kriterien orientiert:

1. *Sauberkeit*: Im wesentlichen werden nur noch emissionsfreie oder emissionsarme Technologien eingesetzt. Die Emissionsvermeidung wird durch Ausmustern von emissionsträchtigen Techniken, nur im Ausnahmefall durch Emissionsrückhaltung am Ende des Prozesses erreicht.

2. *Rohstoffeffizienz*: Der Verbrauch nicht erneuerbarer Rohstoffe wird auf ein Minimum reduziert. Das Verbrennen fossiler Kohlenwasserstoffe wird sehr stark zurückgedrängt und in den hochentwickelten Ländern schließlich völlig eingestellt. Metalle werden weitgehend rezykliert. Langlebigkeit von Produkten[4] sowie bequeme Rohstoffrückführung nach Gebrauch werden selbstverständliche Prinzipien im Produktdesign.

3. *Energieproduktivität*: Maschinen, Raumheizung, Beleuchtung, Transport und Verteilersysteme werden auf höchste Energieeffizienz bzw. Energieproduktivität getrimmt; die verengte Verwendung des Begriffes Produktivität auf die Arbeitsproduktivität wird aufgehoben. Fortschritte bei der Energie- oder Rohstoffproduktivität werden allgemein als viel bedeutungsvoller für den Fortschritt angesehen als weitere Arbeitsproduktivitätsgewinne. Auch indirekte Energieverschwendung wird abgebaut: Produkte mit hohem Fremdenergiegehalt werden von Produkten mit geringerem Energie- und Transportaufwand verdrängt.

4. *Ökologische Flächennutzung*: Landwirtschaft, Siedlungen, Industrie und Verkehrswege werden nach dem Gesichtspunkt minimaler Versiegelung, Bodenerosion und Gewässerbelastung umgestaltet, und große Teile des Landes werden vorrangig dem Erhalt ökologisch wertvoller Funktionen gewidmet.

5. *Hohe Informationsintensität*: Produkte, Dienstleistungen, Produk-

tions- und Konsumprozesse nehmen relativ an Informationsintensität zu. Wissenschaft und Technik, Datensysteme und Kundeninformation, sprachliche und kulturelle Übersetzungsleistungen, Kultur und Kommunikation belasten die Umwelt wenig und liefern doch Komfort und Freiheit (vgl. Kapitel 18). Die Begrenzung der Informationsintensität liegt eher auf der Empfängerseite. Somit verschiebt sich die Informationstechnologie weiter in Richtung auf Nutzerorientierung und damit auf semantische und kognitive Problemstellungen und -lösungen. Mißbrauchskontrolle und Fehlgebrauchsbeschränkung – und die zugehörigen Technologien – nehmen einen immer wichtigeren Raum ein.

6. *Fehlerfreundlichkeit*: Mit der Globalisierung von Wirtschaft, Technik und Kultur wächst die Gefahr von Fehlerausbreitung und -fortpflanzung bedrohlich an.[5] Auch wenn die schleichende Umweltzerstörung durch einschneidende rechtliche und wirtschaftliche Rahmensetzungen aufgehalten werden kann, so bleibt doch die Gefahr von Großkatastrophen und unheilvollen Kettenreaktionen sowohl militärischer wie ziviler Natur ständig gegeben. Politik und Technologie müssen hohes Augenmerk auf Fehlerbegrenzung legen. Da völlige Fehlervermeidung sowohl unmenschlich wie utopisch ist, muß das Konstruktionsprinzip der Technik die „Fehlerfreundlichkeit" sein, die eine entscheidende Voraussetzung der Evolution bzw. der Evolutionsfähigkeit ist.[6]

7. *Eignung für Eigenarbeit*: Keineswegs alle, aber eine wieder zunehmende Zahl von Techniken wird nicht nach ihrer industriellen Nutzbarkeit, sondern nach ihrer Eignung für Heimwerker optimiert. Da die Bedürfnisbefriedigung durch Konsum von kurzlebigen, weither transportierten, ressourcenverschlingenden *Waren* abnehmen muß, wird das Bedürfnis nach befriedigenden und nutzbringenden *Tätigkeiten* jenseits der formalisierten Erwerbswelt, d. h. nach befriedigender „Eigenarbeit"[7] zunehmen (vgl. Kapitel 17). Dieser Trend, der längst begonnen hat, bedeutet auch, daß ein Markt für entsprechende Waren und Dienstleistungen entsteht. Die technologische Seite dieses Marktes ist heute erst in einem Frühstadium: Eigenarbeit ist bislang noch weitgehend an den Technologien vergangener Jahrhunderte orientiert.

Durchsetzung der Kriterien

Nach diesem Ausflug in die Welt der Hoffnungen wenden wir uns der Frage zu, wie unsere Gesellschaft in einen Zustand kommen kann, in welchem diese idealistisch formulierten Kriterien auch beachtet werden.

Die Technologie wird – im Rahmen dessen, was der wissenschaftliche Fortschritt zuläßt – dem *Markt* folgen. Allerdings besteht der Technologie-„Markt" bislang weltweit heute noch zu einem bedeutenden Teil aus Rüstungsaufträgen. Diesen für die Entwicklung umweltfreundlicher Technologien schädlichen Zustand zu überwinden ist eine der wichtigsten Aufgaben der Erdpolitik (vgl. Kapitel 14). Auch im zivilen Bereich wird der Markt in erheblichem Umfang durch den Staat erzeugt, durch Auftragsvergabe, z. B. im Post-, Verkehrs- und Bauwesen, sowie durch gesetzliche Rahmenvorgaben, insbesondere im Umweltschutz. Nur ein relativ bescheidener Rest des Technologiemarktes wird durch den privaten Konsum bestimmt, und auch dieser ist durch staatliches Handeln wie Benzinsteuer, Pflichtpfänder oder Umwelterziehung in staatlichen Lehrplänen stark beeinflußbar. Es hat also nichts mit Überschätzung des Staates oder Geringachtung der Marktkräfte, sondern lediglich mit Realitätsbeschreibung zu tun, wenn man bei der Entwicklung des Technologiemarktes den Staat für den mit Abstand wichtigsten Akteur hält. Die *Antworten* auf einen existierenden und sich wandelnden Technologiemarkt zu finden ist dagegen hauptsächlich ein Feld für die Privatwirtschaft.

Die ersten vier Kriterien können weitgehend durch die staatliche, möglichst sogar EG-weite Entscheidung für den ökologischen Umbau des Steuersystems, in den hochentwickelten Ländern auch durch ein Umweltlizenzensystem durchgesetzt werden. Auch das Ordnungsrecht müßte den Kriterien laufend angepaßt werden. Die eigentliche Frage ist die Geschwindigkeit, mit der sich die nötigen Rahmenbedingungen in verschiedenen Teilen der Welt durchsetzen lassen.

Das fünfte Kriterium, die Zunahme der Informationsintensität, stellt sich, meine ich, fast von selbst ein, wenn die Ressourcenverschwendung entschlossen reduziert wird. Daß sich dann das Interesse auf die Informations*kontrolle* und die Empfängerseite verlagert, ist eine natürliche Erwartung im Rahmen einer freiheitlichen Demokratie.

Das sechste Kriterium wird erst seinen Weg durch unsere Kultur machen müssen. Der große literarische Erfolg der Bücher von Hans Jonas, Ulrich Beck, Joseph Weizenbaum und anderen zeigt, daß zumindest in der Kultur der Bundesrepublik der Boden für das Ernstnehmen des Fehlerfreundlichkeitskriteriums vorbereitet ist. Auf der staatlichen Ebene ist das beste Instrument zur Durchsetzung des Kriteriums die Verschärfung des Haftungsrechts und die obligatorische Einführung von Haftpflichtversicherungen für einen wachsenden Bereich von Technikfolgen. Aber der Fortpflanzung von Fehlern, die gar nicht als solche wahrgenommen werden, kann man mit diesem Instrument nicht beikommen, denn der Schadensfall muß vorab so definiert sein, daß er später auch rechtlich einwandfrei festgestellt werden kann.

Als heute noch utopische Möglichkeit böte es sich an, neue internationale Regeln über maximale Firmengröße und eine Begrenzung der Uniformität einzuführen. Ein realpolitisches Einfallstor für Anti-Uniformitätsregelungen könnte der Natur- und Artenschutz sein: Die landwirtschaftliche Uniformität könnte rechtlich begrenzt werden, sei es durch Herstellung eines Netzes von ökologischen Refugien, sei es durch Begrenzung der Schlaggröße, sei es durch Vielfaltsbestimmungen in zeitlicher oder räumlicher Hinsicht. Dies könnte für Mitteleuropa ebenso wie für den amerikanischen Mittelwesten und Australien ein mehrheitsfähiges Element einer Naturschutzstrategie sein, insbesondere wenn eine faire Kompensation an die Landwirtschaft gezahlt wird.

Die Eignung von Technologien für die Eigenarbeit liegt, wie bereits betont, voll im Trend. Einen Regelungsbedarf sehe ich lediglich im Bereich der Arbeits- und Sozialpolitik (vgl. Kapitel 17).

Insgesamt ist anzunehmen, daß ein Jahrhundert, in welchem die Technologien den genannten sieben Kriterien genügen, durch *mehr* und nicht durch weniger Technologie gekennzeichnet sein wird. Hoher Ressourcenverbrauch ist ein Zeichen von Plumpheit der Ingenieurskunst. Da in Zukunft die große Fülle der Ressourcen gar nicht mehr zur Verfügung stehen wird, werden dann unvermeidlich die heute noch dominierenden plumpen Technologien als *„Dinosaurier-Technologien"* erscheinen, deren Aussterben vorhergesagt werden konnte.

In dem Moment, wo sich dieses Wissen im Bewußtsein einer nennenswerten Zahl von Wirtschaftsführern und Politikern festsetzt, wird ein Wettlauf einsetzen, so früh wie möglich die Generation der Dinosaurier-Technologien zu überwinden, um im Inland und im Ausland die Nase vorn zu haben.

Beispielhafte Veranschaulichung

Daß mit der neuen Generation von Technologien nicht unbedingt weithergebrachte Science-fiction, sondern zum großen Teil längst vorhandene oder längst konzipierte Techniken gemeint sein können, soll ansatzweise illustriert werden.

Für die Erhöhung der Energieproduktivität bieten sich zahlreiche längst vorhandene Technologien an, die sich aber aufgrund zu niedriger Energiepreise derzeit auf dem Markt nicht durchsetzen lassen, zu diesen gehören z. B. die Sparglühbirne (die mit 15 Watt eine Leuchtstärke einer herkömmlichen 75-Watt-Birne erzielt); die Kraft-Wärme-Kopplung, die den bisherigen Verschleiß von ca. 30 % der Kraftwerksenergie in Form von Abwärme beendet; der Wärmeaustausch-Belüfter, der in der Heizperiode das Zimmer mit Frischluft versorgt, die – mittels der warmen, verbrauchten Zimmerluft – fast auf Zimmertemperatur vorgewärmt ist, und schließlich Lebensmittel, bei deren Herstellung nur geringe Mengen an Fremdenergie benötigt werden, z. B. exquisites Fleisch von Freilauftieren statt viel fades Fleisch aus der Massentierhaltung (welche durch ökologische Rahmensetzungen viel von ihrer heutigen Profitabilität einbüßen würde).

Im Verkehr kann viel von neuartigen Huckepacksystemen erwartet werden, z. B. von zweistöckigen Eisenbahnwagen, in welche Fahrräder und kleine „Citycars" unten quer einparken können, so daß sie – geeignete Bahnsteige vorausgesetzt – fast so schnell ein- und aus„steigen" können wie die Passagiere, die im oberen Stockwerk sitzen.

Ein ähnliches Schnellumsteigesystem läßt sich auch für Gütercontainer ausbauen. Durch solche Huckepacksysteme läßt sich der Energie- und Komfortvorteil der Bahn auf den langen Strecken mit dem Mobilitätsvorteil des Individualverkehrs auf den kurzen Strecken verbinden. Dann werden die in Kapitel 5 genannten Prozentsätze für den Schienenverkehr auf einmal sehr realistisch und verlieren jeden Anstrich von Askese. Auch die Wirtschaft hat im Grunde nur Vorteile davon, wenn die Güter auf den langen Strecken praktisch ohne Firmen-Personalkosten auf der Bahn befördert werden können. Allerdings ist eine Europäisierung der Managements und ein konsequenter Kampf gegen die Schwachpunkte der Bahnen (z. B. Italien, wo unterbezahlte Arbeiter die technisch zurückgebliebene Eisenbahn in regelmäßigen Abständen durch Streiks lahmsetzen) erforderlich.

Abb. 48: Kurze „Citycars" könnten in neuartige Autoreisezüge quer einfahren, was das Ein- und Ausfahren sehr beschleunigt. Modell der Schweizer Firma Schindler (aus „Wirtschaftswoche", August 1989).

Die ökologische Landnutzung verlangt neue Planungstechniken, wie sie z. B. unter dem Stichwort „Ökologischer Stadtumbau" beschrieben werden. In der Landwirtschaft würde die naturnahe Landwirtschaft mit geringem Verbrauch von Agrochemikalien als „neue Technologie" erscheinen, wie Armin Bechmann es schon heute ansieht. Die ökologische Landwirtschaft ist ein Paradebeispiel dafür, daß die umweltfreundlichen Techniken mehr und nicht weniger technisches Wissen und Können erfordern als die „Dinosaurier"-Technologien der Gegenwart. Unter Technologie verstehe ich dabei allerdings etwas anderes als möglichst viel Maschine und möglichst wenig Mensch.

Abfall- und ressourcensparende Technologie kann z. B. darin bestehen, daß Verschleißteile bei Haushalts- und Industriemaschinen leichter auswechselbar gemacht werden und daß Maschinen baukastenartig konzipiert werden, so daß veraltete oder verschlissene Funktionsteile durch neue, modernste ersetzt werden können. Dadurch wird insgesamt die Lebensdauer erhöht. Das Reparieren, das in der Wegwerfgesellschaft als wenig lohnendes Geschäft angesehen wird, wird durch solche Produktphilosophien aufgewertet und wird unter den Bedingungen hoher Abfall- und Rohstoffkosten zur innovativen Herausforderung.

Fehlerfreundliche und eigenarbeitsgeeignete Technologien sind innerlich miteinander verwandt. Was man in Eigenarbeit zu Hause anwenden kann, ist typischerweise nicht grenzen-niederreißend, fehler-fortpflanzend oder gigantisch. Ein Beispiel für beides ist der teilweise Übergang von Energieversorgung aus dem Netz und über den Brennstoffhandel auf Eigenversorgung durch drastische Verminderung des Heizungsbedarfs und durch Eigenproduktion regenerativer Energien (s. Kap. 17).

Anmerkungen

[1] Vgl. z. B. den eindrucksvollen Aufsatz des Präsidenten des World Resources Institute, James Gustave Speth, The Greening of Technology, nachgedruckt erhältlich beim Wissenschaftszentrum Berlin 1989 (FS II, 89–402). Speth bezeichnet sich selbst darin als früheren Maschinenstürmer. Eine Fülle guter Beispiele für einen umweltverträglichen, konsequenten Technikeinsatz findet sich in dem Buch Umwelt und Technologie – Chance für die Zukunft, von Hans Peter Lühr, Hamburg 1987.

[2] Vgl. Anmerkung 11 in Kapitel 13.

[3] Worldwatch Institute, State of the World 1988, S. 42.

[4] Gegenwärtig gibt es noch einen Zielkonflikt zwischen der Langlebigkeit von Produkten und dem möglichst raschen Ausmustern von Produkten, die der Nachkriegszeit bis etwa 1975 entstammen und die durch hohen Energieverbrauch und andere unerwünschte Eigenschaften charakterisiert sind. Langfristig dürfte sich aber das Kriterium der Langlebigkeit durchsetzen.

[5] Vgl. z. B. Charles Perrow, Normale Katastrophen, Frankfurt a. M. 1987.

[6] Vgl. Christine und Ernst Ulrich von Weizsäcker, Fehlerfreundlichkeit als Evolutionsprinzip, in: Universitas, 41/483 (1986), S. 791–799; vgl. ebenso das sehr interessante Buch von Bernd Guggenberger, Das Menschenrecht auf Irrtum. Anleitung zur Unvollkommenheit, München und Wien, 1987.

[7] E. U. und Christine v. Weizsäcker, Recht auf Eigenarbeit statt Pflicht zum Wachstum, Scheideweg 9 (1979), 221–234.

16. Kapitel

WISSENSCHAFT
UND IHRE WIRKUNGEN

Sezieren, Quälen und Ausblenden

Die Anatomie ist eine nützliche Wissenschaft im Dienste der Medizin und damit der Lebenserhaltung. Ihre Erkenntnisse gewinnt sie aber von Leichen. Je genauer man etwas Lebendiges untersucht, desto sicherer ist es nachher – oder schon vorher – tot. Das ist die Alltagserfahrung der biologischen Wissenschaft. Das Fernrohr läßt den beobachteten Fischreiher am Leben. Das Skalpell tötet ihn, wenn er nicht schon tot ist,

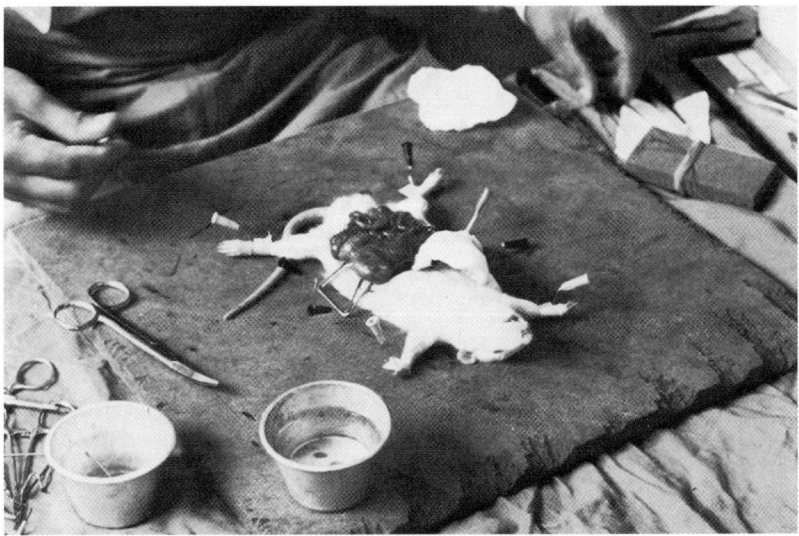

Abb. 49: Die Anatomie dient dem Leben, aber sie gewinnt ihre Erkenntnisse von Leichen. Tieranatomie bedeutet fast stets das Töten von Tieren.

aber es läßt seine Zellen noch am Leben. Die Präparierung für das Elektronenmikroskop tötet sogar die Zellen.

Was für den Biologen eine Alltagserfahrung ist, war für den englischen Generalstaatsanwalt, Politiker und in alten Jahren Physiker Francis Bacon (1561–1626) Programm. Die Natur muß man sich gefügig und zur Sklavin machen. Man muß sie auf ihren Irrwegen mit Hunden hetzen und sie auf die Folter spannen, bis sie ihre Geheimnisse preisgibt.[1] Das waren die brutalen Ratschläge eines Mannes, der als einer der ersten von der Ausnutzung der Naturwissenschaften die eigentlichen Fortschrittsimpulse erwartete. Bacons Geist übertrug sich auch auf René Descartes (1596–1650), der den Menschen riet, wissenschaftliche Erkenntnisse zu nutzen, damit sie sich zu Meistern und Besitzern der Natur machen.[2]

Wo die Wissenschaft verabsolutiert wird, kann sie in der Tat brutale und zerstörerische Züge annehmen. Ein Beleg hierfür ist das weltbekannt gewordene Experiment Stanley Milgrams,[3] der amerikanische Studenten aufforderte, in Verhaltensversuchen Menschen zu quälen. Es sei im Dienste der Wissenschaft nötig, sagte er zu den Studenten, die ihm bei dem Versuch helfen sollten, Menschen durch Stromschläge zum Lernen zu bringen. Hinter einer Glasscheibe bewegten sich die Versuchsmenschen und sollten irgendwelche Aufgaben lösen. Jeder Fehler sollte mit Stromstößen geahndet werden, erläuterte Milgram das Funktionieren des Experiments, und der Student durfte die Stromstöße regulieren. Bei jedem Stromstoß zuckten die Menschen zusammen oder schrien, und sie lösten ihre Aufgaben mehr oder weniger gut in Antwort auf die elektrischen Strafen. Etliche Studenten gingen bis zu sehr hohen Stromstärken, von denen sie ernste körperliche Schäden, jedenfalls aber schwerste Schmerzen bei den Versuchsmenschen vermuten mußten. In Wirklichkeit waren Milgrams Versuchsobjekte die Studenten. Er wollte herausfinden, welcher Grausamkeit der Mensch im Dienste der Wissenschaft fähig wäre; die Menschen hinter Glas waren Schauspieler und empfingen in Wirklichkeit gar keine Stromschläge. Sie simulierten die Schmerzen nur, und sie konnten von ihrem Blickwinkel aus ablesen, wie hoch die Studenten den vermeintlichen Strom geschaltet hatten.

Wir Deutschen haben keinen Anlaß, uns moralisch über die amerikanischen Studenten zu erheben. Was deutsche KZ-Ärzte und andere Wissenschaftler mit Häftlingen angestellt haben, war im Gegensatz zu Milgrams trickreichem Experiment grausame Realität.

Das langsame oder schnelle Töten von Tieren um der wissenschaftlichen Erkenntnisgewinnung willen ist eine mögliche Erscheinungsform der Wissenschaft, und zwar vor allem derjenigen Wissenschaften, die man auf englisch als life sciences, als Lebenswissenschaften, bezeichnet. In den experimentellen Physiologieinstituten der Welt ist das Töten eher die Regel als die Ausnahme. Es gibt zwar zum Schutz der Versuchstiere gesetzliche Regeln, die in Deutschland weitgehender als in den meisten Ländern sind, die z. B. eine Narkose vorschreiben, wo immer das möglich ist. Wenn aber das Experiment der Natur der Sache nach das Wachsein des Tiers erfordert, dann gibt es unschwer Ausnahmen.

Wir sehen: Nicht allein die explosiven *Resultate*, die die Wissenschaft von Zeit zu Zeit hervorbringt, sondern auch die *Methoden* machen die Forschung zum ethischen Problem.

Im übrigen geht es bei den Methodenproblemen der Wissenschaft keineswegs nur um die Ethik. Es geht auch um Schwierigkeiten bei der Wahrheitsfindung. Durch ihre Meßsonden und allein schon durch die Fragestellungen greift die Forschung ins Geschehen ein. Die Wirklichkeit wird präpariert, manipuliert, gestört, teilweise ausgeblendet, oft sogar massiv verändert. Jede Meinungsumfrage verändert (im nachhinein) die Wirklichkeit, auch wenn sie methodisch einwandfrei angelegt ist. Jede Versuchsanordnung blendet kunstvoll einen Teil der Wirklichkeit aus. Und „keine Theorie stimmt jemals mit allen *Tatsachen* auf ihrem Gebiet überein".[4]

Die eiserne Forderung an die Publikationsfähigkeit von experimentellen naturwissenschaftlichen Arbeiten lautet: Reproduzierbarkeit der Ergebnisse. Andere Labors müssen die Ergebnisse überprüfen und bestätigen können. Aber mit dieser eisernen Qualitätsforderung, welche von vielen Naturwissenschaftlern ihrerseits *ethisch* hoch bewertet wird,[5] wird vieles aus dem Bereich der Wissenschaft herauskatapultiert: das Individuelle, welches nicht reproduzierbar ist, das Vergängliche und das einzigartig und delikat Verflochtene. Die Wissenschaft macht dennoch auch hier Aussagen, indem sie etwas Vergängliches auf einen Film der Tonträger bannt. Aber das Wesentliche des Vergänglichen in irgendeiner einzigartigen Situation geht durch die Konservierung natürlich verloren. „Phantasie, Weitblick, Freude am Zusammenhang und Bedeutung, die auch in der Wissenschaft notwendig sind, verkümmern in der Kunstwelt der vor allem Gewißheit versprechenden Methoden", sagt Hartmut von Hentig.[6]

Daß eben in dieser Forderung eine enorme Stärke liegt, bleibt unbestritten. Scharlatanerie und Gefälligkeitsforschung etwa von der Lyssenkoschen Art werden verhindert. Dessen im Westen nicht reproduzierbare vorgebliche Experimente über die Vererbung erworbener Eigenschaften gefielen den Ideologen um Stalin (weil sie das Erbgut weitgehend außer Kraft zu setzen schienen, was der sozialistischen Idee vom beliebig formbaren Menschen entsprach). Die Einsicht, daß gute Wissenschaft geeignet ist, Scharlatane zu entlarven und hinauszuwerfen, spielt für das Zusammengehörigkeitsgefühl der Wissenschaftlergemeinde eine große Rolle. Aber vor lauter Freude über das Entlarven und Herauswerfen der Scharlatane wurde die Wissenschaft weitgehend blind für *andere* Gefahren und Engführungen, die der „Methodenzwang" (Feyerabend) mit sich brachte.

Zerstörungswirkungen

Die Wissenschaft, das haben wir gesehen, enthält ein Stück Grausamkeit und ein Stück Engführung und Ausblendung von Teilen der Wirklichkeit. Darüber hinaus, und das ist den meisten Menschen viel eher bewußt, enthält die Wissenschaft eine außerordentliche Potenz der *Veränderung der Welt*. Die industrielle Revolution, die modernen Waffensysteme, die explosive Bevölkerungsvermehrung (ermöglicht durch Hygiene, Medizin und die Ernährung von sicher hundertmal mehr Menschen als die Erde in den Jäger- und Sammlerkulturen der Vorzeit ernähren konnte), der moderne Komfort und die moderne Massenkommunikation sind alles Produkte der systematischen Wissenschaftsnutzung.

„Wissen ist Macht" hatte schon Francis Bacon in seinem ›Novum Organum‹ gesagt. Es verwundert nicht, daß viele Kritiker der Wissenschaft in Bacon, Galilei und Descartes und in dem Siegeszug des wissenschaftlichen Denkens den Grund für die Umweltkrise sehen. „Die neuzeitliche (Galileische) Physik ist von ihrem Ansatz her mörderisch, in letzter Konsequenz selbstmörderisch", schreibt A. M. Klaus Müller,[7] seines Zeichens Physikprofessor. „Es ist jetzt deutlich geworden, daß die Überbetonung der wissenschaftlichen Methode und des rationalen, analytischen Denkens zu Verhaltensweisen geführt hat, die zutiefst antiökologisch sind", heißt es bei Fritjof Capra – ebenfalls Physiker – in seiner ›Wendezeit‹.[8] Und Carolyn Merchant gibt der Kritik noch eine feministische Note, wenn sie sagt, man müsse „die Ausformung einer Weltanschauung und einer Wissenschaft neu überdenken, welche die Beherrschung der Natur wie der Frau dadurch sanktionierten, daß man die Wirklichkeit eher als Maskuline denn als lebenden Organismus betrachtete".[9] Zahllose weitere Zitate ließen sich sammeln. Sie alle drücken etwas Wichtiges aus, etwas was wir alle wissen oder ahnen: *So darf es nicht weitergehen mit der Wissenschaft.* Wissenschaftler, Techniker, Wirtschaftler, Politiker und Laien müssen diese Warnungen äußerst ernst nehmen.

Und dennoch scheint mir, daß hier zu schwarz gemalt wird. Die Lernfähigkeit des Menschen, der Wissenschaft und der Kultur wird unterschätzt. Die „letzte Konsequenz", mit der die neuzeitliche Physik mörderisch wäre, würde doch nur aus einer Physik resultieren, deren Zielsetzung immer nur der schrankenlose „Fortschritt" wäre, der Fortschritt des Immer-mehr, des Immer-schneller, des Immer-genauer. Zwar konnte man jahrhundertelang ganz leicht der Illusion verfallen, dieses *sei* der Fortschritt. Die „Eroberung" der Ozeane, der Lüfte, des Weltraums und der Welt der Atome und Moleküle, das war in den Tagen der jeweiligen Pioniere ein Fortschritt und noch keine irgendwie sichtbare Zerstörung. Es liegt aber durchaus im Bereich menschlicher Möglichkeit, die Zerstörungen mit wissenschaftlichem Auge zu erkennen, sie als *Rückschritt* zu bezeichnen und den Fortschritt neu zu definieren.

Nur: mit einem idealistischen Appell wird dieses nicht erreicht. Vielmehr muß man die *unheimliche Dynamik* erkennen und aufbrechen, welche immer von neuem dazu geführt hat, daß die Wissenschaft zum Werkzeug des Immer-mehr und des Immer-schneller wurde, auch als dieses längst zerstörerische Ausmaße angenommen hatte.

Außerwissenschaftliche Wissenschaftssteuerung

Die Wissenschaft hat zwei starke Triebkräfte zu ihrer Fortentwicklung. Die eine ist die „innere": die Neugier der Wissenschaftler, die „unnennbare Satisfaktion" des Forschers (Carl Friedrich Gauß), die Mitteilsamkeit der Wissenschaftler untereinander. Wissenschaftler neigen dazu, alleine diese innere Triebkraft zu sehen, sie zu verklären und sich selbst als frei und unabhängig zu stilisieren. Aber da unterschätzen die allermeisten Wissenschaftler die außerordentliche Macht der zweiten Triebkraft, der äußeren.

Welcher „freie" Gelehrte wäre noch frei zu forschen, wenn er nicht für das Forschen bezahlt würde? Und wer sorgt dafür, daß Millionen von Wissenschaftlern gut verdienen? Gewiß, bei den freien Forschern ist das meistens der Staat, der sie für Forschung und akademische Lehre bezahlt und ihnen die akademische Freiheit läßt. Aber warum tut das der Staat? Ist es um ihrer unnennbaren Satisfaktion willen? Ganz gewiß nicht. Es ist die Erwartung des Staates, daß die Wissenschaft ebenso wie die akademische Ausbildung uns allen *nützt*. Staat und Wirtschaft brauchen Bildung, Ausbildung und Forschung. Die Erwartung der wirtschaftlich meßbaren Wirkungen der Wissenschaft ist zugleich die wirtschaftliche Basis des Wissenschaftsbetriebs. Und nur so läßt sich die explosionsartige quantitative Entwicklung der Wissenschaft verstehen.

Die politische Linke hat die Wissenschaft schon lange als „Produktivkraft" bezeichnet.[10] Im eher konservativen Lager fand man es lange Zeit angenehmer, über den Zusammenhang von Wissenschaft und ökonomischer Produktivität nicht so deutlich zu reden. Aber gleichzeitig war die *tatsächliche Nutzung* der Wissenschaft und der akademisch Ausgebildeten durch die Wirtschaft in marktwirtschaftlich organisierten Staaten deutlich effizienter als in den sozialistischen.

Die Verwertung der Wissenschaft durch die Wirtschaft wird heute von der Wissenschaftlergemeinde teils mit vornehmer Zurückhaltung zur Kenntnis genommen, teils werbemäßig herausgekehrt. Was den verantwortlich denkenden Wissenschaftler hingegen bedrückt, ist die Verwertung seiner Erkenntnisse durch das Militär. Seit den Atombombenabwürfen auf Hiroshima und Nagasaki waren wohl alle guten Forscher der Welt von der Vorstellung geplagt, daß die Früchte ihrer Arbeit eines Tages vom Militär oder von Terroristen geerntet würden. Auch die, die bewußt dem Militär zugearbeitet hatten – aus Sorge, Nazideutschland würde ihnen zuvorkommen –, sahen nach dem Krieg mit Schrecken, was geschehen war. „Wir haben die Arbeit des Teufels verrichtet", sagte J. Robert Oppenheimer, der „Vater der Atombombe", später zu einem Besucher. „Nun müssen wir wieder zu vernünftiger Arbeit zurückkehren, das heißt, wir müssen uns jetzt ausschließlich der Grundlagenforschung widmen."[11] Eine verständliche und ehrenhafte Haltung, aber keine Antwort auf das *eigentliche* Problem. Albert Einstein und Otto Hahn waren doch zur Zeit ihrer großen Erfolge so grundlagenorientiert, wie es nur ging, und auf sie geht die Serie der explosiven Entwicklungen zurück, die schließlich zur Atombombe führten.

Will man als Wissenschaftler dem Problem beikommen, so kann man sich nicht einfach auf die Grundlagenforschung zurückziehen. „Daher tun wir gut daran, ihn (den Wissenschaftler) nicht nur zum guten Methodiker der Erkenntnisgewinnung auszubilden, sondern ihn zugleich so zu erziehen, daß er sich seiner Verantwortung für die Anwendungsmöglichkeiten der Wissenschaft entsprechend verhält." [12] Das sagt Hubert Markl, Präsident der Deutschen Forschungsgemeinschaft. Ich möchte ausdrücklich hinzufügen, daß der Wissenschaftler sich auch über die beherrschende Macht der *außerwissenschaftlichen Steuerung der Wissenschaft* im klaren sein muß, daß er also aus dem schönen Traum aufwacht, die hauptsächliche Triebkraft der Wissenschaft sei die innere.

Wirkungsforschung

Wenn sich der Wissenschaftler der Verantwortung für die Anwendungsmöglichkeiten der Wissenschaft entsprechend verhalten soll, was soll er dann eigentlich konkret tun? Ich finde, er soll einen wesentlichen Teil seiner Zeit der Erforschung der Wirkungen seiner Disziplin widmen. *Die Wirkungen sind schließlich ein Teil der Wirklichkeit.* Die Wirklichkeit des Penicillins besteht in seinen medizinischen Wirkungen. Würde es eines Tages wirkungslos, etwa dadurch, daß sämtliche Bakterien penicillinresistent würden, dann würde dieses Antibiotikum ganz rasch aus den Regalen der Ärzte verschwinden.

Auch negative Wirkungen gehören zur Wirklichkeit. Umweltschädigungen, Risiken, Beeinträchtigungen des sozialen Friedens sind nur allzu bekannte Teile der Wirklichkeit von Technologien. Wären die Schadwirkungen nicht, so würde über Technik ganz anders geredet und gedacht. Um der Vollständigkeit der Wirklichkeitserfassung willen muß sich die Wissenschaft mit den oft verzweigten Wirkungen, den „Wirkungsbäumen", ihrer selbst beschäftigen. Diese Wirkungsbäume sind weitestgehend wissenschaftliches Neuland.

Doch lassen die heutigen Karrierebedingungen die Erforschung dieses Neulands normalerweise nicht zu. Viel zu spärlich sind die Geldmittel für die Wirkungsforschung oder die „Technikfolgen-Abschätzung", wie man häufig verkürzend sagt.

Dabei täten sich in der – weitgefaßten – Wirkungsforschung faszinierende neue Gebiete auf. Die Physik der Kernspaltung ist heute weniger spannend und weiterführend als die Reaktorsicherheitsforschung, die komplexen Fragen des Energiebedarfs oder die Risikokommunikation. Die molekulare Nährstoffaufnahme durch Kulturpflanzen ist heute wissenschaftlich weniger aufregend als die Eutrophierungsforschung, die Erforschung der Artenvielfalt in Abhängigkeit von der Düngung oder die wissenschaftlich fundierte Entwicklung von reichhaltigen vegetarischen Ernährungsoptionen für Menschen. Die „Grundlagenforschung" scheint eher *weniger Neuland* aufzuschließen als die Erforschung von komplexen, durchaus anwendungsnahen Problemen. Der Glorienschein der Grundlagenforschung war in der Nachkriegszeit entstanden und hatte da eine gewisse politische Berechtigung, weil er die Ablehnung der staatlichen Gängelung der Forschung durch Hitler, Stalin oder die Kriegsproduktion in den USA symbolisierte. Aber wissenschaftlich hat der Glorienschein der Grundlagenforschung keine Berechtigung mehr, und politisch ist das Sicheinlassen auf die Wirkungen heute in der Regel eher wünschenswerter als der Rückzug auf die Grundlagen.[13]

Engagement

Für die Bewältigung der modernen Weltprobleme und der durch die Wissenschaft überhaupt erst ausgelösten Probleme ist die Wissenschaft selbst gefordert. Sie darf sich den Fragen der Erdpolitik, der Zerstörung oder Rettung biologischer Vielfalt auf der Erde, der Bevölkerungsdynamik, der Klimagefährdung und der tausend lokalen Umweltprobleme nicht verschließen. Und da die Fragen nicht rein wissenschaftlicher Natur sind und die Ursachen fast immer im politisch-ökonomischen Raum liegen, ist ein fühlbares Engagement der Wissenschaftler auch im politischen Raum gefordert. Dieses kann in ganz verschiedener Weise wahrgenommen werden. Naheliegende Möglichkeiten des Engagements sind etwa:
– die populärwissenschaftliche Darstellung der dem eigenen Fach nächstliegenden Probleme;
– die Mitarbeit in Wissenschaftlervereinigungen, die sich die Wahrnehmung der Verantwortung auf die Fahnen geschrieben haben, so etwa – in der Bundesrepublik – der Vereinigung Deutscher Wissenschaftler (vgl. Anm. 13);

- das Knüpfen und Aufrechterhalten ausländischer Kontakte, nicht zuletzt mit osteuropäischen und Entwicklungsländerkollegen;
- Mitarbeit in fachübergreifender akademischer Lehre und die großzügige Anerkennung studentischer Studienleistungen außerhalb der engen fachbezogenen Studienpläne;
- das hochschul- und forschungspolitische Engagement für mehr Wirkungsforschung im obigen Sinne;
- die Mitarbeit in der Wirkungsforschung;
- aktiver Einstieg in die Politik über Initiativen, Verbände oder Parteien.

Selbstverständlich darf ein solches Engagement nicht die wissenschaftlichen Tugenden des unabhängigen Denkens, der intellektuellen Redlichkeit und die Überprüfbarkeit (wo das der Sache nach möglich ist) über Bord gehen lassen.

Das Engagement kann auch darin bestehen, daß der Wissenschaftler sich über die Verwertungszwänge, in denen seine Wissenschaft steht, klar wird und sich mit den Verwertern direkt in Verbindung setzt. Wenn es gelingen soll, die Dynamik des Immer-mehr und Immer-schneller zu brechen, muß man sie dort brechen, wo sie stattfindet. Sind die Verwertungszwänge durchschaut, dann kann auch ihr Umlenken in eine umweltverträgliche Richtung geschehen, wie es etwa in Teil III dieses Buches ansatzweise beschrieben worden ist. Diesem großen kulturellen und politischen Werk der Umsteuerung sollten sich die Wissenschaftler nicht entziehen.[14]

Auch die konstruktive Entwicklung von neuen Wissenschaftsgebieten kann Ziel des Engagements sein. Es geht um Wissenschaftsgebiete, die sich in einem Jahrhundert wirklich nützlich machen, in welchem die Rettung der Umwelt höchste Priorität genießt. Es geht um Mithilfe bei der Erzeugung des neuen Wohlstandes. Aber um dieses Neuland mit der Ernsthaftigkeit zu erschließen, die der guten Wissenschaft eigen ist, braucht der einzelne Forscher viel Mut, Pioniergeist und Kooperationsfähigkeit. Er muß sich den Hohn seiner disziplinären Kollegen gefallen lassen, die nicht von Methodenzweifeln geplagt werden und denen der wirtschaftliche Verwertungsmechanismus ein sattes Gehalt und vielleicht hübsche Nebeneinkünfte beschert. Die wohlsituierten disziplinären Wissenschaftler sind objektiv meistens keine Pioniere, auch wenn sie sich subjektiv dafür halten.

Steht eine wissenschaftliche Revolution bevor?

Die Wissenschaft war immer stolz auf Pionierarbeit. Vor allem die wissenschaftlichen „Revolutionen" (Thomas Kuhn)[15] setzten sich durchweg *gegen* den Geist des wissenschaftlichen und gesellschaftlichen Establishments durch. Es ist ganz gut möglich, daß eine neue, fast alle Wissenschaftsbereiche erfassende „Revolution" bevorsteht. Georg Picht sieht die komplexe und die Handlungen des Menschen einbeziehende Ökologie als neues Paradigma (im Sinne Kuhns) für die Wissenschaft.[16] Dafür gibt es Anzeichen:
- Die von Descartes eingeführte Trennung von Geist und Materie, auf welcher die klassische Physik beruhte, ist bereits durch die Quantentheorie und erst recht durch Neurobiologie und Informatik überholt worden;
- Das klassische Weltbild, nach welchem sich die Dinge im feststehenden Raum und in der Zeit bewegen, ist schon durch Henri Bergson und Alfred North Whitehead ins Wanken gebracht worden und seit Einsteins Relativitätstheorie sowie den Arbeiten von (z. B.) Ilya Prigogine[17], Carl Friedrich von Weizsäcker[18] und Humberto R. Maturana, Francisco J. Varela[19] nicht mehr aktuell;
- Konstruktive Ansätze für ein „neues Denken" zeigen sich in wachsender Zahl, z. B. bei Gregory Bateson[20], bei Fritjof Capra[21] oder David Bohm[22];
- Mehrere für das Studium komplexer Systeme bedeutsame wissenschaftliche Grundprobleme sind in einem naturphilosophisch ganz unbefriedigenden Zustand, scheinen aber nicht grundsätzlich unlösbar, so z. B. die Fragen nach Information, Komplexität, Chaos, Entropie und der Struktur der Zeit.

Die Ablehnung des mechanistischen Weltbildes und des modernen Zweckrationalismus einigt die Vordenker des neuen Denkens. Sie haben die Tendenz, das Alte wegfegen zu wollen. Das ist aber aus drei wichtigen Gründen verkehrt:
1. Wissenschaftliche Revolutionen im Sinne von Thomas Kuhn integrieren das Alte und machen es auch im neuen Rahmen erklärbar. Hier liegt ein Unterschied zwischen politischen und wissenschaftlichen Revolutionen.
2. Die heutige, auf Zweckrationalität gebaute Technik ernährt uns. Sie „wegzuwerfen", käme einer Katastrophe gleich.

3. Die neue Denkweise muß sich dadurch auszeichnen, daß sie anders
   als die alte die Gemeinsamkeiten und die Symbiose sucht, nicht das
   Ausmerzen des Andersdenkenden.

In vielen Kulturen ist die Erwartung anzutreffen, daß das mechanistisch verengte Wissenschafts-Denken versinkt und ein anderes, neues Denken Platz greifen muß und wird. Ich teile diese Erwartung. Das Jahrhundert der Umwelt wird uns kaum eine andere Wahl lassen. Und doch kann ich mich des Eindrucks nicht erwehren, daß noch sehr viel fehlt, bis diese Transformation vollzogen wird. Zu wenig haben sich die Vertreter des neuen Denkens mit den *Stärken*, mit der unheimlichen Attraktivität des technokratischen Denkens beschäftigt. Zu sehr gefallen sie sich und bestärken sie sich gegenseitig in der (meistens zutreffenden) Diagnose seiner *Schwächen*.

Neue Blüte der Geisteswissenschaften

Eine Entwicklung, die keineswegs revolutionär ist, läßt sich heute schon absehen: eine Renaissance der Geisteswissenschaften.

In unserem Jahrhundert hatten die Natur-, Ingenieur- und Wirtschaftswissenschaften Konjunktur. Sie dienten der Expansion, der Naturbeherrschung und der Wohlstandsmehrung. Sie sind „Verfügungswissen", nicht so sehr „Orientierungswissen". Auch im Jahrhundert der Umwelt werden sie gefragt sein, wenn es um die Anpassung an die ökologischen Realitäten geht. Wenn aber das „langsamste Schiff im Konvoi" die Besinnung und die soziale und kulturelle Verarbeitung der überwältigenden naturwissenschaftlichen und technischen Fortschritte ist, dann entsteht nahezu unvermeidlich eine neue Wertschätzung für die Geistes- und Kulturwissenchaften, auf englisch die "humanities".

Schon heute beobachten wir ein neuerwachtes Interesse an der Geschichte, an Philosophie, Sprachen, Kulturen und Religionen. Aber die Geisteswissenschaften in ihrer heutigen Reinkultur können die neue Wertschätzung noch nicht rechtfertigen. Sie haben praktisch keinen Bezug zu den naturwissenschaftlichen und technischen Realitäten von heute und morgen.

Für Pascal und Goethe bildeten Philosophie und aktuelle Naturwissenschaft noch eine Einheit. Heute herrscht gegenseitig fast totale Sprachlosigkeit, die gegenseitige Sprachlosigkeit der „Zwei Kulturen"

(C. P. Snow). In den letzten 50 Jahren war es für die Geisteswissenschaften ein nahezu hoffnungsloses Unterfangen, mit den Naturwissenschaften ins Gespräch zu kommen: Die modernen Naturwissenschaften selbst zu verstehen war und ist für einen Kulturwissenschaftler so gut wie aussichtslos. Und den florierenden, weltbeherrschenden Naturwissenschaften den Dialog aufzuzwingen – welcher Philosoph hätte das leisten können? Die einzigen, die einen mehr als unverbindlichen Dialog hinbekommen haben, waren die Juristen, die, mit staatlichem Mandat ausgestattet, der *Anwendung* von Wissenschaft und Technik Grenzen und Regeln zu setzen hatten.

Neuerdings aber müssen die Natur- und Ingenieurwissenschaften um ihre Akzeptanz ringen (und die Industrie spendet Millionen für die Akzeptanzforschung, in der naiven Annahme, daß die mangelnde Akzeptanz durch Aufklärung oder psychologische Tricks zu beheben sei). Viele Naturwissenschaftler bemühen sich auch zunehmend selbst, die bedrohlichen Folgen ihres Erfolges zu erkennen und abzumildern. Damit ist eine ganz neue Lage eingetreten. Der ernsthafte Dialog mit den Geistes- und Kulturwissenschaften kann einsetzen. Es müssen sich nur beide Seiten darüber im klaren sein, daß wir immer noch im Jahrhundert der Ökonomie leben. Die Wirtschaft bzw. die Wirtschaftlichkeit dirigiert immer noch die meisten Richtungsveränderungen von Wissenschaft und Technik. Geisteswissenschaftler, die dies nicht sehen, können nicht mitreden. Und Naturwissenschaftler, die das verdrängen, sind unaufrichtig mit sich selbst.

Eine Renaissance der Geisteswissenschaften verlangt mehr als ein modisch aufflackerndes Geschichtsbewußtsein und eine reumütige Gesprächsbereitschaft von Naturwissenschaften. Sie verlangt die *inter*disziplinäre, nicht bloß die *multi*disziplinäre Zusammenarbeit. Sie verlangt, daß im Gespräch *neue Themen* entwickelt werden. Sie verlangt, daß *Karrieren* von Geistes-, Natur-, Ingenieur- und Sozialwissenschaftlern auf die neuen Themenkomplexe (statt auf die Vervollständigung der einzelfachlichen Methodenbibliotheken) orientiert werden können. Sie verlangt von der Wirtschaft, vom Staat und von unserer Kultur, daß sie diese neuen Notwendigkeiten sehen und honorieren.

Für die Geisteswissenschaften selbst bedeutet der Aufbruch zu einer neuen Blüte eine gewaltige Umstellung. Sie können sich dem Anspruch, die Kultur des neuen Jahrhunderts, des Jahrhunderts der Umwelt, mitzugestalten, nicht entziehen. Sie müssen sich auf die Erdpolitik einlassen.

Anmerkungen

¹ Francis Bacon, Neues Organon. (Novum Organum), Hamburg 1989.

² Klaus M. Meyer-Abich hat der historischen und philosophischen Analyse der naturwissenschaftlichen Methode unter dem Gesichtswinkel der modernen Umweltkrise ein eigenes Buch gewidmet. Viele Gedanken aus dem vorliegenden Kapitel sind diesem Buch entlehnt: K. M. Meyer-Abich, Wege zum Frieden mit der Natur. Praktische Naturphilosophie für die Umweltpolitik, München 1986.

³ Stanley Milgram, Das Milgram-Experiment. Zur Gehorsamsbereitschaft gegenüber Autorität, Reinbek 1986.

⁴ Paul Feyerabend, Wider den Methodenzwang – Skizze einer anarchistischen Erkenntnistheorie, Frankfurt a. M. 1976.

⁵ Hans Mohr, Natur und Moral. Ethik in der Biologie, Darmstadt 1987.

⁶ So Hartmut von Hentig in seiner Schlußvorlesung an der Universität Bielefeld am 24. April 1988, abgedruckt in: Bielefelder Universitätszeitung, 9. Juni 1988, S. 14–21.

⁷ A. M. Klaus Müller, Geschöpflichkeits-Defizite in Naturwissenschaft und Theologie, in: Johannes Anderegg (Hrsg.), Wissenschaft und Wirklichkeit, Göttingen 1977, S. 51. Den in diesem extremen Zitat ausgedrückten Zusammenhang hat Klaus Müller sehr differenziert in zahlreichen Schriften behandelt, insbesondere in seinem Hauptwerk: Die präparierte Zeit – Der Mensch in der Krise seiner eigenen Zielsetzungen, Stuttgart 1972.

⁸ Fritjof Capra, Wendezeit, München 1988. Die Originalausgabe (The Turning Point) erschien 1982.

⁹ Carolyn Merchant, The Death of Nature, New York 1980; vgl. auch Brian Eslea, Väter der Vernichtung. Männlichkeit, Naturwissenschaftler und der nukleare Rüstungswettlauf, Reinbek 1986.

¹⁰ Zum Beispiel Erhard Stölting, Wissenschaft als Produktivkraft – Die Wissenschaft als Moment des gesellschaftlichen Arbeitsprozesses, München 1974.

¹¹ Zitiert nach Jean-Jacques Salomon, Forschung und die Verantwortung des Wissenschaftlers in unserer Gesellschaft, in: Friedrich Cramer (Hrsg.), Forscher zwischen Wissen und Gewissen, Berlin u. a. 1974, S. 81–93.

¹² Hubert Markl, Wissenschaft zur Rede gestellt. Über die Verantwortung der Forschung, München 1989.

¹³ Die Vereinigung Deutscher Wissenschaftler e. V. hat sich bei ihrer Jahresversammlung 1988 systematisch mit der Wirkungsforschung und der demokratischen Verantwortung für die Wissenschaft beschäftigt. Der Berichtsband: Demokratische Verantwortung für Wissenschaft – ja. Aber wie?, hrsg. von A. Falter und G. M. Füllgraff, erscheint demnächst bei Campus, Frankfurt a. M.

¹⁴ Vgl. dazu Klaus Michael Meyer-Abich, Wissenschaft für die Zukunft.

Holistisches Denken in ökologischer und gesellschaftlicher Verantwortung, München 1988; ebenso Hartmut Bossel/Wolfhart Dürrschmidt, Ökologische Forschung, Wege zur verantworteten Wissenschaft, Alternative Konzepte, Bd. 35, Karlsruhe 1981; Udo Ernst Simonis, Lernen von der Umwelt, Berlin 1988.

[15] Thomas S. Kuhn, Die Struktur wissenschaftlicher Revolutionen, Frankfurt 1973.

[16] Georg Picht, Ist Humanökologie möglich?, in: Constanze Eisenbart (Hrsg.), Humanökologie und Frieden, Stuttgart 1979, S. 24.

[17] Ilya Prigogine, Vom Sein zum Werden, München 1979; Ilya Prigogine/Isabelle Stenges, Dialog mit der Natur, München 1980.

[18] C. F. von Weizsäcker, Aufbau der Physik, München 1985.

[19] Humberto R. Maturana/Francisco J. Varela, Der Baum der Erkenntnis, Bern 1987.

[20] Gregory Bateson, Geist und Natur. Eine nowendige Einheit, Frankfurt a. M. 1984.

[21] Fritjof Capra, Wendezeit, a. a. O.

[22] David Bohm, Die implizite Ordnung. Grundlagen eines dynamischen Holismus, München 1985.

17. Kapitel

FREIHEIT DER TÄTIGKEIT

„Arbeit"

„Arbeit" ist eines der großen Themen der Politik ebenso wie der
Anthropologie. Es wäre ganz und gar unangebracht, dieses ebenso ge-
wichtige wie konfliktreiche Thema im Rahmen eines umweltpolitischen
Buches systematisch abzuhandeln. Was allenfalls gelingen kann, ist, die
Verbindungslinien zwischen Arbeit und Umwelt aufzuzeigen. Bereits
dieses Vorhaben führt unvermeidlich dazu, den heute gebräuchlichen
Arbeitsbegriff in Frage zu stellen. Denn die gebräuchliche Form von
Arbeit ist fast unentwirrbar mit der Art von Naturzerstörung verbun-
den, die zu Beginn dieses Buches beschrieben wurde.

Arbeit dient der Aneignung von Werten der Natur durch den Menschen. In vielen traditionellen Agrarkulturen war dies weitgehend ohne
Naturzerstörung möglich (vgl. Kapitel 7). Aber die Produktivität der
Arbeit war gering. Sie reichte nur für eine verhältnismäßig geringe Bevölkerung und einen bescheidenen Lebensstandard aus.

Es ist gut verständlich, daß die moderne Ökonomie seit Adam Smith
die Produktivitätserhöhung der menschlichen Arbeit in den Vordergrund stellte. Als Voraussetzung für diese Produktivitätszunahme
wurde die Arbeitsteilung entdeckt. Die Nutzung moderner Techniken
verlangte Fabriken, in welche die Arbeiter gehen oder fahren mußten,
und Spezialisten, die der Bauernhof und das Dorf weder ausbilden noch
halten konnten. So bedeutete die Entstehung der modernen ökonomischen Arbeit zugleich ein Auswandern der Arbeit aus dem Subsistenz-
zusammenhang (vgl. auch Kapitel 8).

Für die der Subsistenz-Kreislaufwirtschaft entrissene Industrieproduktion mußten in großem Umfang Rohstoffe gewonnen werden. Die

„Arbeit" bestand folglich in der früh- und hochindustriellen Entwicklungsphase zum überwiegenden Teil in der Erschließung, Gewinnung und Aufbereitung von Rohstoffen.

Arbeitsteilige Wirtschaft und industrielle Arbeit brachten Wohlstand, Macht und ein ganz neues Selbstwertgefühl für den Menschen. Die Parole „Gott ist tot", die Glorifizierung der Maschinen, das politische Selbstbewußtsein der Arbeiterschicht, die Kolonisierung der Welt, die hemmungslose Suche nach Bodenschätzen (Goldgräbermentalität) und die schleichende Entwertung der Subsistenzarbeit – das sind alles verschiedene Facetten des Fortschrittsgefühls, welches die große Zeit der Industrialisierung kennzeichnete. Daß dabei verschiedene Gruppen der Gesellschaft in höchst unterschiedlichem Maße profitierten, die Kapitaleigner mehr als die Arbeiter, die Stadt mehr als das Land, die Männer mehr als die Frauen, sei nur am Rande vermerkt. Auf jeden Fall bildete sich – vor allem seit die Arbeiterbewegung das Geschehen mitzubestimmen begann – ein *positiver Klang des Begriffes der Arbeit* heraus. Und gemeint war fortan fast nur noch die *Erwerbsarbeit*. Die alten Formen der Arbeit, die bäuerliche, die hausfrauliche und sogar die handwerkliche, verloren an realem Gewicht und Ansehen. Bauern und Handwerker behielten noch eine stille, mittelständische Rolle. Die häusliche Arbeit wurde dagegen, zumal von der sozialistisch geprägten Wissenschaft, zur „Reproduktion" herabgewürdigt. Die Reproduktionssphäre, Schlafen, Essen, Liebe, Kinder, wurde zum Zulieferbetrieb für die *„eigentliche"* Produktion. Und genauso erging es der Natur.

Die selbstverständlichen und schonenden Naturbeziehungen in der menschlichen Arbeit wurden zurückgedrängt. Nicht nur, daß sich der industrielle Sektor ausdehnte. Selbst für den Bauern wurde die Betriebslehre wichtiger als die Bodenschonung. Der Handwerker hatte keine Zeit mehr, sich in sein Werkstück zu vertiefen. Die Hauswirtschaft wurde von Jahreszeiten und haushälterischem Umgang mit den Rohstoffen immer unabhängiger. In dieser Fortschrittswelle konnte sich die angestammte Umweltverträglichkeit der Arbeit nicht halten.

Somit gibt es starke ökologische Gründe, den Charakter der heutigen Erwerbsarbeit zu hinterfragen.[1] Daneben gibt es auch soziale Gründe für eine Kritik am heutigen Verständnis von „Arbeit":

(1) Arbeit zu *haben* ist heute faktisch ein Privileg. Mehr als die Hälfte aller arbeitsfähigen und erwerbsarbeitswilligen Menschen auf der Welt hat heute keinen regulären Job. Über diesem erschreckenden Faktum

kann man nicht einfach zur Tagesordnung übergehen und die Arbeitslosen auf die nächste Konjunktur vertrösten. Zu wichtig ist für das
Leben und Selbstwertgefühl von Menschen die Frage, ob sie Erwerbsarbeit haben oder nicht.

(2) Die menschliche Tätigkeit ist heute nur noch zu einem mengen-
mäßig untergeordneten Teil durch die berufliche Arbeit bestimmt. Bei
38,5 Wochenstunden, sechs Wochen Jahresurlaub, durchschnittlich zwei
Wochen Krankhcit, Sonderurlaub und gesetzlichen Feiertagen pro Jahr
und 40 Berufsjahren arbeitet der/die deutsche Arbeitnehmer(in) nur
noch etwa ein Siebtel der Wachzeit oder ein Zehntel der Lebenszeit im
Beruf. Sechs Siebtel der Wachzeit sind anderen Tatigkeiten gewidmet.
Auch wenn man die Fahrtwege von und zur Arbeit und die berufliche
Ausbildung noch der „Arbeit" zuschlägt, überwiegen immer noch bei
weitem die nichtberuflichen Tätigkeiten.

(3) Waren früher, etwa zur Zeit der deutschen Namengebung, die
Berufe (z. B. Müller, Schmied, Schneider) noch von einer Art, daß sie
einen Menschen sowohl ausfüllten als auch kennzeichneten, so sind
heute die Erwerbstätigkeiten (insbesondere von Frauen) oft nur kurzzei-
tig übernommene Jobs und nur sehr eingeschränkt ausfüllend. Der/die
Leser(in) überlege einmal, ob er/sie, wenn die Namengebung heute
stattfände, den momentan ausgeübten Beruf als Namen einsetzen
wollte (z. B. Programmierer, Phonotypistin, Kassiererin).

(4) Und vor allem: Auch heute noch wäre die offizielle, auf Erwerbsarbeit fußende Ökonomie *vollkommen hilflos*, wenn es nicht weiterhin
den informellen Sektor gäbe. Schlafen, Essen, Lieben, Kinder sind
eben *nicht* entbehrliche Zulieferungen, sondern die völlig unersetzliche
Grundlage allen menschlichen Lebens. Die oberflächliche Wirtschafts-
lehre hat eine empörende Tendenz, diese Tatsache zu verdrängen.

Aus all diesen Gründen ist es sicherlich erlaubt, auch im Rahmen der
Realpolitik das Tabu, welches die heutige Form von Erwerbsarbeit um-

L	E	ᴀʀBᴇɪᴛ	E	N	S
	Z	E	I	T	

Abb. 50: Arbeit und Zeit. (IEUP, Bonn.)
Nur etwa $\frac{1}{10}$ unserer Lebenszeit – oder $\frac{1}{7}$ unserer Wachzeit – verbringen wir mit
Erwerbsarbeit.

gibt und schützt, zu brechen und über Zukünfte nachzudenken, in welchen der Wohlstand viel weniger ausschließlich am *Haben* eines Arbeitsplatzes und an der Produktion der offiziell erfaßten Ökonomie hängt.[2]

„Wohlstand"

In Kapitel 10 hatte ich Christian Leipert erwähnt, der uns viele Erscheinungsformen von Scheinwohlstand vorführt. Das bekannteste Beispiel: Zwei Autos fahren auf der Landstraße friedlich aneinander vorbei, nichts passiert, und sie tragen beide nur minimal zum Bruttosozialprodukt bei. Aber dann passiert es, der Lenker des einen Autos paßt nicht auf, gerät auf die Gegenfahrbahn und verursacht mit einem inzwischen anrollenden dritten Auto einen schweren Verkehrsunfall. Da freut sich das Bruttosozialprodukt und klettert sprunghaft nach oben: Rettungshubschrauber, Ärzte, Krankenschwestern, Abschleppdienst, Autoreparatur oder Neukauf, Rechtsstreit, Verwandtenbesuche zu den Unfallopfern, Ausfallgeld, Versicherungsagenten, Zeitungsberichte, Alleebaumsanierung, all das sind beruflich erfaßte Tätigkeiten, die bezahlt werden müssen. Und Wert hat in der gängigen Wirtschaft nur, was bezahlt wird. Auch wenn kein Beteiligter einen Gewinn an Lebensqualität und einige einen großen Verlust haben, so steigt doch der Wert unseres „Wohstands", den das Bruttosozialprodukt angibt.

Die Rechtfertigung für das Bruttosozialprodukt heißt, daß schlimme Ereignisse wie Unfälle nun einmal ein Teil unseres Lebens sind und sich nicht durch Wirtschaftsplanung aus der Welt schaffen lassen. Aber das ist nur ein Teil der Wahrheit. Erstens gibt es verschieden unfallträchtige Lebensweisen und Verkehrsmittel. Und zweitens gibt es auch planvolle Entscheidungen, die das Bruttosozialprodukt steigern, ohne daß sich damit notwendigerweise das Wohlergehen vermehrt. Hierfür soll das zweite Beispiel stehen:

Eine Mutter überlegt, ob sie ihr Neugeborenes stillen will. Sie hat einen Job als Kassiererin, nicht sonderlich befriedigend, aber leidlich bezahlt. So stillt sie so schnell wie möglich ab, und das Kind wird auf Flaschen umgewöhnt. Fortan heißt es, Babynahrung kaufen, Fläschchen kochen und nachher sterilisieren. Nehmen wir als Idealfall an, daß der Mann das alles machen kann und will. Die eigentlichen Kosten kommen dennoch, z. B., das Kind wird wegen Mangel der mütterlichen

Abb. 51: Alle verlieren, aber das Bruttosozialprodukt steigt bei einem Verkehrs-unfall.

Abwehrstoffe krankheitsanfälliger, hat häufig Bauchweh und raubt bei-den Eltern den Schlaf. Laufende Arztbesuche folgen, vielleicht eine Kur. Und Tagesmutter oder Kinderkrippe müssen bezahlt werden. Dem Bruttosozialprodukt, das vom Bauchweh und den schlaflosen Nächten nichts merkt, hätte nichts Besseres passieren können als die Entschei-dung der Mutter für den Beruf.

Das Bruttosozialprodukt mißt im wesentlichen all das, was mit Er-werbsarbeit erwirtschaftet oder saniert wird. Die genannten Beispiele beweisen, daß ein Weniger an Bruttosozialprodukt oder an Erwerbs-arbeit mit einem Mehr an tatsächlichem Wohlergehen und Lebensbe-friedigung verbunden sein kann. *Kleinkindern und der Umwelt geht es dann am besten, wenn sie im Bruttosozialprodukt (fast) gar nicht in Er-scheinung treten.*

Sollte es gelingen, systematisch mehr Umweltqualität, weniger Krankheit und weniger Zerstörung mit weniger Erwerbsarbeit zu errei-chen, so hätte man offenbar mehr Wohlergehen oder auch *mehr Wohl-*

stand mit weniger Bruttosozialprodukt erreicht. Um zu einem solchen Ziel zu kommen, ist zweierlei empfehlenswert:

(1) In der Definition von Wohlstand sollten all die negativen oder bloß „defensiven" Leistungen fehlen, so daß eine Art „Nettowohlstand" gemessen wird.[3]

(2) Menschliche Tätigkeiten, die dem Nettowohlstand nützen, sollten einander sozial und (wo das möglich ist) finanziell gleichgestellt werden, unabhängig davon, in welchem Maße sie professionalisiert sind.

Die Definitionsfrage kann ich in diesem Buch nicht vertiefen. Zur Frage der Anreize zur Erhöhung des Nettowohlstands nur eine knappe Erörterung:

Die bisherige Politik und Kultur der Anreize dient fast ausschließlich der Erhöhung des Bruttowohlstandes. Die Renten berechnen sich nach den Erwerbsjahren. Das Babyjahr ist die erste erfreuliche Abweichung von der alten Auffassung, auch wenn damit das *Prinzip* der Erwerbsjahre noch nicht berührt wird. Das soziale Ansehen (auch ein Anreiz, und zwar ein sehr starker) liegt eindeutig bei der Erwerbsarbeit, nicht beim Stillen, Gärtnern oder gar Schwarzarbeiten. Das Aus- und Fortbildungswesen ist völlig auf die Erlangung und den Erhalt der Erwerbstätigkeit zugeschnitten. Diese Einäugigkeit der Gesellschaft ist a) ungerecht gegen die Arbeitslosen (die ja nicht tätigkeitslos zu sein pflegen), b) ungerecht gegen Mütter, Hausfrauen und Hausmänner, c) ein Hindernis auf dem Weg zu einem umweltverträglichen Wohlstand. Der dritte Punkt ist die Kernaussage dieses Kapitels. Er wird im untenstehenden Abschnitt weiter vertieft.

Es läßt sich nun sehr wohl denken, daß staatliche Entscheidungen wie über das Rentensystem und das Bildungswesen das Schaffen von Nettowohlstand stärker betonen und belohnen als bisher. Gleichlaufend – und langfristig viel wichtiger – müßte unsere Kultur eine *Wahrnehmung* von Nettowohlstand entwickeln – oder wiederentdecken –, in welcher sich das soziale Ansehen und das subjektive Glücksempfinden von menschlicher Tätigkeit nach deren ökologischer und sozialer Zuträglichkeit und nicht nach deren Beitrag zum Bruttosozialprodukt richtet. Erwerbsarbeit und Eigenarbeit[4] müßten wieder gleichwertig werden.

Umweltschutz und Eigenarbeit

Unter Umweltschutz stellt man sich hierzulande große Anlagen und große Investitionen vor. Staat und Industrie fördern diese Vorstellung. Man darf ja auch stolz sein auf die Multimilliardenbeträge, die in den Umweltschutz geflossen sind und weiter fließen. Da werden auch Arbeitsplätze zu Hunderttausenden geschaffen, viele davon für den Export (vgl. den Abschnitt „Erwerbsarbeit und Umwelt" gegen Ende dieses Kapitels). Im Rahmen des heutigen Wirtschaftssystems ist die Vermehrung des Umsatzes durch professionellen Umweltschutz „gut". Die umgekehrte Strategie, einen großen Teil der Schäden gar nicht erst entstehen zu lassen und dann weniger für den Umweltschutz ausgeben zu müssen, bedeutet dagegen weniger Umsatz, weniger Verdienst, weniger Arbeit, geringeres Bruttosozialprodukt und ist insofern „schlecht".

In Wirklichkeit könnte eine solche Gesundschrumpfung für das reale Wohlergehen unserer hochtechnisierten Gesellschaft durchaus zuträglich sein, sofern sie nur technisch machbar ist. Es gibt noch viel zuwenig Erfahrung darüber, ob die Schrumpfungsstrategie irgendeinen wirklich nennenswerten Erfolg haben kann (zu sehr ist man allerorten mit der gegenteiligen Strategie beschäftigt). Für die Erdpolitik ist es unerläßlich, diese Erfahrungen zu gewinnen. Ansatzweise soll versucht werden, ein paar Beispiele für ein ökologisch und sozial zuträgliches Gesundschrumpfen zu geben und anschließend zu spekulieren, wie sich die menschliche Tätigkeit in einer Strategie des Gesundschrumpfens fortentwickeln würde.

1. *Energie*: In Eigenarbeit kann ein bedeutender Teil der Wärmedämmung eingebaut werden. Der Energiebedarf sinkt, das Bruttosozialprodukt sinkt, das Wohlergehen nimmt zu. Das Installieren von Sonnenpaneelen auf dem Dach, Warmwasser durch passive Solarenergie, Wärmepumpen, Biogasanlagen mögen einen potentiellen Eigenarbeitsanteil von 30 % enthalten, fühlbar mehr als die Energie aus der Steckdose oder dem Öltank. Und wenn sie installiert sind, bringt die Selbstversorgung eine Abnahme des Fremdbedarfs mit sich. Falls die Anschaffungen und Installationen mit ihren Kapitalkosten nicht mehr als 30 % teurer sind als die durch die ersetzte Fremdenergie, sinkt das Bruttosozialprodukt erneut, aber das Ergebnis ist gut für Umwelt und Wohlergehen. Bei Bauernhöfen mit garantierter Menge „Rohstoff" für die Biogasanlage kann die Rentabilität der Energie-Eigenversorgung selbst bei

den heutigen, viel zu niedrigen Fremdenergiepreisen gut erreicht werden.

2. *Gesundheit*: Gesundes Leben, Kräuterkunde und Laienheilkunde waren die einzig sichere Basis für die Gesundheit in Jahrtausenden. Die Medizin war für den Krieg, schwere Unfälle und einzelne Krankheiten da. Aber die Lebenserwartung war gering. Hygiene, Medizin und gute Ernährung haben die Lebenserwartung sehr vergrößert. Aber heute wird mit ziemlicher Sicherheit zuviel an uns herumgedoktert (durchaus im Einverständnis mit den meisten Patienten). Eine Rückführung von sagen wir 30 % der heute professionell-medizinischen Leistungen in die Eigenarbeit hinein scheint keine übertriebene Hoffnung. Wieder ein böser Schlag für das Bruttosozialprodukt, aber nicht für das Wohlergehen der Mehrheit. Und indirekt eine gute Sache für die Umwelt, einerseits, weil man dann viel mehr auf die Umwelt und gesundes Leben achtet, und zweitens, weil ein sicher spürbarer Teil des energieaufwendigen, umweltschädlichen Medizinbetriebs eingespart werden kann.

3. *Pflege*: Das Abdrängen aller Alten und Kranken in Pflegeheime oder „Seniorenwohnsitze" ist unwürdig und überflüssig. Wenn Familien wieder mehr Zeit haben, können sie ältere und kranke Menschen ohne weiteres im Durchschnitt drei Jahre länger vor der Isolierung im Altenheim bewahren. Der Nutzen für die Umwelt ist ähnlich wie bei der Gesundheit.

4. *Reparaturen*: Der notwendige Abschied von der Wegwerfgesellschaft führt zurück zum Reparieren, nicht nur durch professionelle Handwerker und Techniker, sondern auch durch Laien in Eigenarbeit. Auch dies heißt weniger Bruttosozialprodukt und bessere Umwelt.

Freiheit der Tätigkeit

Man soll die Eigenarbeit nicht zur Ideologie hochstilisieren, und man soll von ihr keine Wunderdinge erwarten. Insbesondere in den Entwicklungsländern kann man aber lernen, daß Subsistenz und Eigenarbeit schutzbedürftig sind. Für die soziale Gerechtigkeit bei den am wenigsten Begüterten ist dieser Schutz lebenswichtig. In unseren wohlhabenderen Ländern geht es darum, diejenige Eigenarbeit zu schützen und zu ermöglichen, die den *Wünschen* und Fähigkeiten der Menschen entgegenkommt. Auch die Berufsausübung ist natürlich ein intensiver Wunsch vieler Menschen. Gesamtgesellschaftlich muß unter den Wünschen der vielen Millionen Menschen eine Art Optimum gefunden werden. Ich möchte zur Erleichterung der schwierigen Zielfindung die politische Forderung nach einer „Freiheit der Tätigkeit" bzw. einem „Recht auf Eigenarbeit" aufstellen.[5]

Im Grundsatz gibt es das Recht auf freie Berufswahl (Artikel 12 GG). Aber es gelingt nur noch einer Minderheit, überhaupt einen Beruf zu ergattern, der diesen Namen verdient. Und die, die zu den Glücklichen gehören, widmen dem Beruf nach der Rechnung von Seite 252 nur noch ein Siebtel ihrer Wachzeit. Die Freiheit der Berufswahl ist für die Mehrzahl der Bevölkerung zu einem verhältnismäßig uninteressanten Recht verkommen, was nicht heißt, daß sie nicht ein unbedingt zu verteidigendes Gut bleibt. Gibt es etwas, was die sich langsam vergrößernde Lücke füllen kann? Es könnte die „Freiheit der Tätigkeit" sein.

Tätigkeit umfaßt Berufstätigkeit, Eigenarbeit, Schattenarbeit[6], Schwarzarbeit, Sport, Bildung und vielleicht noch mehr. Tätigkeit kann bezahlt oder unbezahlt, befriedigend oder unbefriedigend, legal oder illegal, produktiv oder unproduktiv sein. Die Freiheit der Tätigkeit soll auch die Freiheit zur Untätigkeit mit umfassen, wo diese nicht sittenwidrig ist (z. B. unterlassene Hilfeleistung). Bewußt belasse ich der Tätigkeit ihren neutralen Beiklang, anders als Ralf Dahrendorf, der die „Tätigkeit" uneingeschränkt positiv versteht und sie der negativ verstandenen „Arbeit" (Marx' „Reich der Notwendigkeit") gegenüberstellt.[7]

Freiheit der Tätigkeit bedeutet dann
– die Freiheit der Bildung und Ausbildung;
– die Freiheit der Berufswahl;
– die Freiheit zur periodischen, teilzeitigen und punktuellen Berufstätigkeiten;
– die Freiheit zu steuerfreier bezahlter Nachbarschaftshilfe (in einem näher zu definierenden Sinne);
– die Freiheit zur Selbstversorgung.

Keine dieser Freiheiten bedeutet ein einklagbares Anrecht (sowenig wie Artikel 12 GG Beschäftigung garantiert). Jede der Freiheiten muß durch die Rechte anderer eingeschränkt sein. Insbesondere muß der Verbraucher- und Klientenschutz neu gefaßt werden. Aber er braucht nicht durchweg die schematische Striktheit des heutigen industriellen

Verbraucherschutzes zu haben. Ob man eine von zwei Millionen Sauer-
krautdosen kauft oder den Lauch vom Nachbarn oder die Eier vom
nächstgelegenen Bauernhof, macht einen großen Unterschied. Eine
Botulinusvergiftung aus einer Dose aus der Massenfertigung ist einen
Aufschrei der Empörung, einen Sturm im Blätterwald, das Rückholen
der ganzen Produktion wert. Mit Recht sind hier die Gesetze streng, die
Kontrollen scharf. Eine gleichschwere Vergiftung beim Kunden der
Direktvermarktung hingegen ist ein lokales Ereignis, das die weitere
Öffentlichkeit nicht zu interessieren braucht. Auch hier müssen Regeln
gelten, aber das existierende Zivil- und Strafrecht sowie die Minimal-
regeln der landwirtschaftlichen Hygiene und des Umgangs mit Agrarchemikalien genügen.

Zum heutigen Zeitpunkt kann man über so kontroverse Vorschläge
wie die Steuerbefreiung von bezahlter Nachbarschaftshilfe, die heute ja
als Schwarzarbeit bezeichnet würde, nicht konkret verhandeln. Es kann
heute nur darum gehen, mögliche Richtungen der gesellschaftlichen Be-
handlung von Arbeit diskussionsfähig zu machen.

Die Freiheit zu teilzeitigen und punktuellen Berufstätigkeiten kann
bedeuten, daß man sich individuelle Berufsmenüs zusammenstellt. Vorausgesetzt ist, daß auf dem Arbeitsmarkt ein entsprechendes Angebot
besteht. Die Berufsverbände der Hauptberuflichen einschließlich der
Gewerkschaften sehen so etwas nicht gerne. Ihre berechtigten Interessen (Sicherung der Qualität der Berufsausübung, Schutz des einzelnen
durch den Berufsverband, politische Stärke gegenüber dem Arbeitge-
berlager) können aber durchaus gewahrt bleiben, wenn die unberechtig-
ten Interessen (Unterdrückung unerwünschter Konkurrenz) untergehen.

Die Freiheit zur Selbstversorgung richtet sich ebenfalls gegen bestimmte Monopolansprüche des Staates oder der Berufsverbände.
„Führerschein statt Kraftfahrermonopol" heißt die Devise. In den Bereichen Gesundheit, Ernährung, Erziehung, Sozialdienste, Handwerk,
Energieversorgung, Umweltschutz, Materialwirtschaft kann der Selbst-
versorgungsgrad, wie oben beispielhaft erläutert, beträchtliche Prozentsätze erreichen. Freiwilligkeit wird selbstverständlich vorausgesetzt.
Der Staat (oder das Schulwesen, das Gesundheitswesen, die Stadtwerke) brauchen für ein gerechtes und gesundes Sozialwesen nur in
wenigen Bereichen (z. B. Polizei, Gerichtsbarkeit) einen Monopol-
anspruch aufrechtzuerhalten. Bestimmte als unerläßlich angesehene
Normen („Führerschein") können gleichwohl durchgesetzt werden.

Läßt man sich auf den durch die „Freiheit der Tätigkeit" bezeichneten Weg ein, so löst man zwar einige Probleme, aber man handelt sich andere ein. Insbesondere ist mit Sicherheit anzunehmen, daß dieser Weg zu weniger Erwerbsarbeit und insofern zu mehr „Arbeitslosigkeit" im herkömmlichen Sinne führt. Wenn ein bestimmter Teil der in der Gesellschaft erbrachten Leistungen nicht mehr von der im Sozialprodukt gemessenen Wirtschaft, sondern in Eigenarbeit und Nachbarschaftshilfe erbracht wird, schrumpft die gemessene Wirtschaft. Aber wenn die Forderung der Freiwilligkeit eingehalten und keine neue soziale Ungerechtigkeit eingeführt worden ist, dann wird in der neuen Situation der Gesamtwohlstand nicht geringer sein.

Wie geht das auf? „Arbeitslosigkeit" und doch kein Wohlstandsverlust? Nun, es ist, wie so häufig, ein Verteilungsproblem. Weniger Erwerbsarbeit muß ja nicht heißen, daß irgendeine Person zusätzlich erwerbsarbeitslos wird. Es muß statt dessen eine *durchschnittliche* Erwerbsarbeitszeitverkürzung in dem Umfang durchgesetzt werden, der dem „Verlust" an Erwerbsarbeit entspricht. Eine *schematische* Arbeitszeitverkürzung über alle Branchen und Qualifikationsstufen hinweg wäre wohl höchst unökonomisch. Es gäbe aber auch keine so starken Gerechtigkeits- bzw. Solidaritätsgründe mehr wie heute, die Verkürzung schematisch für alle durchzusetzen. Wenn der nicht über den Arbeitsmarkt vermittelte Arbeitsbereich (Eigenarbeit, Nachbarschaftsarbeit, politische Arbeit und idealistische Arbeit) ökonomisch und kulturell aufgewertet wird, verstärkt sich das Bedürfnis vieler Menschen nach „Freiheit der Tätigkeit", also individuellen Arbeitsmustern. Da die soziale Sicherung von der offiziell vermittelten Erwerbsarbeit stärker abgekoppelt wäre, braucht von vergrößerten Eigenarbeitsanteilen auch kein sozialer Abstieg befürchtet zu werden. In dieser Lage würde es den Gewerkschaften und vor allem ihren Mitgliedern schwererfallen, sich dem Arbeitgeberwunsch nach Flexibilisierung der Arbeitsverhältnisse zu verschließen.

Was auf dem Eigenarbeits- und Nachbarschaftssektor an Werten geschaffen wird, muß eben bei der Bemessung der sozialen Sicherung in Rechnung gestellt werden. Das bedeutet zweierlei: erstens Rentenansprüche auch für Eigenarbeitsleistungen (Modell Babyjahr), zweitens eine durchschnittliche Verlangsamung des Anstiegs von Rentenansprüchen, dafür aber evtl. andere Erleichterungen (Modell kostenlose Telefoneinheiten). Man kann nicht insgesamt weniger von seiner Arbeitskraft der gemessenen Volkswirtschaft widmen und nachher gleich viel oder mehr aus ihr in Form von finanziellen Sozialleistungen herausquetschen.

Es ist unmöglich, die hochkontroverse Diskussion um Flexibilisierung, Schwarzarbeit und Wohlstand bei langsamer wachsendem oder gar zurückgehendem Bruttosozialprodukt in einem halben Kapitel angemessen abzuhandeln. Es schien andererseits unmöglich, über eine langfristige Umweltpolitik zu schreiben, ohne auch die tiefgreifenden Streitfragen um das Thema Arbeit wenigstens zu berühren.

Erwerbsarbeit und Umwelt

Im überkommenen Verständnis von Arbeit als Erwerbsarbeit spielt die ökologische Wende schon heute eine bedeutende Rolle. In der Bundesrepublik sind heute rund 300000 Menschen beruflich im Umweltschutz tätig. Die Tendenz ist weiter steigend. Im Sinne dessen, was in Kapitel 15 über die Technologien für das Jahrhundert der Umwelt gesagt wurde, könnte die steigende Tendenz sogar langfristig stabil sein, sofern man auch die präventiven Leistungen mitzählt.

Es gibt aber auch Vorstellungen, die Entwicklung künstlich stark zu beschleunigen, z. B. durch ein „Sonderprogramm Arbeit und Umwelt"[8] oder einen „Ökoplan"[9]. Die Grundidee ist, staatlicherseits Erwerbsarbeitsplätze für den Umweltschutz zu schaffen und entweder das dafür nötige Geld durch höhere Besteuerung der Verschmutzer einzutreiben oder in Keynesianischer Manier Schulden zu machen, die man später durch höhere Staatseinkommen zu begleichen hofft. Eine dritte, etwas konventionellere Strategie besteht darin, daß man die Umweltgesetzgebung so verschärft, daß die Privatindustrie gezwungen wird, noch mehr Menschen im Umweltschutz einzusetzen.

Alle drei Strategien sind nach gängiger Volkswirtschaftslehre – sofern sie im nationalen Alleingang gemacht werden – aufgrund der außenwirtschaftlichen Konkurrenzsituation wirtschaftspolitisch verkehrt. Anders: Wenn man mit außenwirtschaftlich besser durchhaltbaren Strategien annähernd gleich viel Umweltschutz erreichen kann (z. B. einer Umweltsteuer, die die Gesamtbesteuerung nicht erhöht), so sind diese wegen ihrer Durchhaltbarkeit auch ökologisch vorzuziehen. Das spricht natürlich nicht dagegen, daß der Staat zur raschen Abwendung von bestimmten Gefahren zusätzliches Geld für den Umweltschutz einsetzt. Und noch viel weniger spricht das gegen eine Haushaltsumschichtung von der Rüstung oder dem Straßenbau oder der Subventionierung von Agrarüberschüssen hin zum Umweltschutz. Zusätzliche Erwerbsarbeitsplätze im Umweltschutz sind sicherlich noch zehn Jahre lang eine Notwendigkeit.

Man soll sich aber langfristig weder im staatlichen noch im privaten Sektor übertriebene Hoffnungen auf Arbeitsplätze im nachsorgenden Umweltschutz machen. Wenn die in diesem Buch vertretenen Strategien der wirtschaftsverträglichen ökologischen Umsteuerung wirklich greifen, dann wird die Zahl der abgrenzbaren Umweltschutzarbeitsplätze wieder *abnehmen*! Denn dann wird die größte Umweltschutzleistung in der Vermeidung von Schäden durch Prozeß- und Verhaltensänderung bestehen. Und viele dieser Leistungen werden nicht einmal im Rahmen der Erwerbsarbeit erbracht!

Anmerkungen

[1] Die beste Analyse der Arbeit in ihren ökologischen Zusammenhängen scheint mir das Buch von Irene Schöne darzustellen: Ökologisches Arbeiten. Zur Theorie und Praxis ökologischen Arbeitens als Weiterentwicklung der marktwirtschaftlich organisierten Arbeit, Wiesbaden 1988.

[2] Vgl. dazu das von Willy Bierter u. a. entwickelte Szenario, in welchem die Autoren eine Rückschau aus dem Jahre 2008 auf die Wirtschafts- und Arbeitswelt halten. Willy Bierter et al., Keine Zukunft für lebendige Arbeit?, Stuttgart 1988.

[3] Ch. Leipert, Folgekosten des Wirtschaftsprozesses – Volkswirtschaftliche Gesamtrechnung, IIUG rep. 87–22, Berlin 1987.

[4] Zur Definition von „Eigenarbeit" siehe Christine und Ernst Ulrich von Weizsäcker, Recht auf Eigenarbeit statt Pflicht zum Wachstum, in: Scheidewege 9 (1979), S. 221–234; verändert abgedruckt in: Joseph Huber (Hrsg.), Anders arbeiten – anders wirtschaften, Frankfurt a. M. 1979; vgl. auch Rudolf Brun (Hrsg.), Erwerb und Eigenarbeit, Dualwirtschaft in der Diskussion, Frankfurt a. M. 1985.

[5] Ebd.; ferner: Christine und Ernst Ulrich von Weizsäcker, Freiheit der Tätigkeit, in: Jens Harms (Hrsg.), Über Freiheit, Arnoldshainer Schriften zur interdisziplinären Ökonomie, Bd. 8, Frankfurt a. M. 1984.

[6] Zur Definition von „Schattenarbeit" vgl. neuere Schriften von Ivan Illich,

z. B. „Genus", Reinbek 1983, S. 164–165 und 168–171. Schattenarbeit ist *nicht* Schwarzarbeit, sondern die unvermeidliche, oft unerfreuliche Zuliefererarbeit für die Erwerbsarbeit, z. B. die tägliche Fahrt zum Arbeitsplatz.

[7] Vgl. Ralf Dahrendorf, Arbeit und Tätigkeit – Wandlungen der Arbeitsgesellschaft, in: Heik Afheldt/Peter G. Rogge (Hrsg.), Geht uns die Arbeit aus?, Stuttgart 1983, S. 23–35.

[8] Vgl. z. B. Rudolf Hickel, Umweltschutz macht Arbeit. Ein Weg zu mehr Beschäftigung, in: Otto Huter u. a. (Hrsg.), Umweltschutz für uns. Das Handbuch zur ökologischen Erneuerung, Köln 1988, S. 180–199. Neuerdings hat Hickel auch die Gedanken der ökologischen Steuerreform im Sinne der Schaffung von Umweltarbeitsplätzen aufgenommen: Rudolf Hickel und Jan Priewe, Finanzpolitik für Arbeit und Umwelt, Köln 1989.

[9] Lutz Wicke/Ralf-Dieter Brunowsky, Der Öko-Plan. Durch Umweltschutz zum neuen Wirtschaftswunder, München 1984.

18. Kapitel

EIN NEUES WOHLSTANDSMODELL

Was war nochmal die Frage?

Wenn sich einer auf die Straße stellt (oder an ein Rednerpult) und redet von einem neuen Wohlstandsmodell, einem Modell mit *viel* weniger Naturverbrauch, dann setzt er sich dem Gelächter aus. Wir *haben* doch Wohlstand, tönt es ihm entgegen, und er vermehrt sich immer weiter. Wir haben doch verbindliche Umweltgesetze und ausgefeilte Genehmigungsverfahren. Wozu brauchen wir irgend etwas Anderes? Komme uns keiner mit Verzichtspredigten. So tönt es aus dem Munde der Realisten. Tatsache ist aber, daß ungeachtet aller Bekenntnisse zum Umweltschutz die konkreten Entscheidungen in der Wirtschaft sowie in Kommunen, Ländern, Bund und EG noch immer im Mittel auf *mehr* Verbrauch der Umwelt und der natürlichen Ressourcen hinauslaufen. Trotz aller Bekenntnisse zum Umweltschutz stehen wir noch fest und uneingeschränkt im Jahrhundert der Ökonomie. Die Forderung nach einem neuen Wohlstandsmodell, einem dauerhaften und ökologisch verträglichen Wohlstand widerspricht der heutigen Realität noch diametral. Und doch ist sie unabweisbar.

Zur Erinnerung: 3000 Quadratmeter Wald und tausend Tonnen Mutterboden verlieren wir sekündlich. Der Artentod grassiert. Ozonloch und Treibhauseffekt bedrohen uns. Und wir im Norden verbrauchen rund zehnmal soviel Energie, Wasser, Land und Rohstoffe pro Kopf wie die Entwicklungsländer. Eine Verfünffachung der weltweiten Verbräuche hält die Erde nicht aus. Es ist absolut zwingend, daß wir im Norden uns auf geringere Verbräuche einstellen. Die jetzige Form von Wohlstand, den wir für erreicht, für die Ausgangslinie künftiger goldener Zeiten halten, ist *nicht durchhaltbar*. Wenn wir diese banale Tatsache verdrängen, bereiten wir einen politischen und ökologischen Weltenbrand vor, gegen den der Zweite Weltkrieg wie ein Scharmützel wirken würde.

Wenn ich einen das Kriterium der Dauerhaftigkeit erfüllenden neuen Wohlstand fordere, dann spreche ich nicht von einem idyllischen, idealistischen Wunschtraum, sondern von einer äußerst ernsten Gefahrenabwehr. Den Ernst der Lage können wir nicht erkennen, wenn wir nicht über den nationalen Tellerrand hinausblicken. Erst der erdpolitische Horizont zwingt uns, den Ernst der Lage zu erkennen.

Aber wenn es so ernst um uns steht, warum verwende ich dann so konsequent das Wort „*Wohlstandsmodell*"? Warum rede ich nicht direkt von Umkehr und Verzicht? Meine Antwort ist ganz einfach: weil eine Halbierung oder Drittelung der Verbräuche an Energie, Wasser und Mineralien, Stillstand im Bodenverbrauch und ein konsequenter Übergang zu sauberen Technologien ohne Verzicht auf Wohlstand möglich ist. Und weil sich andererseits ein politischer Konsens zum Verzicht auf Wohlstand nicht rasch genug herbeiführen läßt. Aber den Verteidigern von Komfort und Wohlstand muß mit aller Schärfe klargemacht werden: *Wenn wir uns nicht rasch und gemeinsam auf den Pfad zu einem dauerhaften Wohlstand begeben, dann ist der verlust- und verzichtreiche Zusammenbruch der alten Wohlstandsidylle vorprogrammiert.*

Worin besteht das neue Wohlstandsmodell?

Wie sieht es aber aus, das neue Wohlstandsmodell? Die erste Antwort mag überraschen: Das „Modell" sieht überhaupt nicht aus. Es ist nicht ein Zustand, sondern ein Vorgang. Es ist der historische Wandlungsprozeß vom heutigen Verschwendungswohlstand zu einer neuen *Kultur.*

Die zweite Antwort ist rein äußerlich und ist eine Art Negativ-Definition, die nach dem bisher Gesagten fast selbstverständlich ist: Der neue Wohlstand, die neue Kultur ist durch eine rasche Verminderung der Verschmutzung und des Naturverbrauchs pro Kopf gekennzeichnet.

Die dritte Antwort, der Versuch einer Positiv-Definition, ist am schwierigsten. Nur Anhaltspunkte sind möglich. Jeder Leser mag zunächst versuchen, sich selbst vorzustellen, wie sich Wünsche und Lebensumstände verändern, wenn Heizöl, Autofahren, Fliegen, Fleisch, Kunststoffe, Aluminium und manches andere wesentlich teurer und Information, viele Dienstleistungen, Kultur deutlich billiger werden; wenn die Anbieter von Waren deren Haltbarkeit, Reparierbarkeit oder Rezyklierbarkeit preisen, wenn das öffentliche Verkehrsnetz im Nah- und Fernbereich bedeutend besser funktioniert (aber teuer bleibt); wenn Eigenversorgung und Eigenarbeit gefördert oder zumindest geduldet werden; wenn die Erwerbsarbeit flexibilisiert wird; wenn die ökologische Verödung des ländlichen Raums rückgängig gemacht wird und sich das Naherholungsgewerbe neue Verlockungen ausdenkt (was hat das für Auswirkungen auf die Urlaubsplanung?); wenn sich das Bildungswesen verstärkt auf neue Lebensstile einstellt und wenn neue Kommunikationstechniken alltäglich verfügbar sind.

Aus der Summe von Millionen individueller Antworten auf solche Fragen und aus deren laufender, zum Teil modischer Veränderung ergibt sich dann eine neue Kultur. Aber schon die Art der Fragen deutet an, daß es sich dabei nicht um einen tristen Marsch ins materielle Elend handelt, sondern tatsächlich um neue Formen des Wohlstands.

Um diese Aussage noch zu verstärken, spreche ich sogar ungeniert von *Luxus* im Jahrhundert der Umwelt. Durch die Umweltkrise wird der Wunsch nach Luxus ebensowenig verstummen, wie er durch die französische, russische oder chinesische Revolution verschwunden ist. Der Luxus wird aber ein ganz anderes Gesicht haben. Unter der Randbedingung, daß die Umwelt und die unwiederbringlichen Ressourcen geschont werden müssen, wird sich der Luxus mit einiger Sicherheit auf andere Gebiete verlagern. Exquisite Kunstgenüsse, exquisite Bildung und eine exquisite (aber ohne Natur-Raubbau auskommende) Küche scheinen ökologisch unbedenklich zu sein. Selbst Reiten, Segeln, gute Hotels und parkähnliche Grundstücke (mit hoher Artenvielfalt) sind nicht sonderlich umweltschädlich und könnten einer Luxuskaste von Genießern nicht weniger Vergnügen vermitteln als Rennfahrten im Maserati und mit Öl geheizte Schwimmbäder.

Es wird immer ein legitimes Ziel der *Gesellschafts*politik sein, den Luxus zu bekämpfen und den Bedürftigen zu helfen; aber des ökologischen Arguments kann sich die Gesellschaftspolitik nicht mehr so gut bedienen, wenn sich der Luxus ökologisch anpaßt.

Der private Luxus ist nur das grellste Merkmal von menschlichen Gesellschaften mit ungleicher Wohlstandsverteilung. Der tägliche Arbeitskomfort der Manager vom Kurzstreckenflug und dem Wagenpark bis zur klimatisierten, geräumigen Zimmerflucht im Büro und den Konferenzen in Verschwendungshotels ist nicht weniger umweltgefährdend als der private Luxus. Auch hier ist eine Umstellung nötig und wahrscheinlich. Im Vier-Sterne-Hotel werden die Minuten unter der heißen Dusche gezählt werden, während vielleicht der Konsum aus der Minibar oder die Telefoneinheiten in bestimmten Grenzen kostenlos werden. Für die Büroarchitektur werden umweltschonendere Alternativen wiederentdeckt, und die Benutzung von Flugzeugen und Autos wird auf das funktionale Minimum beschränkt.

Längerfristig ist es durchaus denkbar, daß sich die Vorstellung von Wohlstand und Luxus weitgehend vom *Verbrauch* von Natur abkoppelt. Unsere heutige Idee von Wohlstand und Luxus durch immer weiter wachsenden Konsum ist nicht nur ökologisch unhaltbar, sondern auch unter dem Gesichtspunkt der Bedürfnisbefriedigung äußerst fragwürdig. Die „Grenzen der Bedürfnisbefriedigung" hat der Kanadier William Leiss[1] aufgezeigt. Ivan Illich wird nicht müde, immer neue „Kontraproduktivitäten" in den Hamsterrädchen der Konsumgesellschaft und ihren Dienstleistungen aufzuzeigen.[2] Und eine Arbeitsgruppe um Klaus M. Meyer-Abich hat die Fehlleitung der Bedürfnisse in Deutschland analysiert.[3]

Das Feiern von Festen mit Freunden, die Erfüllung in geistigen, religiösen und künstlerischen Erfahrungen sowie die ästhetische Freude an einer sich regenerierenden Natur sind Formen der Befriedigung, die uns schon heute vertraut oder zumindest vorstellbar sind. Nichts spricht dagegen, daß sich die kulturelle Bedeutung solcher Erfahrungen verstärkt und daß neue hinzukommen, vorausgesetzt, daß die materielle Versorgung nicht insgesamt in Gefahr gerät.

Die ersten drei Antworten auf die Frage nach dem Gesicht des neuen Wohlstandsmodells sind weitgehend unpolitisch formuliert. Das darf nicht darüber hinwegtäuschen, daß die Frage in Wirklichkeit politisch höchst brisant ist.

Ökodiktatur im Jahrhundert der Umwelt?

Die vierte und vielleicht wichtigste Antwort auf die Frage nach dem Gesicht des neuen Wohlstands ist *politischer* Natur, und es ist eine aus der Besorgnis stammende *Forderung*. Es ist das klare Nein zur Ökodiktatur.

Die Mangelwirtschaft in Krieg oder Nichtkrieg war schon immer der ideale Ansatzpunkt für Diktaturen. Die freiheitliche Demokratie umgekehrt konnte sich am leichtesten dort ausbreiten, wo es genug zu verteilen gab. Die ökologischen Sachzwänge, die uns, ob wir es wollen oder nicht, in ein Jahrhundert der Umwelt hineinzwingen, wären ein geradezu idealer Vorwand für Staaten, Staatenbünde oder Wirtschaftsgiganten, eine Art Ökodiktatur zu errichten.

Diktaturen haben immer irgendeinen populären oder moralischen Grund gehabt oder herbeimanipuliert, der ihr totalitäres Auftreten legitimiert. Die im ersten Kapitel charakterisierten Jahrhunderte der Konfessionskriege, der Fürstenhöfe und der Nationalstaaten bieten jede Menge Anschauungsmaterial für diese Tatsache. Das erste Jahrhundert seit langem, in welchem die Ablehnung des Totalitarismus zum Prinzip erhoben wurde, ist tatsächlich unser jetziges. Aber eben um den Preis, daß mehr verteilt und versprochen wurde, als eigentlich da ist. Es wird ein großes Kunststück sein, die antitotalitären Prinzipien des Rechtsstaates, der Demokratie und der ökonomischen und kulturellen Entscheidungsfreiheit des einzelnen, welche dem Jahrhundert der Ökonomie seine Kraft verliehen haben, in eine Zeit hinüberzuretten, in welcher weniger zu verteilen ist.

Die Versuchung für den Staat wird groß sein, die begrenzten Ressourcen zu rationieren, das Wirtschaftsgeschehen im Detail zu lenken und von oben festzulegen, was Bürger „um der Umwelt willen" tun und lassen müssen. Experten für „Lebensqualität" könnten von oben definieren, was für Bedürfnisse befriedigt werden dürfen. Die Umweltverwaltung kann ihrerseits zur Megamaschine (Lewis Mumford) werden. Eine ökologische „schöne neue Welt" (Aldous Huxley) ist in Sicht. Und da die Umweltkrise weltweit ist, kann es theoretisch ganz leicht zur weltweiten Einigung auf totalitäre ökologische Prinzipien kommen. Der Ausweg der Emigration wäre verbaut.

Wie verhindert man die Ökodiktatur? Drei Wege müssen beschritten werden:

1. Wir müssen die ökologische Umsteuerung *rechtzeitig*, solange noch reichlich Freiheitsspielräume vorhanden sind und noch nicht alles der akuten Not untergeordnet ist, vornehmen.
2. Wir müssen unter den umweltpolitischen Instrumenten systematisch diejenigen fördern, die freiheitsförmig sind, und diejenigen zurückdrängen, die strukturell polizeirechtlich sind.

3. Wir müssen uns schon jetzt um Freiheitsräume kümmern, die unbedingt zu schützen sein werden, wenn die Zwänge und Nöte des Jahrhunderts der Umwelt zur alles beherrschenden Realität werden.

Die ersten beiden Wege sind Gegenstand dieses Buches in seinen ersten drei Teilen.[4] Der dritte Weg führt durch Neuland. Ich kann nur einige Stichworte dafür angeben, worauf zu achten sein wird:

- Die Menschenrechte heutiger Prägung dürfen nicht eingeschränkt werden.
- Die ökologische Begrenzung des Handelns soll sich in einem transparenten Handlungs*rahmen*, nicht in Detail- und Verhaltensvorschriften ausdrücken.
- Das Subsidiaritätsprinzip, nach welchem die höhere Ebene nur dort tätig wird, wo die untere dies braucht und möchte, muß ein staatlicher Grundpfeiler sein.
- Die Selbstversorgungsfähigkeit sollte gefördert werden. Auch ganze Dörfer, Stadtviertel oder Regionen sollten vor staatlicher Detailregelung oder wirtschaftlicher Abhängigkeit geschützt werden; dies bedeutet eine Einschränkung des Wirtschaftshandelns.
- Arbeitszeitmuster und Berufs„menüs" sollten verstärkt der individuellen Wahl überlassen werden.
- Rechtsstaat, Demokratie (einschließlich lokaler Demokratie) und die Begrenzung wirtschaftlicher Macht gewinnen zusätzliche Bedeutung.
- Antiuniformitätsbestimmungen für Produkte, Landschaften und das Bildungswesen sollten entwickelt werden.

All dies klingt auf den ersten Blick idealistisch. Für Leute von heute ist der harte Konkurrenzkampf um Marktanteile, um Exporte und technologische Vorsprünge die alles beherrschende Realität. Mit schönen Worten über Subsidiarität oder Berufsmenüs wird die Übernahme von Firmen durch japanische Banken oder das aggressive Marketing der „Vier Tiger" (Korea, Taiwan, Singapur und Hongkong) nicht abgewehrt. Wenn überhaupt, dann müßten solche hehren Prinzipien weltweit durchgesetzt werden.

Das ist sicher richtig, aber es muß einer den Anfang mit den neuen Prinzipien machen. Die nächste Aufgabe ist es dann, Bundesgenossen in Japan und anderswo zu finden. Die erdpolitischen Realitäten bereiten ja überall den Boden für Proteste, Neubesinnung und neue rechtliche und institutionelle Bedingungen. Zwei Ziele der weltweiten erdpolitischen Solidarität sollten im Vordergrund stehen: die Abrüstung sowie die einschneidende Begrenzung der Käuflichkeit von ökologisch relevanten Dingen wie Wäldern oder Land durch Kapital von außen.

Bildung und Kultur

Kultur und Bildung verändern sich über die Jahrhunderte. Sie prägen auch die Jahrhunderte. Viele unserer Wertvorstellungen beziehen wir aus den Schulen unserer „Kultur". Wenn wir jetzt auf das Jahrhundert der Umwelt zugehen und ein neues Wohlstandsmodell entwickeln wollen, dann müssen wir auch unsere Kultur weiterentwickeln und das Bildungswesen der neuen Aufgabe anpassen.

Das ist leichter gesagt als getan. Das heutige Bildungswesen ist weder inhaltlich noch strukturell auf die neue Aufgabe vorbereitet. Es ist nach Schulfächern und Disziplinen geordnet und hauptsächlich auf die Berufsqualifizierung ausgerichtet. Abfragbarkeit, Gerechtigkeit und objektive Leistungsmessung rangieren hoch. Erziehung zur Verantwortung ist zwar ein Ziel, aber der Hauptschulalltag, die Leistungskurse der Gymnasien oder die Berufsschulwirklichkeit lassen nur minimalen Spielraum für die Verfolgung des Ziels. Ökologische Inhalte werden von Biologie- und Geographielehrern vermittelt. Aber mit Feuchtbiotopsökologie und Lagerstättenkunde wird man den Herausforderungen der Umweltkrise nicht gerecht. Ganze Schulfächer müßten umdefiniert, die Zusammenarbeit von verschiedenen Fachlehrern erleichtert und die Lehrerbildung und -fortbildung von Grund auf reformiert werden. Berufsprofile jeglicher Art, Wissenschaftsverständnis und der Praxisbezug der Bildungseinrichtungen müßten generalüberholt werden. Der Erwachsenenbildung könnten faszinierende neue Aufgaben im Dienste der ökologischen Umgestaltung von Betrieben, Haushalten und Gemeinden zuwachsen.[5] Die Internationalität der Umweltkrise und der lokale Bezug der ökologischen Beobachtung bilden einen herausfordernden Spannungsbogen. Kein Schulfach, vielleicht mit Ausnahme von Sport, Musik und alten Sprachen, bleibt unberührt.

So aufreibend und ärgerlich eine solche erneute tiefgreifende Reformwelle sein mag – sie hat einen großen Vorteil, den frühere Bildungsreformen nicht in dem Maße hatten: Diesmal werden die *Schüler* mitmachen und nicht abseits stehen, geht es doch um ihre Zukunft.

Die Kultur im Jahrhundert der Umwelt dürfte sich grundlegend von der heutigen unterscheiden. Natur, Tiere und Pflanzen müssen – wie in vielen Religionen – einen Wert an sich darstellen. Sie müssen aus ihrer heutigen Rolle als bloße "commodity" (Ware, vom Wortstamm her auch „Bequemlichkeit"!) herausgehoben werden.

Eine Ästhetik der Vielfalt, der ökologischen Dauerhaftigkeit, der Langfristigkeit, der Langsamkeit, der Fehlerfreundlichkeit, der bewußten Grenzziehungen (und dennoch der weltweiten Zusammengehörigkeit), der Unverkäuflichkeit, der Eigenarbeit, der Allmende kann zum überlebenswichtigen Merkmal der Kultur im neuen Jahrhundert werden. Wertvorstellungen und monetäre Bewertung von Waren und Diensten könnten sich tiefgreifend verändern, und viele Dinge und Tätigkeiten werden der monetären Bewertung wieder völlig entzogen.

All dies ist aber keineswegs eine Vision des Rückschritts in mittelalterliche oder steinzeitliche Kulturen. Die Hochtechnologie, der Wohlstand, der weltweite und der kosmische Horizont gehen ja nicht verloren.

Mit diesen Andeutungen über die neue kulturelle Richtung, die Europa der Welt schuldet, endet dieses Buch über die Erdpolitik.

Die Erde verdient es, daß wir sie als unsere Heimat ansehen. Die Heimat, das wissen alle Kulturen, zerstört man nicht.

Anmerkungen

[1] William Leiss, The Limits to Satisfaction, University of Toronto Press, 1979.

[2] Z. B. Ivan Illich, Fortschrittsmythen (Schöpferische Arbeitslosigkeit – Energie und Gerechtigkeit – Wider die Verschulung), Reinbek 1983.

[3] Klaus M. Meyer-Abich/Dieter Birnbacher, Was braucht der Mensch, um glücklich zu sein. Bedürfnisforschung und Konsumkritik, München 1979.

[4] Es verdient insbesondere festgehalten zu werden, daß die „ökologische Steuerreform" (Kapitel III.2) unter den wirksamen Instrumenten das freiheitsförmigste zu sein verspricht.

[5] Eine bemerkenswerte Form der Erwachsenenbildung ist das gemeinsame Erarbeiten von Wunsch- und Planungsvorstellungen, wie sie z. B. Peter C. Dienel mit seinen „Planungszellen" oder Robert Jungk mit den „Zukunftswerkstätten" entwickelt haben. Im Raum Basel hat sich ein „Basler Regio Forum" konstituiert, welches die Zukunftswerkstättenidee räumlich verwirklicht: Hartmut E. Arras/Willy Bierter, Welche Zukunft wollen wir? – Drei Scenarien im Gespräch, Basel 1989.

LITERATUR

A tax to keep cool, in: The Economist, May 13, 1989.

Abfallbeseitigungsrecht für die betriebliche Praxis; Das neue Wasserrecht für die betriebliche Praxis; Die neue TA-Luft, WEKA Fachverlag, ständig aktualisierte Loseblattsammlungen, Kissing.

Agrarbericht 1988: Agrar- und ernährungspolitischer Bericht der Bundesregierung, Deutscher Bundestag, 11. Wahlperiode, Drucksache 11/1760.

Aktionsprogramm der Europäischen Gemeinschaften für den Umweltschutz vom 22. November 1973, in: Beiträge zur Umweltgestaltung (BzU A 54/IX-76), S. 20101 Df.

Apel, Hans: Falscher Weg zum Ziel, in: Wirtschaftswoche, 18. November 1988.

Arras, Hartmut E., Willy Bierter: Welche Zukunft wollen wir? – Drei Scenarien im Gespräch, Basel 1989.

Bacon, Francis: Neues Organon (Novum Organum), Hamburg 1989.

Baldock, David, et al.: Reform of the Structural Funds – An Environmental Briefing, London 1989 (erhältlich über IEUP, Bonn).

Baldock, David: The Cap Price Policy and the Environment – An exploratory essay, Institut für Europäische Umweltpolitik, Bonn, Dezember 1984.

Bandyopadhyay, Jayanta, Vandana Shiva: Chipko: Rekindling India's Forest Culture, The Ecologist 17 (1987), 26–34.

Barde, Jean-Philippe: The economic approach to the environment, in: OECD Observer, June/July 1989, S. 13–15.

Bateson, Gregory: Geist und Natur. Eine notwendige Einheit, Frankfurt a. M. 1984.

Baumol, William J., Wallace E. Oates: The theory of environmental policy. Externalities, Public Outlays, and Quality of Life, Englewood Cliffs 1975.

–: Economics, Environmental Policy, and the Quality of Life, Englewood Cliffs 1979.

Bechmann, Arnim: Landbau-Wende, Frankfurt a. M. 1987.

–: Leben wollen, Köln 1984.

Beck, Ulrich: Risikogesellschaft, Frankfurt a. M. 1986.

Bergmann, Eckehard, und Dieter Ewringmann, Ökosteuern, Entwicklung, Ansatzpunkte und Bewertung, in: Hans G. Nutzinger und Angelika Zahrnt, Umweltsteuern – Abgaben in der Diskussion, Karlsruhe 1989.

Bierter, Willy, et al.: Keine Zukunft für lebendige Arbeit?, Stuttgart 1988.

Binswanger, Hans Christoph, et al.: Arbeit ohne Umweltzerstörung – Strategien für eine neue Wirtschaftspolitik (1983), Frankfurt a. M. 1988.

Bohm, David: Die implizite Ordnung. Grundlagen eines dynamischen Holismus, München 1985.

Bonus, Holger: Eine Lanze für den „Wasserpfennig", in: Wirtschaftsdienst IX (1986), S. 431 ff.

–: Marktwirtschaftliche Konzepte im Umweltschutz, Stuttgart 1984.

–: Emissionsrechte als Mittel der Privatisierung öffentlicher Ressourcen aus der Umwelt, in: H. Gutzel (Hrsg.), Umweltpolitik und Wettbewerb, Baden-Baden 1981.

Bossel, Hartmut, Wolfhart Dürrschmidt: Ökologische Forschung, Wege zur verantworteten Wissenschaft, Alternative Konzepte, Bd. 35, Karlsruhe 1981.

Brun, Rudolf (Hrsg.): Erwerb und Eigenarbeit, Dualwirtschaft in der Diskussion, Frankfurt a. M. 1985.

Brundtland, Gro Harlem: Unsere gemeinsame Zukunft, Für ein Klima des Wandels, in: M. K. Tolba et al., a. a. O., S. 21–34.

Brundtland-Report: Our Common Future, Oxford 1987; deutsch: Volker Hauff (Hrsg.), Unsere gemeinsame Zukunft, der Brundtland-Bericht der Weltkommission für Umwelt und Entwicklung, Greven 1987.

Bullinger, P., P. Cerwenka, U. Matthes: Umweltwirkungen des Eisenbahnverkehrs unter besonderer Berücksichtigung des Hochgeschwindigkeitsverkehrs (HGV), Untersuchung der Prognos AG im Auftrag des Verkehrsforums Bahn e. V., Basel 1987.

Bundesminister des Innern (Hrsg.): Umweltpolitik der Bundesregierung, Bonn 1986.

Button, Kenneth J., David W. Pearce: Improving the urban environment: how to adjust national and local government policy for sustainable urban growth, Oxford u. a. 1989.

Capra, Fritjof: Wendezeit, München 1988 (die Originalausgabe ›The Turning Point‹ erschien 1982).

Carson, Rachel: Der stumme Frühling, München 1968.

Cecchini, Paolo: Europa '92, Der Vorteil des Binnenmarktes, Baden-Baden 1988.

Collins, Joseph, Frances Moore Lappé: Vom Mythos des Hungers. Die Entlarvung einer Legende: Niemand muß hungern, Freiburg i. Br. 1978.

Convention on Long-Range Transboundary Air Pollution, vom 13. November 1979, in: UNEP/GC/Information/11./Rev. 1, S. 168.

Crutzen, Paul, Michael Müller (Hrsg.): Das Ende des blauen Planeten?, München 1986.

Cupei, Jürgen: Umweltverträglichkeitsprüfung (UVP), Köln, Berlin, Bonn, München 1986.

Dahrendorf, Ralf: Arbeit und Tätigkeit – Wandlungen der Arbeitsgesellschaft, in: Heik Afheldt, Peter G. Rogge (Hrsg.), Geht uns die Arbeit aus?, Stuttgart 1983, S. 23–35.

Das sanfte Energie-Handbuch (Dieter Teufel u. a.), Reinbek 1980.

Der Bundesminister für Verkehr (Hrsg.): Verkehr in Zahlen 1988, Berlin 1988.

Der Rat von Sachverständigen für Umweltfragen: Umweltprobleme der Landwirtschaft, Sondergutachten, März 1985, Stuttgart und Mainz 1985.

Deselaers, Josef: Die rechtliche Stellung des Landwirts, in: Ökologie und Landbau, Zeitschrift der Stiftung ökologischer Landbau 3 (1989), S. 15–17.

Deutscher Bundestag (Hrsg.): Schutz der Erdatmosphäre: Eine internationale Herausforderung; Zwischenbericht der Enquete-Kommission des 11. Deutschen Bundestages: Vorsorge zum Schutz der Erdatmosphäre, Bonn 1988.

–: Chancen und Risiken der Gentechnik, Bericht der Enquetekommission Chancen und Risiken der Gentechnik, Bonn 1987.

Development in Energy Demand and Efficiency 1973–1985, in: OECD, Energy conservation in IEA countries, Paris 1987, S. 39–58.

Dreyhaupt, Franz-Joseph: Gefahren der Umweltzerstörung, Wirkungsbereich: Luft, Sendung im RIAS I am 28. September 1988.

Elkington, John, Tom Burke: Umweltkrise als Chance, Zürich und Wiesbaden 1989.

Ellwanger, Gunther: Welchen Beitrag kann die Deutsche Bundesbahn zur Umweltentlastung leisten?, in: Eisenbahntechnische Rundschau 38 (1989), S. 353–356.

Eslea, Brian: Väter der Vernichtung. Männlichkeit, Naturwissenschaftler und der nukleare Rüstungswettlauf, Reinbek 1986.

Europäisches Umweltbüro: Jahresbericht 1986/87, Brüssel 1987.

European Varibilization of Motoring Costs: Studie des Center for Energy Conservation and Environmental Technology, Delft/Holland, January 1989.

Falter, Annegret, G. M. Füllgraff (Hrsg.): Demokratische Verantwortung für Wissenschaft – ja. Aber wie?, Frankfurt a. M. (in Vorbereitung).

Feyerabend, Paul: Wider den Methodenzwang – Skizze einer anarchistischen Erkenntnistheorie, Frankfurt a. M. 1976.

Fischer, Joschka: Der Umbau der Industriegesellschaft, Frankfurt a. M. 1989.

Foley, Grover: Mumford on the City, in: The Ecologist 19/3 (1989), S. 104 bis 110.

Fröbel, Folker, Jürgen Heinrichs, Otto Kreye: Die neue internationale Arbeitsteilung, Reinbek 1977.

Gesellschaft für Umweltrecht: Dokumentation zur 9. wissenschaftlichen Fachtagung der Gesellschaft für Umweltrecht e. V., Berlin, 8. und 9. November 1985, Berlin 1986.

Goldemberg, José, et al.: Energy for a Sustainable World, World Resources Institute, 1987.

Goldsmith, Edward, Nicholas Hildyard: The Social and Environmental Effects of Large Dams, 3 Bde., Ecosystems, Camelford (Cornwall) 1985–1989.

Groeben, Hans von der: Aufbaujahre der Europäischen Gemeinschaft, Baden-Baden 1982.

Grzimek, Bernhard, Michael Grzimek: Serengeti darf nicht sterben, Berlin, Frankfurt a. M., Wien 1959.

Guggenberger, Bernd: Das Menschenrecht auf Irrtum, Anleitung zur Unvollkommenheit, München, Wien 1987.

Hahn, Ekhart: Siedlungsökologie, 2., überarbeitete und erweiterte Auflage, Karlsruhe 1988.

Haigh, Nigel: EEC Environmental Policy and Britain, 2. Auflage, Harlow 1989.

Harborth, Hans-Jürgen: Dauerhafte Entwicklung (Sustainable Development), Zur Entstehung eines neuen ökologischen Konzepts, Berlin: WZB papers FS II 89–403, 1989.

Harrison, Paul: Hunger und Armut, Reinbek 1982.

Hartje, Volker J.: Umweltprobleme in der Dritten Welt. Was kann der Norden tun?, in: Aus Politik und Zeitgeschichte, B 33/85 vom 17. 8. 1985.

Hartkopf, Günter, Eberhard Bohne: Umweltpolitik, Bd. 1, Grundlagen, Analysen und Perspektiven, Opladen 1983.

Hennicke, Peter, et al.: Die Energiewende ist möglich, Eine Publikation des Öko-Instituts Freiburg i. Br., Frankfurt a. M. 1985.

Herrera, Amilcar, et al.: Grenzen des Elends. Das Bariloche-Modell: So kann die Menschheit überleben, Frankfurt a. M. 1977.

Hey, Christian, Jutta Jahns-Böhm: Ökologie und freier Binnenmarkt, Öko-Institut, Freiburg i. Br. 1989.

Hickel, Rudolf: Umweltschutz macht Arbeit. Ein Weg zu mehr Beschäftigung, in: Otto Huter u. a. (Hrsg.), Umweltschutz für uns. Das Handbuch zur ökologischen Erneuerung, 1988, S. 180–199.

Hickel, Rudolf, Jan Priewe: Finanzpolitik für Arbeit und Umwelt, Köln 1989.

Hotelling, Harold: The Economics of Exhaustible Resources, in: Journal of Political Economy 39 (1931) (deutsche Übersetzung in: Horst Sieberg [Hrsg.], Umwelt und wirtschaftliche Entwicklung, Darmstadt 1979).

Hötzel, Hans-Joachim: Umweltvorschriften für die Landwirtschaft, Stuttgart 1986.

Hüsler, Willi: Der öffentliche Personennahverkehr in der Offensive: Trendwende in den 90er Jahren, in: Verkehrspolitik 1/2 (1989).

Illich, Ivan: „Genus", Reinbek 1983.

Immler, Hans: Natur in der ökonomischen Theorie, Opladen 1985.

James D. E., H. M. A. Jansen, J. B. Opschoor: Economic Approaches to Environmental Problems, Amsterdam 1978.

Jänicke, Martin, et al.: Structural Chance and Environmental Impact. Empirical evidence on thirty-one countries in East and West (Intereconomics 24, 24–34, 1989.

Jänicke, Martin: Ökologische und ökonomische Wandlungsmuster im Vergleich, in: H. H. Hartwich (Hrsg.), Macht und Ohnmacht politischer Institutionen, Opladen 1989.

Jesinghaus, Jochen: Instrumente der Umweltpolitik: Vergleich Japan/Bundesrepublik, in: Spektrum der Wissenschaft, Februar 1988, S. 44.

Jouzel, J., et al., Vostok ice core: A continuous isotope temperature record over the last climatic cycle (160000 years), in: Nature 329, 403–408, 1987.

Kapp, K. William: Soziale Kosten der Marktwirtschaft (1950), Freiburg i. Br. 1979.

Kommission der Europäischen Gemeinschaften: Vollendung des Binnenmarktes – Weißbuch der Kommission an den Europäischen Rat, Luxemburg 1985, KOM (85) 310.

Kotschi, Johannes: Ökologischer Landbau als ein Instrument landwirtschaftlicher Entwicklung, in: Entwicklung und ländlicher Raum (E + L), 5/81, ebenso abgedruckt in: Peter Rottach (Hrsg.), Ökologischer Landbau in den Tropen, Ecofarming in Theorie und Praxis, Alternative Konzepte 47, Karlsruhe 1984, S. 95–106.

Krause, Florentin: Das Energiesystem auf eine neue Basis stellen, in: Paul J. Crutzen, Michael Müller (Hrsg.), Das Ende des blauen Planeten? Der Klimakollaps, Gefahren und Auswege, München 1986, S. 166–174.

Krause, Florentin, et al.: Energie-Wende, Wachstum und Wohlstand ohne Erdöl und Uran; Studie des Öko-Instituts Freiburg i. Br., Frankfurt a. M. 1980

Krämer, Ludwig: Keine Absichtserklärungen, sondern durchsetzbares Recht – Die Kontrolle der Anwendung von EWG-Umweltrichtlinien, in: Lothar Gründling, Beate Weber, Dicke Luft in Europa, Heidelberg 1988, S. 201–218.

Krusche, Per, et al.: Ökologisches Bauen (Umweltbundesamt), Wiesbaden und Berlin 1982.

Kuhn, Thomas S.: Die Struktur wissenschaftlicher Revolutionen, Frankfurt 1973.

Laistner, Hermann: Ökologische Marktwirtschaft, München 1986.

Leach, Gerald, et al.: A Low Energy Strategy for the United Kingdom, IIED/ Science Reviews, London 1979.

Leipert, Christian: Folgekosten des Wirtschaftsprozesses – Volkswirtschaftliche Gesamtrechnung, IIUG Rep. 87–22, Berlin 1987.

–: Die heimlichen Kosten des Fortschritts. Wie Umweltzerstörung das Wirtschaftswachstum fördert, Frankfurt a. M. 1989.

Leiss, William: The Limits to Satisfaction, University of Toronto Press, 1979.

Leventhal, Paul L., Milton M. Hoenig: Nuclear Installations and Potentials Risks, Hidden danger: risks of nuclear terrorism. Vorlage zu einem Parlamentshearing des Europarats am 30. Dezember 1986, AS/AUD/RAD (38) 12.

Liedke, Gerhard: Von der Ausbeutung zur Kooperation. Theologisch-philosophische Überlegungen zum Problem des Umweltschutzes, in: E. U. von Weizsäcker (Hrsg.), Humanökologie und Umweltschutz, Studien zur Friedensforschung, Stuttgart, München 1972.

Lorius, C., et al., A 150000 year climatic record from Antarctic ice, in: Nature 316, 591–596, 1985.

Lovejoy, Thomas: A Projection of Species Extinction, in: The Global 2000 Report to the President – Entering the Twenty-First Century, Harmondsworth 1980, S. 328–331.

Lovins, Amory: Soft Energy Paths, Harmondsworth 1977.

Lühr, Hans Peter: Umwelt und Technologie – Chance für die Zukunft, Hamburg 1987.

Maddox, John: Unsere Zukunft hat Zukunft, Stuttgart 1973.

Maier, Jörg (Hrsg.): Chancen und Möglichkeiten der Mehrfach-Beschäftigung für kleine und mittlere Vollerwerbslandwirte in Bayern, Forschungsprojekt im Auftrag des Bayerischen Bauernverbandes, Bayreuth 1988.

Markl, Hubert: Natur als Kulturaufgabe, in: Lutz Franke (Hrsg.), Wir haben nur eine Erde, Darmstadt 1989, S. 30–39.

–: Wissenschaft zur Rede gestellt. Über die Verantwortung der Forschung. München 1989.

Marshall, Alfred: Principles of Economics, London 1891.

Maturana, Humberto R., Francisco J. Varela: Der Baum der Erkenntnis, Bern 1987.

Mayer-Tasch, Peter C.: Umweltrecht und Umweltpolitik, S. 13–68, Manfred O. Hinz, Von der Gewerbeordnung zum Atomgesetz: Zur Kritik des Umweltrechts, S. 69–135, in: Charles F. Doran, Manfred O. Hinz, Peter C. Mayer-Tasch, Umweltschutz – Politik des peripheren Eingriffs, Darmstadt und Neuwied 1974.

Mayntz, Renate: Vollzugsprobleme der Umweltpolitik. Empirische Untersuchung der Implementation von Gesetzen im Bereich der Luftreinhaltung und des Gewässerschutzes. Materialien zur Umweltforschung, Stuttgart u. a. 1978.

Meadows, Dennis, u. a.: Die Grenzen des Wachstums, Bericht des Club of Rome zur Lage der Menschheit, Stuttgart 1972.

Merchant, Carolyn: The Death of Nature, New York 1980.

Meyer-Abich, Klaus M. (Hrsg.): Energieeinsparung als neue Energiequelle, München 1979.

Meyer-Abich, Klaus M.: Wege zum Frieden mit der Natur, Praktische Naturphilosophie für die Umweltpolitik, München 1986.

–: Wissenschaft für die Zukunft. Holistisches Denken in ökologischer und gesellschaftlicher Verantwortung, München 1988.

Meyer-Abich, Klaus M., Bertram Schefold: Die Grenzen der Atomwirtschaft, München 1986.

Meyer-Abich, Klaus M., Dieter Birnbacher: Was braucht der Mensch, um glücklich zu sein. Bedürfnisforschung und Konsumkritik, München 1979.

Milgram, Stanley: Das Milgram-Experiment. Zur Gehorsamsbereitschaft gegenüber Autorität, Reinbek 1986.

Ministry of Housing: Physical Planning and Environment, National Environmental Policy Plan 1990–1994, The Hague 1989.

Mitter, Swasti: Toys for the boys, in: Journal of the Society for International Development 3 (1986), S. 66–68.

Mohr, Hans: Natur und Moral. Ethik in der Biologie, Darmstadt 1987.

Mukerjee, R.: The Economic History of India, 1600–1800, Allahabad 1967.

Müller, A. M. Klaus: Die präparierte Zeit – Der Mensch in der Krise seiner eigenen Zielsetzungen, Stuttgart 1972.

–: Geschöpflichkeits-Defizite in Naturwissenschaft und Theologie, in: Johannes Anderegg (Hrsg.), Wissenschaft und Wirklichkeit, Göttingen 1977.

Müller, Edda: Innenwelt der Umweltpolitik, Opladen 1986.

Müller, Werner, Bernd Stoy: Entkoppelung, Wirtschaftswachstum ohne mehr Energie?, Stuttgart 1978.

Müller-Witt, Harald, Frank Springmann: Ökologischer Umbau des Steuersystems, Schriftenreihe des Instituts für ökologische Wirtschaftsberatung (IÖW) Berlin, 21/88.

Mumford, Lewis: The Culture of Cities, New York 1938.

–: The City in History, New York 1961.

National Institute of Public Health and Environmental Protection: A national environmental survey 1985–2010, Concern for tomorrow, Bilthoven 1989.

Nutzinger, Hans G., Angelika Zahrnt: Einleitung: Umweltsteuern und -abgaben in der Diskussion, Karlsruhe 1989.

Ohnesorge, F. K.: Die Sicht der Toxikologie, in: E. U. von Weizsäcker (Hrsg.), Gutes Trinkwasser – wie schützen?, Karlsruhe 1989, S. 11–14.

Opschoor, Hans: Na ons gen zondvloed, Voorwaarden voor duurzaam milieugebruik, Kampen 1989.

Opschoor, J. B., und H. B. Vos (Free University of Amsterdam): The Application of Economic Instruments for Environmental Protection in OECD Member Countries, OECD Publications, Paris 1989.

Osche, Günther: Evolution, 10. Aufl., Freiburg i. Br. 1979.

Paczensky, Gert von: Die Weißen kommen. Die wahre Geschichte des Kolonialismus, Hamburg 1970.

Perrow, Charles: Normale Katastrophen, Frankfurt a. M. 1987.

Perspektiven für die Gemeinsame Agrarpolitik. Das Grünbuch der Kommission, Juli 1985, Dienst „Agrar information" der Generaldirektion Information der Kommission der Europäischen Gemeinschaften (Hrsg.).

Picht, Georg: Die Wertordnung einer humanen Welt, in: Lutz Franke (Hrsg.), Wir haben nur eine Erde, a. a. O., S. 9–18.

–: Ist Humanökologie möglich?, in: Constanze Eisenbart (Hrsg.), Humanökologie und Frieden, Stuttgart 1979.

Pigou, Arthur: The Economics of Welfare, London 1920.

Pollock, Cynthia: Decomissioning: Nuclear Power's Missing Link, in: Worldwatch Paper 69 (1986).

Priebe, Hermann: Die subventionierte Unvernunft, Berlin 1985.

Prigogine, Ilya: Vom Sein zum Werden, München 1979.

Prigogine, Ilya, Isabelle Stengers: Dialog mit der Natur, München 1980.

Raup, David M., J. John Sepkoski Jr.: Mass extinctions in the marine fossil record, in: Science 215 (1982), S. 1501–1503.

Salomon, Jean-Jacques: Forschung und die Verantwortung des Wissenschaftlers in unserer Gesellschaft, in: Friedrich Cramer (Hrsg.), Forscher zwischen Wissen und Gewissen, Berlin u. a. 1974, S. 81–93.

Sambraus, Hans Hinrich, Engelhard Boehncke (Hrsg.): Ökologische Tierhaltung, Theoretische und praktische Grundlagen für die biologische Landwirtschaft, Karlsruhe 1986.

Schärer, Bernd: Monetarisierung von Umweltschäden – Wozu und wie? Zur Analyse der Eignung von Schadenskostenberechnungen für verschiedene Zwecke der Umweltpolitik, in: C. Leipert, R. Zieschank (Hrsg.), Perspektiven der Wirtschafts- und Umweltberichterstattung, Berlin 1989.

Schöne, Irene: Ökologisches Arbeiten. Zur Theorie und Praxis ökologischen Arbeitens als Weiterentwicklung der marktwirtschaftlich organisierten Arbeit, Wiesbaden 1988.

Schreiber, Helmut und Veronica: Environmental consequences of transnational corporation activities in Developing Countries – the case of the Philippines, Institute for European Environmental Policy, Bonn, Paris, London 1987.

Schreiber, Helmut: "Debt-for-nature swap" – an instrument against debt and environmental destruction?, Institut für Europäische Umweltpolitik, Bonn 1989.

–: Umweltprobleme in Mittel- und Osteuropa, Frankfurt a. M., New York 1989.

Schumann, Harald: Futtermittel und Welthunger, Reinbek 1986.

Schumpeter, Joseph A.: Die Geschichte der ökonomischen Analyse, Göttingen 1965.

Scientific American, Sonderheft „Managing Planet Earth", Sept. 1989.

Seifried, Dieter: Gute Argumente: Energie, München 1986.

Simonis, Udo E. (Hrsg.): Lernen von der Umwelt, Berlin 1988.

Sláma, Jiří: Umweltprobleme in Osteuropa im internationalen Vergleich, München 1987.

Späth, Lothar: Wende in die Zukunft. Die Bundesrepublik auf dem Weg in die Informationsgesellschaft, Reinbek 1985.

James Gustave Speth, The Greening of Technology, WZB Berlin, FS II 89–402, 1989.

Stiftung Entwicklung und Frieden (Hrsg.): Die Umwelt bewahren, Bonn-Bad Godesberg 1989.

Stigliani, William: Changes in valued "capacities" of soils and sediments as indicators of nonlinear and time-delayed environmental effects, International Institute for Applied Systems Analysis (IIASA), Laxemburg (Wien), November 1988.

Storm, Peter-Christoph: Umweltgesetzbuch (UGB) – Prolegomena zu einer Kodifikation des Umweltrechts –, Sonderdruck aus Jahrbuch des Umwelt- und Technikrechts 1988, UTR Bd. 5, Düsseldorf 1988.

Stölting, Erhard: Wissenschaft als Produktivkraft – Die Wissenschaft als Moment des gesellschaftlichen Arbeitsprozesses, München 1974.

Sukopp, Herbert, Ulrich Hampicke: Ökologische und ökonomische Betrachtungen zu den Folgen des Ausfalls einzelner Pflanzenarten und -gesellschaften, in: Schriftenreihe des Deutschen Rates für Landespflege 46 (1985), S. 595–608.

Teufel, Dieter: Ökosteuern als marktwirtschaftliches Instrument im Umweltschutz, Umwelt- und Prognose-Institut Heidelberg e. V., UPI-Bericht 9 (1988).

The Global 2000 Report to the President: Entering the Twenty-First Century, Harmondsworth 1980.

Tiedje, James, et al., The planned introduction into the environment of genetically engineered organisms: Ecological considerations and recommendations, Ecology 70, 298–315, 1989.

Tolba, Mostafa K., et al.: Die Umwelt bewahren, Texte der Stiftung Entwicklung und Frieden, Bonn-Bad Godesberg 1989, S. 111–130.

Tsuru, Shigeto, Helmut Weidner: Ein Modell für uns? Japanische Entwicklungspolitik, Köln 1985.

Umweltbundesamt (Hrsg.): Umweltrfreundliche Beschaffung, 2. Aufl., Wiesbaden 1989.

Umweltprogramm der Vereinten Nationen (UNEP): Umwelt – weltweit, Beiträge zur Umgestaltung des Umweltprogramms der Vereinten Nationen 1972–1982, A 88.

United Nations Environmental Programme (UNEP): Environmental Refugees, 1985.

Verkehrsbetriebe Stadt Zürich: Züri-Linie 1990, Der öffentliche Verkehr macht für das Zeitalter der sauberen Luft mobil, Zürich 1988.

Verkehrsklub der Schweiz (Hrsg.): Umwelt – Verkehr – Umkehr. Umweltgerechtes Verkehrsleitbild für die Schweiz, Herzogenbuchsee 1983.

Viertes Aktionsprogramm der EWG für den Umweltschutz, KOM (86) 485 endg., ISBN 92–77–17933–3.

Villach 1985: Report of the International Conference on the Assessment of the Role of Carbon Dioxide and of other Greenhouse Bases in Climate Variations and Associated Impacts, ICSU/UNEP/WMO, WMO-Report, No. 661 (1986).

Weber, Beate: Die ungeliebte Gemeinschaft – Über den Umgang mit europäischer Umweltpolitik, in: Lothar Gündling, Beate Weber, a. a. O.

Weinschenck, Günther, Rolf Werner: Einkommenswirkungen ökologischer Forderungen an die Landwirtschaft. Schriftenreihe der landwirtsch. Rentenbank, Frankfurt a. M. 1989.

Weizsäcker, Carl Friedrich von: Aufbau der Physik, München 1985.

–: Die Zeit drängt, München 1986.

Weizsäcker, Christine und Ernst Ulrich von: Fehlerfreundlichkeit als Evolutionsprinzip, in: Universitas, Zeitschrift für Wissenschaft, Kunst und Literatur 41/483 (1986), S. 791–799.

–: Freiheit der Tätigkeit, in: Jens Harms (Hrsg.), Über Freiheit, in: Arnoldshainer Schriften zur interdisziplinären Ökonomie, Bd. 8, Frankfurt a. M. 1984.

–: Recht auf Eigenarbeit statt Pflicht zum Wachstum, in: Scheideweg 9 (1979), S. 221–234; verändert abgedruckt in: Joseph Huber (Hrsg.), Anders arbeiten – anders wirtschaften, Frankfurt a. M. 1979.

Weizsäcker, Ernst U. von (Hrsg.): Waschen und Gewässerschutz, Ein Konflikt kommt zur Sprache, Karlsruhe 1986.

Weizsäcker, Ernst U. von: 1987 Europäisches Umweltjahr – Wie treten wir der Zukunft entgegen?, Rede, gehalten bei der 11. Arbeitstagung der Internationalen Arbeitsgemeinschaft der Wasserwerke im Rheineinzugsgebiet (IAWR), Noordwijk aan Zee/NL, 20.–23. 10. 1987, abgedruckt in: Bericht über die 11. Arbeitstagung der IAWR, Den Haag 1987, S. 31–32.

–: Die Gefahren des Erfolges, Die Zeit, 28. 4. 1988, abgedruckt in: Rainer Klingholz (Hrsg.), Die Welt nach Maß, Gentechnik – Geschichte, Chancen und Risiken, Braunschweig 1988.

–: Not a Miracle Solution, but Steps Towards an Ecological Reform of the Common Agricultural Policy (CAP), IEUP, Bonn 1987.

–: Ökologische Steuerreform, in: Umwelt, April 1988.

–: Plädoyer für eine ökologische Steuerreform, in: Scheidewege 18 (1988/89), S. 197–203.

–: Steuern für die Umwelt, Spiegel, 22. August 1988, S. 86/87.

–: New technologies and frame conditions for an ecological city, gehalten auf der 15. Sitzung der Group on Urban Affairs (OECD), 17.–19. Mai 1989 in Paris.

Weizsäcker, Ernst U. von, M. S. Swaminathan, Aklilu Lemma (Hrsg.): New Frontiers in Technology Application – Integration of Emerging and Traditional Technologies, Tycooly (Dublin, heute Oxford) 1983.

Wicke, Lutz: Die ökologischen Milliarden. Das kostet die zerstörte Umwelt – so können wir sie retten, München 1986.

–: Umweltökonomie, 2. Aufl., München 1989.

Wicke, Lutz, Ralf-Dieter Brunowsky: Der Öko-Plan. Durch Umweltschutz zum neuen Wirtschaftswunder, München 1984.

Wijkman, Anders, Lloyd Timberlake: Die Rache der Schöpfung, Naturkatastrophen – Verhängnis oder Menschenwerk?, München 1986 (Lloyd Timberlake, Man made disasters).

Wilson, Edward O.: Biodiversity, in: Scientific American, Sept. 1989, S. 60–66 (deutsche Übersetzung in: ›Spektrum der Wissenschaft‹, November 1989).

Wilson, Edward O., Frances M. Peter (Eds.): Biodiversity, National Academy Press, 1988.

Winter, Georg: Das umweltbewußte Unternehmen, München 1987.

Wolf, Winfried: Eisenbahn und Autowahn, Personen- und Gütertransport auf Schiene und Straße, Geschichte, Bilanz, Perspektive, Hamburg, Zürich 1988.

World Resources Institute: World Resources 1988–89, New York 1989.

Worldwatch Institute: State of the World, 1988, W. W. Norton, New York 1988.

–: State of the World 1989, New York 1989.

Woldwatch Paper 78: On the Brink of Extinction: Conserving the Diversity of Life, von Edward C. Wolf, June 1987.

World Wildlife Fund (Worldwide Fund for Nature): Debt-For-Nature Swaps. Background Information, Washington D. C. 1987.

PERSONEN- UND SACHREGISTER